經典永恆・名著常在

五十週年的獻禮——經典名著文庫

五南，五十年了，半個世紀，人生旅程的一大半，走過來了。
思索著，邁向百年的未來歷程，能為知識界、文化學術界作些什麼？
在速食文化的生態下，有什麼值得讓人雋永品味的？

歷代經典・當今名著，經過時間的洗禮，千錘百鍊，流傳至今，光芒耀人；
不僅使我們能領悟前人的智慧，同時也增深加廣我們思考的深度與視野。
我們決心投入巨資，有計畫的系統梳選，成立「經典名著文庫」，
希望收入古今中外思想性的、充滿睿智與獨見的經典、名著。
這是一項理想性的、永續性的巨大出版工程。
不在意讀者的眾寡，只考慮它的學術價值，力求完整展現先哲思想的軌跡；
為知識界開啟一片智慧之窗，營造一座百花綻放的世界文明公園，
任君遨遊、取菁吸蜜、嘉惠學子！

教學設計
理論與實務

任慶儀　著

五南圖書出版公司 印行

推薦序一

自民國90年開始試辦推動九年一貫課程以來，其中有關課程最大之改革，除了以七大學習領域為主之學科整合改革外，另在課程綱要中提出「能力指標」用語，取代傳統以教材內容為主之教材規範方式，確實引起一陣議論與不安。能力指標之概念，原本取自澳大利亞當時之課程改革理念，以基本能力之達成作為課程與教學實施之目標，雖然具有國際新意，但是後來在課程上層目標，國內研議委員會專家，整理出十大基本能力，然後要求各學習領域在其規範下，發展出各自之能力指標，當時由於時間匆促，各領域專家召集研修小組，分別參考原本之教材呈現方式，改以能力指標方式表達，因為是國內課程改革之首例，所以撰寫結果乃有混雜能力概念與教材內容之問題等。其後一段時間雖有許多實踐與研發之成果報告，逐漸釐清一些關鍵問題，但仍然頗有莫衷一是之問題，大家仍對能力指標之標示方式，對於能力指標如何轉化為教材及單元上課之內容，存有一些不同之看法。

上一波九年一貫課程改革以後，實施至今也已經過了十餘年，其中課程綱要也經過幾次微幅調修，因此有關能力指標呈現之課綱內容，教育界及現場教師也比較能夠適應了，但是如何真正將能力指標轉化為教學目標，且能作為教學成果評量之依據，其中許多轉化之概念與做法，且在該能力指標呈現方式下，課程計畫如何撰寫，教學流程如何進行，以達成教學之目標，仍有待更多之討論與發展，包括相關之著作仍然不多。

此次很高興有機會先行閱讀本校任教授之大作，發現她這一本著作，乃是集結十年來之長期思考與教學心得，其中包括與研究生不斷討論後之成果。本書最重要之成果乃在於以能力指標之現行課綱模式

下，尋找最適當之轉化策略、課程編制方式、教學模式之研發以及評量方式之研究，並且對於師資培育之過程以及在職教師之研習，都提供了最適切之論點，期望讓師資生及在職教師都能學得最佳之教學設計知能，可見這本著作之出版，當能對多年來有關能力指標相關之困惑，提出了釋疑與解決之道，對課程與教學界之貢獻非常重大。

新的十二年國民基本教育制度，將於103學年度正式實施，該政策最大之成敗關鍵也會是課程與教學之改革與落實，新的課綱正如火如荼的修訂中，但是教育目標是為培育「帶得走之能力」是永遠不變的，因此加強教師之課程設計能力是最需要的。基於這項觀點，本書能適時出版，將對課程與教學界，以及教師之培育與在職進修，產生重大之影響。國內原本研究教學之學者就已經不多，而且能夠和實務結合之研究著作更少，期望各領域學者專家能因此著作之出版帶動更多之研究成果；而本校在師培領域已經努力多年，任教授是貢獻者之一，因此為恭賀任教授之大作結集出版，謹樂為作序。

國立臺中教育大學校長

楊思偉

102.5.30

推薦序二

　　欣見本系任慶儀教授將其長期擔任教學設計課程的講義及所得整理成書並付梓，以嘉惠萬千的師資生及第一現場的教師們。基於個人之前曾擔任過本系的系所主管，故任教授囑我為其作序，也因有這個機緣讓我有機會先拜讀任教授的此本大作。讀完之後讓我為覺得為之驚豔，為何說是「驚豔」呢？這要從個人十餘年在師資培育機構任教及與現場教師們接觸的經驗談起，記得民國90年開始正式實施九年一貫課程，當時對國中小教師產生莫大的衝擊，大家覺得非常的恐慌，因為此一課程的改革，幾乎已經不是「改革」，而是革命，過去大家教學時除少數藝能科目外，幾乎完全依賴國立編譯館的統編本教科書，教師做教學準備時，大多是閱讀教科書及教學指引，頂多再多準備一些額外的補充教材便已了事；而九年一貫課程實施後，強調學校要依據學校條件、社區特性（資源）、家長期望、教師的專長、學生的能力與興趣等，發展學校本位課程，並妥慎規劃學校課程計畫。因此教師教學設計與發展的能力就變成非常的重要，而教學設計與發展就必須以學生的能力指標為依歸，而這幾乎是教師們過去所完全沒有的經驗，到底課程與教學設計的理論為何？怎麼去選擇或自行編製教材？怎麼解讀「課程綱要」裡的「能力指標」呢？教材與能力指標要怎麼連結呢？這些都是全新的經驗，大家都感到茫茫然？因此教師們當然會覺得非常的恐慌。不過，經過這十餘年來的摸索，教師們是否能完全掌握其中的精隨，而能做好課程的發展與教學設計的工作，進而順暢的進行教學活動，終至能實現各學習階段中各教學領域所要達成的能力指標，這恐怕仍然是大有疑問的。惟在拜讀任教授這本大作之後，發現前述所提之教師們缺乏教學設計的理論基礎、無法充分理解能力指標的意涵、無法擺脫以書商所編的教科書為主要教學依據的

缺失等等，都可以在任教授這本書中找到明確的答案，因此相信本書能成為師資生或現職的中小學教師們進行教學設計時最好的幫手。

　　本書全篇共分成三篇，第一篇為能力指標之課程規劃，內容主要介紹九年一貫課程改革一綱多本的問題、課程與教學的關係及教育部對課程計畫撰寫的相關規定，透過此篇內容的介紹，可以讓全國各國民中小學今後對如何撰寫學校的課程計畫有一個明晰的概念，也可以矯正過去在撰寫上的各項缺失。第二篇介紹教學設計的理論，內容包括教學設計的歷史發展、重要觀念與設計過程的主要因素、系統化教學設計的理論與模式等。此篇可以奠定學習者在教學設計的堅實基礎。第三篇則為實質介紹能力指標之教學設計，將教學設計過程中的十個基本要素一一說明並示範其實施的方法，讓讀者能清楚整個教學設計的流程及瞭解如何進行教學設計的工作。任教授撰寫本書時文字表達曉暢易懂，書中除了介紹國外最新教學設計的理論基礎與設計模式之外，尤其難能可貴的能夠將國內九年一貫課程的各個實例充分融合到各個章節中，全書可以說理論與實務兼備，實為國內目前在教學設計理論與實務上不可多得的一本好書，故樂為之序。

前臺中教育大學教育學系系主任
前臺中教育大學教育研究所所長
前臺中教育大學教務長

楊銀興

推薦序三

慶儀是我認識多年的同事，長期鑽研於教學設計理論的研究與教學，此書是其將多年的教學經驗結合理論與實務應用的著作，非常適合師資培育的學生與現職的國中、小教師。

教學設計是提供教師如何讓教學處方更具多元化、吸引力與更有成效。教學設計就像我們要蓋一棟房子，先分析好自己要的藍圖告訴建築師，由其設計，再交給營建工人依據設計圖施工，等房子蓋好後就要檢驗房子是否符合自己的使用與安全需求，當然檢驗工作是在建築房子的過程中隨時都要做的，如建材是否依據規定、結構及承載符合安全、及工程有無延宕等，整個流程與教學設計的理念是相同的。

以學生為中心的學習環境裡，如何透過有邏輯架構設計的教學，讓學習者習得更有效益之相關知能，在本書第二篇中詳述說明教學設計理念與運用系統化的教學模式來規劃、設計、開發與執行，以解決學習過程中的相關問題。

九年一貫課程是我國課程史上的一大變革，尤其是以能力指標取代過去的課程標準，教育的目標旨在培養學生的能力，而不以知識學習為依歸。此種能力是以知識為基礎，包含情意與技能的綜合表現，是有效提昇學生解決問題的能力，以達成目標行為的表現，且可以採用多元方式加以評量。九年一貫各學習領域發展出的能力指標各不相同，反映出能力觀念的多元性。能力指標的主要功能是作為發展課程、設計教學與評量的基準，但反觀一般教師進行課程設計時，能力指標往往與單元教學目標混為一談，造成教學活動與內容和能力指標對應關係的混亂，能力指標如何轉化為教材並落實於教學，在在影響九年一貫課程改革的理念認知與實踐。因此，教師必須要精熟能力指標，並適切地轉化到教學與評量，才能將九年一貫課程之目標與理念

落實。本書第一篇與第三篇為能力指標的課程規劃與能力指標的教學設計，詳述能力指標的撰寫與應用方式、教學策略與評量。

　　本書對教學目標、能力指標有非常多的實例介紹，對強化教師教學效能有很大的助益。對教育工作者也是非常及時且實用性的一本書籍，市面上有關教學設計的書籍大部分以理論為主，很少有實務的引用分析，此書的內容，可以成為未來師資培育的必備手冊。

前臺中教育大學圖書館館長
臺中教育大學區域與社會發展學系教授

賴苑玲

自　序

　　本書是以理論和實務，兼容並蓄的方式，說明並示範設計2001年課程改革中所揭櫫之能力指標的課程與教學之方式。此次課程改革最大的特色是以「課程綱要」作為課程之概念，並訂定七大學習領域之「能力指標」。然而從2001年正式實施至今，已逾十年以上，其間爭議不斷；其中，最激烈、最嚴重的，即是「一綱一本」和「一綱多本」的爭議。雖然，這樣的爭議隨著2012年臺北市教育局宣布其回歸「一綱多本」的行政命令後，暫時劃下了句點。但是不可否認的，對於一綱「一本」和「多本」的疑慮，依舊存在每一位基層教師的心中。作者任教於教育大學，自然也必須面對這樣的問題。身為課程與教學科目的教師，免不了要面對修課的研究生們（大部分為現職國中小教師）對此所提出的疑問。「從ID（instructional design）的理論去設計你的教學，就不會有這樣的問題！」這是我給她們最簡單、最直接的答案。

　　什麼是ID？簡單的說，即是教學設計，通常以ID稱之。ID理論是以「目標」作為教學設計的開端，以「表現能力」作為導向，「知識和概念」作為學習的基礎，將教學視為一種包含各種重要的學習因素的系統。然而，將教學視為一種系統，並且以目標之需求評估作為教學設計之始的觀念，是從1920年代開始教育專家們吸收各種教學研究與理論的結果，到60年代以後，相關的理論開始逐漸成熟，臻至80年代，整個系統才得以完成，稱為「系統化教學設計」（instructional system design, ISD或instructional design, ID），並且從中延伸出許多不同的設計模式。

　　然而，基於80年代與90年代中，電腦與網際網路改變了人類學習的型態，以及其帶來的資訊爆炸，讓教育專家們不得不思考如何面對這樣的變遷。其影響所及，是讓世界各國的教育沉浸在「基本能力」

的氛圍中，從聯合國教科文組織於1998年提出「學習的四大支柱」後，歐盟與世界各國緊接著提出其所關注的「關鍵能力」，並且呼籲教育應該進行改革。然而，過去以教材為中心的傳統教學理論，因為無法回應這一波的變革受到淘汰，起而代之的是以表現目標為主的理論，即所謂「系統化教學理論」，逐漸受到注意與青睞，使它成為這一波教育改革中，最受到重視的教學理論。

　　基於教學的現場經驗，作者將過去二、三年來的教學理論和應用的方式，加以調整與修正後，撰寫成書，提供對此有需要的教師或研究生作為發展、設計和探討能力指標之課程與教學的基礎。期待使用本書的讀者能透過其中的理論解析和範例，作為規劃能力指標課程與教學之用，消弭一綱多本的紛爭。如此一來，才不會讓此次的教育改革迷失方向，枉費教育部在這一波教育改革中，為了現代化、科學化我國教育過程中所作的努力。

　　本書的目的為揭櫫「能力指標」的課程與教學規劃與設計的方法。其內容分為課程與教學兩個部分。基於教學源自於課程的想法，因此第壹篇（第一章至第四章）是探討能力指標之課程規劃的部分。過去，我國並未注重課程計畫之規劃，對於大多數的教師而言，其實務的部分仍屬陌生。本書應用作者於美國研讀碩、博士學位時，參與Ohio地區中小學課程評鑑時的經驗，加上Oliva、Peter、Mager與Armstrong的理論作為設計學校本位課程計畫之基礎，以簡單可行之方式，說明並示範如何設計課程的計畫，以規劃學校本位之課程計畫。是故，各校的課程管理才能夠有所依據，教學計畫才能有所本。

　　本書另一個主要的目標則是解決「能力指標」教學設計的問題，因此第貳篇（第五章到第七章）是介紹當代教學設計理論，從起源、變革、以及到各種相關的模式。然後，第參篇（第八章到第十六章），則是開始「能力指標」教學設計之歷程，以系統化教學設計的概念為經，以Gagné、Dick與Carey和Megar等人的教學設計理論為緯，交織成精密卻不複雜的歷程，從釐清指標開始，到單元對應為

止，呈現教學設計之完整歷程。此舉能有效解決能力指標轉化後無法與教科書對應困擾的問題，並且符合以「能力指標」為主，教材為輔的教學理念。

這種系統化的教學設計歷程受到美國許多大學中，培育師資系所的青睞，紛紛將過去的教學理論（teaching theories）的課程改為教學設計（instructional design）的課程，應用不同之模式設計，以回應現代教學的需求與思潮。

此外，本書所主張的教學設計是以「能力」和知識、概念兩者並兼的方式予以處理，這也是對國內許多學者專家對「能力指標」到底要轉化成概念、知識，還是目標的主張與歧見，提出其可能融合與並存的方式，此為作者之另一種企圖。

對於師培機構而言，如何能於這樣新的時代中，改變過去以教材作為教學法的設計，培育未來教師之教學能力（其實現在也還在實施教材教法），是師培學程中必須慎重思考的課題。師培機構中相關的學程，可藉由本書開啟真正培育在「能力指標」時代中之教師的教學專業。

對於現職的教師與即將成為教師的學生們而言，具備能力指標教學觀念從事教學的設計，是家長與學生的期盼，也是符合社會與教育部的要求。在我國「指標能力」的課程時代中，如何儘快的與各國的教學趨勢並肩而行，亦是作者撰寫本書的主要企圖與目的。

本書撰寫的過程中，感謝游自達教授（前系主任、所長）開設如此具革命性的課程，並且指定我上課，讓此書的撰寫能有開始的起點，更感謝我在中教大的同事（如黃隆民教授）對我的信心與鼓勵。特別感謝賴苑玲教授的指點，讓此書終於有完成的一天！

本書陸續在國立臺中教育大學教育研究所之博士班（其中亦包括我的同事們）、課程與教學研究所之碩士班、以及大學部的課程中試用。感謝我的學生們都很認真的將錯字、以及語句或段落不明處，提醒我作修改。謝謝你們，讓我的書更容易閱讀與瞭解。

目　錄

推薦序一（楊思偉）

推薦序二（楊銀興）

推薦序三（賴苑玲）

自序

第壹篇　能力指標之課程規劃 ——— 1

第一章　九年一貫課程與教學改革之爭議 ……… 3

第一節　一綱一本與多本的問題　4

第二節　課程計畫的問題　7

第三節　教學的問題　12

第四節　師資培育的問題　14

第二章　九年一貫課程與教學之關係 ……… 19

第一節　課程與教學的關係　20

第二節　課程與教學的發展模式　24

第三節　國家課程與學校課程之關係　26

第四節　新課程實施的原則　28

第三章　九年一貫課程計畫之設計 ⋯⋯⋯⋯⋯⋯ 35

第一節　教育部對課程計畫相關的規定與說明　35
第二節　課程計畫之編寫　38
第三節　九年一貫課程計畫之擬定與編寫　41

第四章　九年一貫課程計畫之範例 ⋯⋯⋯⋯⋯⋯⋯⋯ 61

第貳篇　教學設計理論 ─────── 89

第五章　教學設計的歷史與發展 ⋯⋯⋯⋯⋯⋯⋯⋯ 91

第一節　美國教學設計的發展歷程　92
第二節　關鍵能力的呼籲　101

第六章　教學設計之觀念 ⋯⋯⋯⋯⋯⋯⋯⋯⋯⋯⋯ 109

第一節　教學設計的重要觀念　110
第二節　教學設計過程中的主要因素　114

第七章　系統化教學的理論與模式 ⋯⋯⋯⋯⋯⋯ 123

第參篇　能力指標之教學設計 ────── 135

第八章　前置分析 ⋯⋯⋯⋯⋯⋯⋯⋯⋯⋯⋯⋯⋯⋯⋯ 137

第一節　教學設計　137
第二節　釐清教學目標　142

第九章 **教學分析** ·· 151

　第一節　教學分析的範圍　152

　第二節　決定目標的類別　153

　第三節　分析表現目標的步驟　159

　第四節　分析下屬的能力　168

第十章 **學習者分析** ·· 183

　第一節　學習者特性分析　184

　第二節　表現環境之脈絡分析　188

　第三節　學習環境的脈絡分析　189

第十一章 **撰寫目標** ··· 195

　第一節　表現目標的組成及格式　200

　第二節　撰寫下屬目標的歷程與方式　208

第十二章 **學習評量設計** ·································· 219

　第一節　評量參照的標準與時機　220

　第二節　認知評量的工具　223

　第三節　表現評量的工具　225

　第四節　評量的階段及測驗類型　234

　第五節　編寫測驗題目的標準　236

第十三章 **教學策略** ··· 243

　第一節　確認教學內容的順序與群集　244

　第二節　組織學習要素　246

　第三節　選擇傳播系統　252

　第四節　學生分組　253

第五節　媒體的選擇　254

第十四章　單元對應與自編教材 ·· 259

第一節　教材的發展與選擇　260

第二節　對應單元與教學計畫的編製　264

第三節　教材評鑑的要素　273

第十五章　教學形成性評鑑 ·· 285

第一節　形成性評鑑的過程　286

第二節　教學設計因素的形成性評鑑　291

第三節　教學的形成性評鑑　298

第十六章　教學總結性評鑑 ·· 309

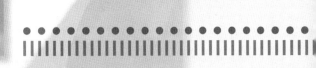

第壹篇

能力指標之課程規劃

第一章　九年一貫課程與教學改革之爭議

第二章　九年一貫課程與教學之關係

第三章　九年一貫課程計畫之設計

第四章　九年一貫課程計畫之範例

　　教育部2001年所釐訂之新課程綱要中，指出各校必須制定「課程計畫」。該項計畫應包含的內容則明確的規範在總綱「概要內涵」的「實施要點」中。雖然，目前各校皆有公布其所謂的「學校本位之課程計畫」，但絕大多數的課程計畫並未依照教育部之規定而編製，其內容大都僅能稱為教學進度的計畫而已。是故，各校還是缺乏正確的「課程計畫」，無法對課程進行有效的經營與管理。

　　再者，就課程與教學的關係而言，多數的課程理論中，例如：Oliva的課程與教學理論、Armstrong的課程理念、以及Perter的國家課程與教學理論等，課程仍被視為先於教學，或是課程高於教學。是故，缺乏完善的課程計畫會導致教學之實施無以依歸，其結果還是讓2001年的課程改革中最重要的課程理念，至今仍然無法透過能力指標的教學，得以實現。

　　因為沒有正確的課程與教學的概念，基層的教師只能遷就教科書的內容，把能力指標去對應單元。然而，這種作法是極其不合邏輯的，更不符合課程理論的觀點。因此，本章就教育部對「課程計畫」所規定的內容以及規劃的方式，以課程理論為基礎，示範並說明其正確的方式，期能建立真正的學校之本位課程計畫，以呼應課程之改革。

第一章

九年一貫課程與
教學改革之爭議

　　近年來，我國教育最大的變革，當屬2001年的九年一貫的課程改革運動。此次教育的變革，除了將國小與國中的課程進行有系統的整合以外，更希望藉由課程的改革去重建全面性的教育理念與學校教育，特別是課程和教學方面全新的觀點。因此，課程的改革可以說是這一波教育改革中首要的目標。九年一貫課程於90學年度在國中、小開始分年實施，至今已有十餘年，其間所引發的問題很多。其中爭議最大的莫過於「一綱一本」與「一綱多本」的問題。

　　所謂的「一綱」即是指2001年公布的「課程綱要」，由於我國的政府體制屬於中央制，舉凡國民教育之宗旨、目的、目標，乃至於各學習領域之課程目標與能力指標，均由教育部頒布與實施，全國一致，故稱為「一綱」。2001年的課程改革中，教育部首度將教科書之編印開放給民間教科書出版商進行編輯與發行，而教育部僅具備審核之責而已，是謂「多本」之政策。但是，這樣的多本政策，到了教學的現場時，卻被誤會而引發「一本」和「多本」之爭議，究其原因是因為基層教師不瞭解新課綱的教學，導致他們不重「綱」而重「本」所產生的教學問題。

　　因為各版本教科書內容不盡相同，教師為求其完整，故而將各版本之內容相互比較之後，統整一起，遂產生「教多本」的現象，導致教學之負荷加重，紛紛反對「多本」政策。雖然，教育部一再重申「教一本」就足夠了，但是由於教師無法參透「課綱」的教學意義，這種「多本」的政策遂引起許多教師與家長的反彈，此即為「一綱一本」與「一綱多本」的爭議。

　　由於教師在教學時，是使用「一本」，還是選擇「多本」的教科書成為2001年課綱中的焦點，相形之下，「一綱」的問題就被社會大眾所忽略了。但是，「一綱」沒有問題嗎？「一綱」是此次課程改革的最大問題，為什麼沒有成為討論的焦點？是因為我們認為「它」與教學沒有關聯呢？亦或是我們根本不知道「它」有問題？

　　課程與教學息息相關，兩者的關係雖然無法絕對的確認，但是課程先於教學，是大多數課程理論所持的觀點，不論是Tyler的課程模式或是在Oliva的課程發展模式中，都可見到這樣的主張（黃政傑，1991，頁147-159）。因此，當教學產生爭議的時候，應該要回溯到其源頭，即就課程的部分作檢視，以找出問的癥結。

　　本章基於前述的問題，分成下列各節討論之：㈠ 一綱一本與多本的問題、㈡課程計畫的問題、㈢教學的問題與 ㈣師資培育的問題。

第一節　一綱一本與多本的問題

　　九年一貫課程最具爭議性的莫過於一綱一本與多本的問題。當學者、地方教育機構以及基層的教師在爭辯一綱一本，還是多本的政策時，教育部提出了一份「先進及臨近國家教科書制度概況」的報告作為回應。報告中列出各國使用教科書的概況，並且作出：「一綱多本符合國際潮流」的結論（韓國棟，2007）。進一步觀察此報告，發現教科書多本使用的情況在這些先進與臨近國家中，例如：美國、英國、菲律賓、日本，並沒有引發任何爭論，但是我國「一本」和「多本」的主張卻引起極大的爭議，

甚至出現地方對抗中央政府的態勢。教育部「一綱多本」的政策，讓基層教師誤以為教學必須以「多本」而為之，才不至於輸在起跑點，因此覺得「一綱多本」的教學負擔太沉重，均傾向支持「一綱一本」的政策。

　　但是，反觀教育界的專家學者們卻大力支持「一綱多本」的理念。他們不約而同的提出呼籲：「將能力指標轉化成為教學的目標」、「將教材視同教學的素材」、「能力指標的教學才是重要的」等的說法。許多學界，的專家更紛紛提出他們對「轉化能力指標」的建議（陳新轉，2004；楊思偉，2002）。不僅如此，教育部在「國民教育社群網」之「Q&A」中也提出能力指標應該要轉化成教學目標的說明：（教育部，2001）

　　能力指標是學生在各階段學習之後，所應獲得的基本能力。在九年一貫課程中，能力指標是學校在各領域課程發展的重要依據，教師必須在教學歷程中不斷的檢視、修正與評估。在轉化能力指標為教學目標時，應注意下列的原則：

　　一、分段能力指標的用意在於提醒教師該階段學生所要達成的能力，並非學習的順序。

　　二、教學目標應依據分段能力指標加以分析、歸納或綜合，避免一直重複同一種概念的學習，而忽略了其他能力的統整學習。

　　從上述的說明中不難看出學者專家和教育部一致共同對能力指標的處理原則為：

　　㈠ 能力指標是指學習後所獲得的基本能力；

　　㈡ 能力指標必須轉化成「教學目標」；

　　㈢ 轉化後的教學目標必須再分析、歸納或綜合。

　　雖然學界和教育部對能力指標須要轉化的態度一致，都指出能力指標的轉化是勢在必行的作法，但是教師馬上面臨轉化能力指標的三個困難，那就是：

　　㈠ 如何轉化？

㈡什麼情況下，教學目標必須分析、歸納或綜合？

㈢對於轉化完成的教學目標，如何嵌入或融入現有的教材中？

　　如何轉化，學者們各自提出他們的想法，學者，如：陳新轉、王素芸、張佳琳等，對能力指標的轉化成教學目標不同的看法（張佳琳，2000；王素芸，2001；楊思偉，2002；陳新轉，2004）。陳新轉（2002）主張能力指標應以「能力表徵」的方式轉化。轉化時必須掌握：㈠知識要素，㈡情境要素，㈢能力表徵內涵，以及 ㈣致能活動（頁93-95）。葉連祺（2002）指出能力指標的轉化必須視教師對課程轉化的觀點而定，其中包括：㈠忠實觀（fidelity perspective），㈡調適觀（adaptation perspective），以及 ㈢批判創造觀（criticism & creation perspective）。能力指標從不同的觀點轉化，其所得之結果自然相異。實施九年一貫，應該從教學者與學習者之角度思考，將課程轉化、教學轉化、教導轉化、學習轉化、評量轉化、能力／能力指標轉化等概念納入課程轉化中（頁51-54）。針對能力指標之轉化策略，則包括：㈠替代，㈡拆解，㈢組合，㈣聚焦，㈤聯結，以及 ㈥複合。

　　學者的論述，姑且不論其所轉化的概念與作法，都要面對轉化的結果，要如何實施其教學的問題。所以，轉化之後的關鍵是，不論是轉化成「能力表徵」、「具體的認知、情意、技能目標」亦或是「概念與知識」，教師如何利用其結果，進行教學設計？過去，在師資培育的課程中設計的教學，都是以「教材／單元」為基礎的，那麼在轉化後，其後續的歷程是什麼？更重要的是，這個歷程中，如何將現有教科書的單元／教材納入其中，又不失去轉化的成果，這兩者如何接軌？讓教師在教學時能夠以能力指標為主軸，又能合理的使用教科書。這些恐怕是基層的教師最想要知道的答案。

　　然而，許多學者們大都假設，這些轉化過後所得的教學目標就可以理所當然的讓基層的教師進行教學，但是事實往往並非如此。作者發現許多教師在研習會中，辛辛苦苦所轉化的目標結果，回到學校後，又被扔回抽屜裡或者把它們堆放在教務處的櫥櫃中，束之高閣。究其原因，還是在於

教師未能有一套完整的歷程，將轉化完成的目標與教科書的單元作銜接所導致的結果。這樣的情況不斷的在許多九年一貫的研習會中上演。由於缺乏完整的歷程，以致轉化的成果和教材的使用產生斷層，其結果依舊是國家和地方仍然陷入了兩極的觀點與對立，教育機構、教師和家長也還是處於高度的焦慮中。

雖然，我國對一綱一本或多本的爭議，隨著2012年臺北市教育局宣布放棄一綱一本的堅持而暫時停止。但是，不可否認的，這種爭議是因為北北基的基測與學生的分發出現問題才落幕的，並不是全然對一綱多本的想法有所改變，而願意追隨一綱多本的理念。所以，一綱「一本」和「多本」的隱憂仍然存在著。

第二節　課程計畫的問題

九年一貫最被忽略的問題是課程。九年一貫課程的革新，不僅讓我國之國中小課程合體，更讓國家的課程由「課程標準」轉換為「課程綱要」與「能力指標」。具體而言，這種改變也代表了我國對課程的定義與理念的改變，而這些改變則拉近了我與西方國家在教育上的差距，是我國教育史上非常重要的里程碑。在這一波教育改革中，課程的改變應該是最重要的焦點。但是，在許多研究九年一貫課程的文獻中或實務的討論中，並沒有將課程計畫列為最優先、最重要的課題，反倒是「統整課程」成為當時課程最主要的討論對象。

課程的意涵轉為能力指標，是破除近五十年來以教材綱要為課程的觀點，雖然沒有了國家出版編輯的教科書，但是有更多版本的教科書可以提供給教師們使用。這些民間教科書都經過教育部的審核與認可，雖然引起一些批評的聲浪與波動，但仍算是相當溫和與平靜。正因為如此，教師深信只要將這些「審核」通過的教科書教完，就如同過往一樣，就應該能完成學生的能力，所以他們依舊回到「教科書」的日子裡，把能力指標視為教科書要達成的目標，而不是教師們教學的任務。

　　然而，另一個被忽略的課程重點是「課程計畫」。「課程計畫」被視為教育部下放教育權力的一種象徵。過去的課程標準是教育部規定每一門科目、每一個學年、以及每一個學期要教的詳細內容，所有的學校都要切實的實施。換句話說，教育部把所有的科目就其年級和學期，所要實施的內容與目標都在課程標準中予以指定和規範，就形同所謂的課程計畫一樣，只不過，它是由教育部所指定的計畫而已。但是，不同於以往，現今的課程計畫卻是讓學校自行規劃在階段中實施的順序、速度或範圍。就其意義而言，它代表了教育部將部分的教育權力下放給學校，使其具有教育的權力。

　　雖然在九年一貫課程的試辦初期，教育部出版了「學校總體課程計畫實例」，希望藉由這些實例提供給各校，作為他們編寫課程計畫的典範（教育部，2001）。但是，仔細分析這些範例，有一部分雖然號稱「總體課程教學進度表」（如圖1-1），但實質上這些範例有部分僅能稱為「教學的進度表」而已。它們與教育部所稱的課程計畫內容並不相符合，也不具有課程的意涵（教育部，2001，頁18-19）。這樣的做法，代表當時實施九年一貫課程時，教師與負責輔導的教育機構對「課程」的意義與內涵，其理解與詮釋的能力是不足的。雖然如此，這種教學進度表的型式，在當時，甚至在今日，也依然充斥在許多學校的「總體課程計畫」當中。

　　相較於上述的「教學進度」，另外一種課程計畫的形式則稱為「各單元內涵分析」。其內容項目，由左至右依序為「單元活動主題、單元學習目標、相對應能力指標、節數、評量方法或備註」，如圖1-2（教育部，2001，頁30-33）。雖然其包含的元素看似頗為符合教育部對課程計畫的要求，但是，圖中是以單元活動主題作為開始，能力指標列在其右，說明了它的安排還是以教科書的單元活動為主，從單元中延伸出學習目標，再將能力指標套用進來，這種規劃的方式並不是以能力指標作為教學的中心。這些所謂的單元學習目標仍然是由單元所延伸出來的，然後再挑選可以搭配或拼湊的能力指標。基本上，可以看出這些單元學習目標並不是由能力指標所轉化的，此與教育部所主張的不符。可以說，這種作法仍然脫離不了舊有的課程與教學觀念，應該值得檢討。

臺南市東區勝利國民小學89學年度一年級上學期總體課程教學進度表

週次	日期	學校重大行事	語文 (7)	健康與體育 (3)	生活課程 (7)	數學 (3)	綜合活動 (3)	彈性學習 (3)
一	0827 - 0902	·30.31 開學準 備日 ·9月1日 正式上 課	一首1 我愛爸 爸媽媽 家政			1.有多少		·迎 新 （視需 要規劃 實施）
二	0903 - 0909		一首2 爸爸和 奶奶 一首3 愛做什 麼家政	一 5 -a 二 1 我是毛 毛蟲-a 兩性 人權	一 1-1 認識我們這一班-a 一 1-2 我們的教室-a 二 1 這就是我-a 二 2-1.動物大合唱 三 1 可愛的校園-a 環境 兩性	1.有多少	1.歡喜上 學去-a 人權 環境	a 快樂上 學去 ·中秋節 與教師 節活動 （視需 要規劃 實施）
三	0910 - 0916	·中秋節 民俗 活動 (6-11)	一首4 小白貓 環境	一 5 我們這 一班：班 級夥伴-a 二 2 嘟嘟小 火車-a 兩性 人權	習 1-1-a 一 1-3 自我介紹-a 二 1-2 選出我喜歡的顏 色-a 二 2-2.請你跟我這樣做 三 1 可愛的校園-a 環境 家政 兩性	1.有多少	2.我上一 年級了-a 環境	
四	0917 - 0923	·第一階 段「讀 書學習 護照」 啟動	一首5 小金魚 一首6 小黃狗 環境	一 5 我們這 一班：誠 實寶寶-a 二 3 滑梯、 蹺蹺板 兩性 人權	習 1-2 一 1-4 老師和同學-a 二 1-6 好好吃的畫 二 2-3.是誰在跳舞 三 1.可愛的校園	2.分與合	3.校園巡 禮-a 環境	

圖1-1 學校總體課程教學進度

資料來源：教育部（2001）。臺南市東區勝利國民小學89學年度學校總體課程計畫。**國小組學校經營研發輔導手冊(4)：學校總體課程計畫實例**，頁18-20。

　　因此，這些範例如果依據：㈠ 教育部在九年一貫課程實施要點中的規定：課程計畫內容應包括「學年／學期學習目標、能力指標、對應能力指標之單元名稱、評量、議題、節數與備註。」；㈡ 課程理論中對課程目標的層次應遵守由國家、學校、學科、而至單元之目標依序由上而下（橫書時為由左至右）的階級層次；以及 ㈢ 學習目標應由能力指標所轉

附錄二：健康與體育學習領域之課程計畫

（一）一年級上學期之學習目標

1. 說出上課時需遵守的常規，並安全的在學校裡活動。
2. 養成居家生活的安全習慣，自行完成自己該做的事。
3. 敬愛長輩，並且與兄弟姐妹及同學相親相愛。
4. 養成良好的飲食習慣，遵守並實踐餐桌禮儀。
5. 注意儀表的整潔，保持頭、牙、手、頭髮的清潔。
6. 認識身體主要部位名稱，運用感官避免傷害。
7. 瞭解各種動作及隊形的方法及要領，並能認真學習。
8. 瞭解跑步、各種遊戲、球類運動的方法與動作要領，進而遵守秩序，並在友愛的氣氛中認真學習。
9. 能正確指出身體各部位名稱及利用身體各部位創作各種造型。

（二）一年級上學期之各單元內涵分析

單元活動主題	單元學習目標	相對應能力指標	節數	評量方法或備註
一1 我們這一班(a) 二1 我是毛毛蟲(a)	1.能聽從教師的指導，進行學習活動。 2.能指出上課守秩序與不守秩序的行為。 3.能說出上課要遵守的規定。 4.學會立正、稍息及向前看齊的動作。 5.會聽口令做出各種動作。 6.能集中注意力，仔細聽講。	(1-1-4)(1-2-2)(3-2-1)(3-2-4) (4-1-1)(4-1-2)(4-3-5)(6-1-1) (6-1-3)(6-1-4)(6-1-5)(6-2-5)	3	口語評量 行為檢核或態度評量 兩性教育 (1-1-1)(1-1-2)(1-3-5) (2-1-1)(2-1-2)(2-1-3) (2-1-4)(2-1-5)(2-1-6) (2-2-1)(2-2-2)(3-2-1)
一2 班級夥伴(a) 二2 嘟嘟小火車(a)	1.能列舉同學之間如何相處的方法。 2.能說出被同學接受和不接受的行為。 3.會排直線、縱線隊形。 4.練習隊伍的行進。 5.培養合作的團隊精神。	(1-1-3)(1-1-5)(1-2-2)(3-1-1) (3-2-4)(4-1-1)(4-1-2)(6-1-1) (6-1-3)(6-1-4)(6-1-5)(6-2-5) (6-2-3)	3	口語評量 行為檢核或態度評量 兩性教育 (1-1-1)(1-1-2)(1-3-5) (2-1-1)(2-1-2)(2-1-3) (2-1-4)(2-1-5)(2-1-6) (2-2-1)(2-2-2)(3-2-1)
一3 誠實寶寶(a) 二3 滑梯、翹翹板	1.能知道每個人都不喜歡被欺騙。 2.能瞭解說謊是一種欺騙。 3.鼓勵兒童說實話。 4.瞭解滑梯遊戲中坐姿滑下、仰臥滑下的遊戲方法與動作要領。 5.能遵守秩序，從事安全的遊戲活動。	(3-1-2)(3-1-3)(3-2-1)(4-1-1) (4-1-2)(5-2-2)(5-2-5)(6-1-1) (6-1-3)(6-1-4)(6-1-5)(6-2-3)	3	行為檢核或態度評量 兩性教育 (1-3-5)(2-1-3)(2-1-5) (2-2-1)(2-2-2)(3-2-1)
一4 危險在哪裡 二4 盪鞦韆、攀登樂	1.能指出不安全的情境。 2.能列舉校園內，教室內，遊戲場所應注意的安全事項。 3.能瞭解並學會坐姿、立姿盪鞦韆。 4.能瞭解並學會向上、往下攀登的方法與動作要領。 5.能集中注意力，認真學習，並互相禮讓，互相合作。	(1-1-4)(3-1-2)(3-1-3)(3-1-4) (3-2-1)(3-2-2)(3-2-4)(5-1-1) (5-1-2)(5-1-3)(6-1-5)(6-2-3) (6-2-5)	3	口語評量 行為檢核或態度評量 兩性教育 (1-1-1)(1-1-2)(1-2-1) (2-1-1)(2-1-2) (2-1-4)(2-1-6)
一5 小小觀察檢核家	1.能指出上下學應準時。 2.能正確的辨認紅綠燈、行人專用號誌、行人穿越道、天橋及地下道的功能。	(1-1-4)(3-1-1)(3-1-2)(3-1-4) (3-2-1)(3-2-4)(3-2-5)(3-2-6) (3-3-1)(3-3-2)(3-3-3)(5-1-1)	3	行為檢核或態度評量 兩性教育 (1-1-1)(1-1-2)(1-2-1)

圖1-2　學期單元內涵分析

資料來源：臺南市東區勝利國民小學89學年度學校總體課程計畫。國小組學校經營研發輔導手冊(4)：學校總體課程計畫實例，頁30-33。

化等三項原則，這些範例不僅內容不盡符合教育部在「總綱」中的相關規定，而且也沒有遵守課程理論中目標應具備的階層關係。

這些學校課程的計畫仍然是以書商的單元為主要的課程來源，能力指標只是替單元服務而已。這樣的課程計畫所代表的課程觀點，可以說並沒有脫離過去以教材單元為主的「課程標準」時代的作法。意即，基本能力、學習目標、十大基本能力皆由單元中衍生，和九年一貫課程改革中所強調的教學應該由能力指標所產出的意義，有很大的差異。因此，這些範例很難看出它們和以往的課程標準有何不同？不都是從教科書單元出來的嗎？所以教育部所出版的「學校總體課程實例」，足以讓人懷疑它們的代表性與示範性。可惜的是，在許多相關的研討會中，主辦單位或是示範的國小對於教育部賦予學校參與教育權力的「學校總體課程計畫」的任務卻不見有更深度的討論。

九年一貫課程推動工作小組在90年度第一次「全國各縣市政府教育局局長聯席會議記錄」中，確定將各校規劃總體課程計畫內容分為三大項：學校的教育目標、願景、領域學習節數（謝寶梅，2001，頁VII）。這種決議明顯不符合教育部的相關規定，但是卻決定了日後各縣市地方教育機構和學校對課程計畫的內容與作法，導致後續的課程計畫無法真正落實教育部對其之期望與規範。

不可否認的是，在九年一貫的初期，教育人員對於課程確有改革的企圖。從全國均熱烈討論有關「統整課程」，就可見到學校對新課程的期盼。一時之間，「統整課程」成為這一波課程改革中最熱門、最受到歡迎的焦點，各校莫不沾沾自喜自己成為新課程的改革者與推動者。當時各校普遍採取的是將單元順序予以調整的「平行學科統整」方式，然後冠以一個統整的名稱。這種統整課程的方式，根據統整課程相關的理論，比起其他的統整型式，其效果可算是最弱的一種。然而，隨著時間過去，統整課程的實施當然未能有具體的成效，只有熱鬧，是可想而知的結果；而各校在經歷一段時間後，也發現其實所謂的「統整課程」，只不過在各科單元名稱前加一個「好聽的」名稱而已，其實是沒有深層的統整意涵。

此外，真正需要關心的「學校總體課程計畫」卻沒有得到充分的討論

或關注。直到地方教育局／處要依其權限審核各校的課程計畫時，才由教科書的出版商準備了一份全國統一的「課程計畫」讓學校去送審。可惜的是，書商的「課程計畫」既不符合教育部之規定，其作法也不符合課程的學術理論。然而，更荒謬的是，教育局／處並沒有依照教育部在「實施要點」裡的規定去審核，反而，只要是書商提供的課程計畫，就予以通過。這樣的審核標準明顯違反了教育部的規定，但是卻沒有人理會，就連審核地方學校課程計畫的人員（通常是借調或委任學校的行政人員，如教務主任等）也不知道教育部有相關的規定，惶論其具備有課程理論或是教學設計的專業認知和審查能力。這樣的審核到最後僅是徒具虛名而已。因此，學校之不重視課程計畫，並不令人感到意外。

為什麼課程計畫如此重要呢？從課程管理與領導的層面來說，沒有課程計畫，如何談學校課程的管理？更惶論課程的領導。再從課程與教學關係的層面來說，大部分的課程與教學理論中，都可以發現課程往往先於教學，不論是Tyler或是Oliva的模式，因此，缺乏可實施的課程計畫，教學就無所依歸。在九年一貫課程總綱的實施要點中特別提及課程計畫的問題，可見教育部對它的重視，不僅如此，有課程計畫才能發展教學的觀念，也是合乎課程與教學理論中的論述。可惜的是，各校都忽略編定課程計畫的重要性，沒有詳實的課程計畫，那麼教學要依什麼樣的標準去設計呢？最後的結果是，教師仍舊回到單元中，繼續以往「課程標準」時代的作法，把完成單元的內容作為教學的主要目的。因為各版本教科書的單元內容都不一樣，於是就產生了一綱「一本」與「多本」的問題。

第三節　教學的問題

九年一貫最惱人的問題是教學。教學是許多教師面對學生時最直接的問題。「你教了能力指標中的能力了嗎？」，這是我最喜歡問課堂裡研究所學生（大部分都是現職國中小教師）的問題。一開始，這些研究生教師都會理直氣壯的說，「我有照教科書教啊！教科書都是教育部審核通過

啊！」再問：「你真的有教能力指標嗎？」「應該有！」（這時候的音量已經減低了50%）。「你們當中有誰認真的讀能力指標？」這時候，我大概已經聽不到回答的聲音了！我相信這些在研究所中研修的國中小教師不是特例，他們應該是代表了大多數教師的實際的情況。

我也曾在研究所入學考試的題目中問：「教育部規定課程計畫的內容要寫哪些項目呢？」（非常簡單的記憶性題目）。但是當我在批改試卷時，算了一下考生（包括在職生與一般生）約有101位報考人，其中僅有一位考生勉強提了有能力指標與對應的單元名稱等項目，其餘的考生不是沒有答就是顧左右而言它，完全摸不著邊際的作答。從這種情形就可以推估大部分的教師並沒有真正去看九年一貫相關的資訊，更惶論瞭解能力指標的內涵。因為沒有詳讀教育部對指標的說明／詮釋，所以不瞭解能力指標的意涵，無法落實真正有效的教學，更遑論知道教學該要強調的重點是什麼。

另外，九年一貫課程改革中，非常強調的重點是學校本位的精神。但是，就如前段所述，各校的課程計畫是由教科書出版商所設計，因此，可以說這些課程計畫大概都只有「書商本位」的精神，並無「學校本位」的特色。除此之外，在不瞭解能力指標的前提下，教學似乎掉入了到底要教課本中的通論，還是要教學校在地特有內容的泥沼當中；如果要教學校在地的內容，那麼如何處理課本中的通論？文本與在地內容的衝突自然也引起許多教師在教學過程中的猶豫與疑惑，成為教學上的「迷失」。

當課程的概念已經改變，教學的方法自然也要隨著改變。但是，當九年一貫的課程改為能力指標時，教師的教學似乎還停留在教材內容上。當教學的目的是學生的能力表現時，其實教學勢必成為「以學生為中心」的設計。但是面對所謂的能力指標，許多教師的認知是「給予學生更多的教學」或是「補充更多的教材」，學生自然會表現出能力來，這是非常不正確的想法。能力，不是從更多的教學內容中培育出來的，而是從學生表現的能力中找到「他要如何表現能力？」以及「他要表現能力之前，他要知道什麼與他要做什麼？」這兩個問題的答案才有可能。所以，教學必須要改變。但是，教學改變了嗎？我們把教科書放在一邊了嗎？我們把學生的

能力作為教學的主體了嗎？

第四節 **師資培育的問題**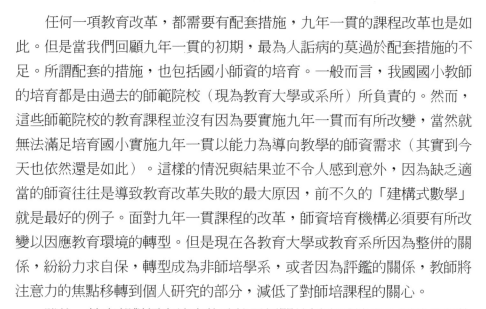

　　任何一項教育改革，都需要有配套措施，九年一貫的課程改革也是如此。但是當我們回顧九年一貫的初期，最為人詬病的莫過於配套措施的不足。所謂配套的措施，也包括國小師資的培育。一般而言，我國國小教師的培育都是由過去的師範院校（現為教育大學或系所）所負責的。然而，這些師範院校的教育課程並沒有因為要實施九年一貫而有所改變，當然就無法滿足培育國小實施九年一貫以能力為導向教學的師資需求（其實到今天也依然還是如此）。這樣的情況與結果並不令人感到意外，因為缺乏適當的師資往往是導致教育改革失敗的最大原因，前不久的「建構式數學」就是最好的例子。面對九年一貫課程的改革，師資培育機構必須要有所改變以因應教育環境的轉型。但是現在各教育大學或教育系所因為整併的關係，紛紛力求自保，轉型成為非師培學系，或者因為評鑑的關係，教師將注意力的焦點移轉到個人研究的部分，減低了對師培課程的關心。

　　雖然，教育部對師資培育的政策已經開始採取減縮進入師培學程的學生人數，其原因包括少子化的影響，以及過去大幅開放培育師資的名額所導致流浪教師的問題。但是，不可否認的是這些師培學系也缺乏開設與能力指標教學設計的相關課程。教學的理論與教學的設計仍然停滯在過去以教材教法的方式（以教材為主）教導學生作教學的設計，導致學生進入到職場（國小），依舊無法認知九年一貫所要求的課程與教學設計。這種培育教師的方式，明顯與職場需求的脈絡脫節，如果現在不改變這樣的情況，它終將持續成為九年一貫教育改革中，最大的隱憂。

　　雖然九年一貫教育改革的問題很多，但是，讓基層教師最感到憂心的仍然是教學的問題。然而，之所以會產生這些教學的問題，包括一綱多本以及基本能力的問題，是來自對課程以及能力指標的忽略以及固守舊有的教學方法所導致的結果。唯有重新認識課程的重要性與功能，規劃清楚與

務實的課程計畫，依其運用新的教學理論規劃與設計教學，才能解決九年一貫教育改革中課程與教學的問題。唯有課程與教學的問題解決之後，才能讓我國的國民教育步上正軌並且與國際同步，也才能持續再思索未來的教育改革。

討論問題

1. 比較民國82年之「國民小學課程標準」和九年一貫課程「綱要」與「能力指標」，有何不同？

2. 利用網路蒐集數所國小的課程計畫，比較它們的形式與內容。

3. 利用教育部九年一貫的網站（國民教育社群網），下載「總綱」之「概要內涵」的實施要點，評估上述問題中所蒐集到的課程計畫，對照兩者，你會發現什麼？

參考書目

王素芸（2001）。「基本能力指標」之發展與概念分析。**教育研究資訊**，9(1)，1-14。

邱紹雯（2012，3月9日）。一綱一本8月起停辦。自由時報電子報。取自 http://www.libertytimes.com.tw/2012/new/mar/9/today-taipei6.htm。

教育部（2001）。**國小組學校經營研發輔導手冊(4)：學校總體課程計畫實例**。臺北市：教育部。

教育部（2001）。【國民教育社群網】。常見Q&A。取自 http://teach.eje.edu.tw/9CC。

張佳琳（2000）。從能力指標之建構與評量檢視九年一貫基本能力之內涵。**國民教育**，40(4)，54-61。

陳新轉（2002）。社會學習領域能力指標之「能力表徵」課程轉化模式。**教育研究月刊**，96，86-100。

陳新轉（2004）。**九年一貫社會學習領域課程發展：從課程綱要與能力指標出發**。臺北市：心理。

黃政傑（1991）。**課程設計**。臺北市：東華。

楊思偉（2002）。基本能力指標之建構與落實。**教育研究月刊**，96，17-22。

葉連祺（2002）。九年一貫課程與基本能力轉化。**教育研究月刊**，96，49-63。

韓國棟（2007）先進及鄰近國家教科書制度概況。2007年4月12日，取自 http://english.moe.gov.tw/public/Attachment/7511113197.doc。

謝寶梅（2001）。學校願景之發展：學校本位課程目標擬定與實施的基礎。載於教育部（主編），**國小組學校經營研發輔導手冊(2)：學校願景發展、實踐、檢討與展望實例**（頁 VI-XII）。臺北市：教育部。

Dick, W., Carey, L., & Carey, J. O. (2009). *The systematic design of instruction* (7th ed.). London: Pearson.

Gentry, C. G. (1991). Educational technology: A question of meaning. In G. J. Anglin (Ed.), *Instructional technology: Past, present, and future* (pp.1-10). Engliwood, CO: Library Unlimited.

第二章

九年一貫課程與
教學之關係

「能力指標，可不可以直接教學？」

「我想要把能力指標寫在教案中，是不是可以？」

「我總覺得教一本好像不夠，可是我又不想教多本，怎麼辦？」

「我是不是應該把各版本教科書拿來比一比，把沒有的補上？」

　　以上這些問題，在某種程度上，都是屬於教學方面的問題，也是我在許多討論九年一貫的場合中，經常被教師問到的問題。其實同樣的問題也經常會出現在教師同儕之間的談話裡。如果你是教師，你該怎麼回答這樣的問題？通常，教學的問題很難只從教學的層面解決，因為教學是來自課程，因此就必須從它的源頭──課程談起，所謂「正本清源」也。

　　九年一貫課程的實施，不僅將我國從「課程標準」時代帶入「課程綱要」的紀元中，也將課程與教學的關係帶入另一個新的里程。在「課程標準」時代，各科目列有「課程總目標」與「分段目標」，但是對課程與教學產生最大影響的則是各科的「教材綱要」，其所記錄的是各科的內容與架構，而政府所出版的教科書自然而然的包含所有記載在「教材綱要」中

的內容（教育部，1993）。簡而言之，這是「課程標準」時代中課程、教學、與教科書的關係。課程的實施就是教學，而教學的內容就是課程與教科書。因此，縱使有「課程標準」作為課程，但它對教師在教室中的教學顯然是沒有影響的。因為當時的教學只要將課本的內容教完，就完成了課程的實施。毫無疑問的，兩者的關係是課程是教學的內容，教學是課程的實施。

　　然而，進入九年一貫的課程時代，課程與教學的樣貌發生重大的改變，而兩者之間的關係也產生變化。「課程綱要」取代了「課程標準」，不僅將原有的十一個「科目」改為較少的七個「學習領域」，而且在課程彈性上，增加「特色課程」與「彈性課程」，以利各校能依自己的情況實施一些無法在領域課程內涵蓋的教學活動。然而，更重要的是原來課程標準中的「教材綱要」由「能力指標」所取代。課程的內容由全國統一的「教材綱要」改為各校自行組織的「課程計畫」，而教科書也由「國立編譯館」開放給民間的出版商自行出版。因此，實施「九年一貫課程」除了對課程的定義觀點改變以外，更重要的是課程與教學的關係也產生變化。然而，令人意外的發展卻是教科書的多元版本竟造成國內教育部與地方教育機構的衝突，教育機構與家長的對立。自此「一綱一本」或「一綱多本」的爭議在國內掀起極大的風暴。終於，這種爭議隨著「北北基」放棄「一綱一本」的堅持後，終於落幕了。但是「一綱」的問題仍然沒有解決，因為家長心中依然存在著疑問，而教師也是一籌莫展。

　　為了對九年一貫課程與教學進行瞭解，本章即以課程與教學的關係開始，說明課程與教學的發展如何展現其為不同之實體，卻又存在的相互影響的關係，及教育部對九年一貫課程與教學實質的規範。

第一節　課程與教學的關係

　　對於課程與教學的關係，學者各有不同的解讀。但是Oliva將Johnson以及Macdonald對課程的定義作總結後，指出所謂課程是一種學程

（program）、計畫（plan）、內容（content）、學習經驗（learning experience）；而教學是方法（methods）、教的行動（teaching act）、實施（implementation）、以及演示（presentation）（Oliva, 2009, pp.7-8）。因此，他對課程與教學的分際，簡單而言，就是把課程定義為「教什麼」，而教學定義為「如何教」。這兩者的關係可以用下列四種關係模式來代表：（Oliva, 2009, pp.9-13）

 ## 二元模式（dualistic model）

在此模式中，課程與教學分別位於獨立且分離的兩端，彼此並無交集，也無關係可言。課程計畫與教師所設計的教室內活動或是學生的學習活動之間鮮少有相互的關係。不僅課程計畫者漠視教學者，而教學者也無視於課程計畫者的意圖，可以說這種關係是在探討課程時明顯的忽略了教室內的實際應用，才會有此種關係的產生。在此情形下，課程與教學過程彼此不會發生重大的相互影響，但是兩者會各自產生變化。這種關係也說明了教學如果不以課程為導向，忽略課程的要求，兩者是極有可能產生這樣的關係。這種情況的發生，就如同目前的教學忽視課綱，而課綱對教學亦無法發揮其影響力。

圖2-1 課程─教學的二元模式

資料來源：Oliva, 2009, p.8.

 ## 連結模式（interlocking model）

課程與教學兩種系統連結在一起，彼此具有統合的關係，稱為連結模

式。若是這兩者分離，勢必會對彼此構成傷害，其關係如圖2-2中的左、右圖。對於大部分人而言，其實很難接受教學是超越課程的實體，因為在計畫課程目標之前很難先去決定教學的方法。換句話說，比較能夠接受的關係是課程超越教學的想法。先決定課程後，再決定教學的方式。但是，很顯然的，一些行政人員認為教學可以不需要課程計畫好以後才決定，因為他們認為發展教學的方法是可以不在教室內的情境中思考。

圖2-2　課程─教學的連結模式

資料來源：Oliva, 2009, p.9.

三 同心模式 （concentric model）

當課程與教學兩者相互依存，就具有同心模式的關鍵特性。但是這種關係又分為兩種不同的情況。其中一種情況是教學成為課程的次級系統，課程是整個教育的次級系統 （如圖2-3之左圖所示）。另一種情況是，教學是兩者關係中的主體，而課程則成為附屬的系統 （如圖2-3之右圖所示）。估且不論兩者之關係中何者為主體，何者為附屬，兩者之間確實存在著明顯的階層關係。

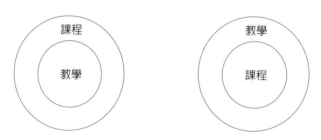

圖2-3　課程─教學的同心圓模式

資料來源：Oliva, 2009, p.9.

四 循環模式（cyclical model）

當課程與教學存在著循環的關係時，代表兩者是分開的實體，但是彼此之間藉由持續的回饋，讓兩者彼此產生循環的影響（如圖2-4）。此模式強調教學的決定是在課程決定之後，並且在教學決定付諸實施與評鑑之後，根據其成效修正課程的決定。這種循環的方式周而復始，循環不已。換句話說，對教學所作的評鑑會對次循環的課程決定產生影響。在此模式中，課程與教學不必視為分開的實體，而是類似天體中循環的一部分，不斷的以圓圈的方式運行，產生兩者彼此間持續性的、相互性的調適與改進。

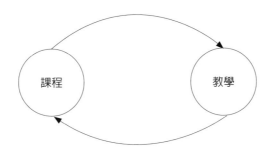

圖2-4　課程─教學的循環模式

資料來源：Oliva, 2009, p.10.

雖然Oliva在理論中指出課程與教學的關係具有上述的四種模式，但是在課程與教學的實務中，兩者似乎很難找到極為明確的關係，因為還要視課程的定義為何，才能對課程與教學這兩者的關係產生較為明確的主張。如果把課程視為「科目」或是「內容」者，教學就是按照科目內容傳授給學生的活動；如果課程是「經驗」，那麼教學就成為課程的一部分，彼此很難劃分何者為課程，何者為教學。此種課程與教學的關係常見於早期Tyler的課程論述中。將課程定義為「目標」，那麼教學就成為達成目標的「手段」。此種課程與教學之關係則常見於以目標為取向的論述中。如果視課程為「學習計畫」，教學便是計畫的實施，其間的分野在於尚未實施的計畫屬於課程，一旦實施便屬於教學。以上課程與教學的關係皆有不

同，但是從以上的課程與教學的關係以及對課程與教學的定義，可以綜合
其意義如下：

一、課程與教學有關，但兩者是不相同的實體；

二、課程與教學存有相互影響與依存的關係；

三、雖然課程與教學是兩個不同的實體，但是無法各自獨立運作。

第二節　課程與教學的發展模式

課程發展的模式有許多，但是能在模式中，將課程與教學以兩個不同
的實體卻有相互依存的關係呈現的，並不多。其中以Oliva的課程發展模
式最具代表性。該模式強調，課程的發展先於教學的發展，且兩者之發展
趨於一貫。該模式之說明如下（如圖2-5）：

(一) 課程來自教育宗旨、哲學以及心理學，這是依據社會和學生的一
　　般需求界定而來；

(二) 接著依特定的學生、社區以及學科的需求，界定教育宗旨。

(三) 描述課程目的；

(四) 根據課程目的，訂出課程目標；

(五) 課程目標必須加以組織然後實施；

(六) 課程目標經轉化、分析後，描述教學目的；

(七) 依據教學目的，訂出教學目標；此處的教學目的與教學目標是指
　　每個年級、每個科目詳細的教學目的與目標；

(八) 依據教學目標選擇適當的傳播方式（媒體）、決定教學的區塊以
　　及教學方法；

(九) 根據教學目標與教學策略選擇評鑑的方法；

(十) 然後隨即進行教學策略所規劃的學習活動；

(十一) 決定使用的評鑑方法；

(十二) 對教師與學生實施評鑑；

(十三) 教學評鑑之結果再進行對課程的修訂。

　　圖2-5課程與教學模式中之虛線即為課程與教學的區隔，可見課程與教學是為兩個實體，而且課程的運作先於教學。在發展教學的歷程中，教學目的與目標必須繼承課程的目標，才能使課程與教學的發展能夠連成一貫。

　　Oliva對課程與教學的關係提出四大模式，分別為：㈠ 二元模式、㈡ 連結模式、㈢ 同心模式，以及 ㈣ 循環模式。其中循環模式，其所顯示的概念足可能說明課程與教學是不同的實體，而彼此之間產生相互的影響。再從圖2-5中，Oliva的課程與教學發展模式中可以瞭解從課程的發展到教學發展的歷程，本書即以此概念以及歷程作為九年一貫課程與教學設計的基礎理論。是故，教育部在九年一貫「總綱」的「實施要點」中，特別指出各校要成立「課程委員會」，負責規劃「學校課程計畫」。有了「課程計畫」，各校就可以依循課程計畫中的目標繼續發展與設計教學的歷程，就是這個道理。

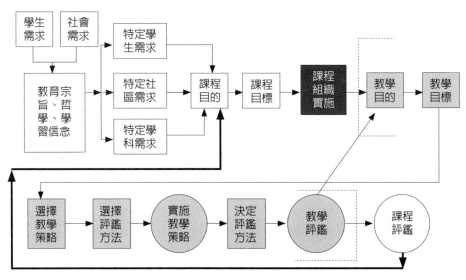

圖2-5　Oliva課程與教學發展模式

資料來源：翻譯自"The Oliva model for curriculum development," by P. F. Oliva, 2009, *Developing the curriculum* (7th ed.), p.138.

第三節　國家課程與學校課程之關係

　　能力指標可不可以直接作為教學之用？教案中可不可以將能力指標寫在目標的欄位中？這是許多教師和實習學生所關心的問題。由於課綱中的能力指標是被認定為屬於國家課程的層級，是否可以等同於學校或課堂中的課程層級？對於這樣的問題，除了上述Oliva的課程與教學的概念與發展歷程以外，亦可從同為國定課程的英國來一探究竟。英國的學者John（1995）針對國家課程要如何轉型成為教室內的教學，提出一個簡單的模式，說明國家課程與學校教室教學的關係，如圖2-6（p.12）。

　　依據John的模式，國家課程必須經過學校政策予以規劃，對課程的範圍、知識的內容、教學的策略、評量的歷程以及課程獲得（attainment）加以界定，形成學校之課程計畫。爾後，再由各科目的教師以其專業知識、技能、以及對教育的信念解讀課程，確認科目或是主題應該包含之內容或知識，並進行科目或主題之設計。及至科目或主題確定之後，才開始教學的設計，形成教案，並規劃各種學習之活動，於教室與課堂中進行。最終，依據學生學習的評量結果，對國家課程、學校課程、科目與主題、教案設計與教室教學等提出修正。此模式簡單扼要的描述國家課程、學校課程與教學設計的歷程，雖然許多的細節在此模式中予以簡化，但仍然可以看出國家的課程並不等同於學校課程，前者是後者的依據，而後者必須遵從前者的政策。換句話說，國家課程為學校課程之依據，而學校課程必須依據國家之課程，這樣的方式說明了兩者之間的關係，也顯示出兩者之間的從屬位階。

　　我國和英國都是以國定的課程為國家教育的共同特徵，兩者作法自然相似。換句話說，根據John的模式，九年一貫的課程並不是直接作為學校的課程或是目標，更不是直接作為教室內的教學之用，而是必須透過學校行政的措施，訂定成為學校的「本位課程計畫」，透過課程範圍的界定以及順序的規劃，並依各學習領域（主題）對其所解讀的結果，讓教師據以設計教案以及教學的活動。John的模式簡單而直接的指出從國家課程到教

室教學所歷經的過程與步驟，這也是我國在進行能力指標的課程規劃以及教學設計時，應該採取的過程與步驟。

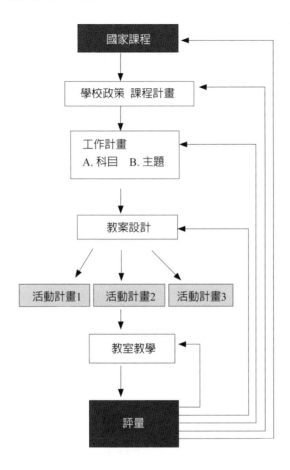

圖2-6　國家課程與教學模式

資料來源：翻譯自"Planning and the curriculum," by P. John, 1995, *Lesson planning for teachers*, p.12.

所以，John的模式顯示國家課程必須依學校政策編訂成為學校的課程計畫，這種經過學校課程委員會的政策編訂的課程，我們稱之為「學校本位課程」。學校本位的課程計畫又依各學習領域，訂定各階段、年級與學期的課程計畫後，才能讓教師據以設計教案，進行教學。如此的歷程，不

但符合Oliva對課程與教學發展的理論，也符合John對國家課程轉型至學校課程與教室教學的觀點。

（第四節）　**新課程實施的原則**

除了上述，Oliva的課程與教學的發展理論，以及John所闡述有關國家課程、學校課程和各學科的發展關係可以作為發展九年一貫課程計畫的基礎理論外，Ornstein與Hunkins（1988）更進一步指出在實施課程革新時，為了避免過去在實施課程革新時所犯過的錯誤，新課程的實施必須遵守下列的原則：（p.229）

㈠ 為了改善學生成就所設計的課程革新，嚴格的來說，必須具有健全的基礎

課程的改變必須能反映研究的結果，特別是研究結果中所指出的哪些是可行的或是不可行的實務。對於課程變革的政策必須全盤思考，小心謹慎的選取相關的理論作為改革的基礎，對於那些隨意採取流行的革新作法必須加以反對。

㈡ 成功的課程革新需要改變傳統的學校結構

此處所謂學校結構的改變包含改變教師的組織和師生互動的方式。課程革新中，影響學校教師組織的方式，其中一個明顯的例子是數學領域。在97課綱之前，原本規劃國小六年級與國一（七年級）為第三階段，但是實際的困難是國小六年級的數學教師與國中一年級的數學教師基本上很難有機會在一起探討學生學習「能力指標」的問題，其原因都是在於我國學校的編班方式是國小與國中分屬不同的學校單位，並不像美國學校是國小到國中是同在一個校區甚至是同一棟大樓內。所以，直到97課綱又將數學領域改為國小五、六年級為一個階段，似乎也遷就學校現行的學生編班和組織方式。此種為了組織的不同，而改為適應現況的作法，實際上對國小與國中數學指標的銜接是不利的。

　　至於，課程革新影響教師組織的例子，則見於過去90暫綱、92課綱、與95課綱中規劃國語為一到三年級為同一個階段，當一、二、三年級教師要針對「能力指標」做討論時，實際發生的困難是一、二年級教師在學校是屬低年級的教師社群，而三、四年級屬中年級的教師社群，中、低年級的教師因教學的作息時間不同，基本上很難找出彼此共同的時間開會討論。更何況，要將三年級的教師從中年級社群抽出和一、二年級的教師合併為第一階段學習領域的成員，其實是有其困難要去克服，所以導致階段的學習領域組織無法發揮其應有的功能。

　　但是不可否認的是課程改革牽動許多學校的傳統結構，其中一個例子是，國小教師社群的結構中，不可諱言，最重要、最有效率的是「學年組織」。舉凡課程、教學、教科書、班級經營的問題都是由「學年組織」作為決策的基本單位。但是，九年一貫能力指標是以階段而非年級作為分化的基礎，在此情況下，應該是由各階段的「學習領域小組」取代「學年組織」的角色與功能。但是，各校目前的狀況顯然不是如此。總而言之，課程的改革勢必影響原有學校結構，其中包括教師社群組織的方式。

　　課程革新也會影響師生的互動和教與學。過去，以「教材綱要」作為課程的教學方式中，顯然「講述」和「聆聽」是大多數師生互動的方式，教師成為傳播知識的主體；但是，到了「能力」的時代中，「示範」和「表現」則是師生互動的方式，教師則是扮演範例提供者以及引導者的角色。

　　㈢ **課程革新對於普通一般的教師而言，必須是能掌握的以及可行的**

　　當學生沒有辦法表現基本的讀、寫或是在班上根本無心表現的時候，我們就不能對學生的批判思考或是解決問題的能力，有任何創新的想法，此時去談新課程改革似乎是無濟於事。

　　㈣ **經由努力所改變的課程，必須以有機而不是官僚的方式實施**

　　過於嚴格的遵從、監控和規定對於課程的變革是沒有效的，這種官僚式的方式應該被有機的或是容許改編的方式所取代，它必須能夠允許新課程與原來的計畫有一些差異，同時又能察覺學校由下而上的問題與情境。

所以，九年一貫的課程計畫必須是由基層教師共同協商訂定，掌握課程改革契機。因此，充分瞭解課程計畫與教學設計是教師必須要具備的先備能力。

㈤ 避免「為做而做」症候群

為了避免「為做而做」的情況發生，擁有明確務實的「課程計畫」是有必要的。各校在規劃自己的課程計畫時，必須透過審慎與理性的思考，才能將努力、時間、精力與經費聚焦在課程革新的內容和行動上，而不是敷衍了事的應付課程革新。

根據上述，九年一貫課程的實施也必須遵守這樣的法則，隨著課程的改變，學校也要做其他的改變以配合改革。因此，九年一貫課程的實施必須能夠依據課程與教學的理論審慎的規劃，切勿隨興的憑藉個人的喜好胡亂的設計課程，更不能因為時代的流行去貿然採用不適當的設計。選擇適當的、嚴謹的課程與教學理論進行相關的設計，是將九年一貫的教育革新帶往成功的關鍵。

隨著課程的革新，學校的組織和教室內的師生活動勢必隨之改變，「課程標準」時代最重要的校內組織，可以說是「學年組織」。然而，九年一貫課程是以階段、學習領域為單位，所有的課程規劃、發展與設計均以階段的多個年級為對象，因此屬於同一階段的年級教師必須要有嚴謹的組織以便運作，「階段學習領域小組」應該是要能夠發揮它的功能，扮起更重要的角色，甚至是取代過去「學年組織」的角色。

過去的教學以教完「教材綱要」中的內容為教學的目標，聆聽、記憶與練習是師生互動的方式，是以教師為主導的取向；但是，九年一貫的教學則是要學生表現出能力，是以學生為本位的，教學的主體從教師轉向學生。從學生能力的本位進行教學設計，分析學生的特質、應用能力的脈絡以及學習脈絡，考量學生的起點能力與先備能力，讓學習可同時包含基本的能力與解決問題的能力。換言之，教學的成果不是看教師教了什麼，而是學生表現了什麼能力。

　　課程的設計必須有彈性，最忌諱的是官僚式的管理。因此，依照各個學校本位的精神進行，考慮個別學校與學生的需求，是九年一貫課程中的特性，相較於原來「課程標準」的「教材綱要」是全國一致的，而且是各年級固定，沒有任何的彈性，更沒有學校本位的空間；顯然，九年一貫的課程實施就此點來看，要比以往的「教材綱要」來得人性化許多。而課程遇有要修正或是調整時，僅需通過「課程發展委員會」核定即可，充分發揮學校本位的精神。

　　另一項課程實施的重要關鍵是九年一貫課程要成功，必須要有明確的「課程計畫」作為依據，進行教學的設計與實施，而學習成果的評鑑則作為課程修訂與調整的手段。

　　綜所上述，Oliva的課程與教學模式揭露了課程與教學是兩個實體，但是彼此之間有不同的關係，卻互相影響；John的課程與教學模式顯示國家課程與教室課程的階層關係以及轉化的歷程；Ornstein與Hunkins對實施課程革新的原則提示了重要的關鍵概念。這些理論都是規劃九年一貫課程組織或計畫的基本依據。

討論問題 ....

1. 試舉三種課程的定義，舉例說明它們如何和教學銜接？

2. 選擇三種課程設計的模式，比較它們所主張的課程設計理論當中，目標和內容的部分占有什麼樣的地位？

3. 依據John對國家課程、學校課程、和教室教學的觀點，說明「能力指標」可不可以直接用在教學中？為什麼？

參考書目

教育部（1993）。**國民小學課程標準**。臺北市：教育部國民小學課程標準編輯審查小組。

Armstrong, D. G. (1990). *Developing and documenting the curriculum*. Boston: Allyn and Bacon.

John, D. P. (1995). *Lesson planning for teachers*. London: Cassell Education.

Kemp, J. E. (1985). *The instructional design process*. New York: Harper & Row.

Oliva, P. F. (1992). *Developing the curriculum* (3rd ed.). New York: HarperCollins.

Oliva, P. F. (2009). *Developing the curriculum* (7th ed.). New York: Pearson.

Ornstein, A. C. & Hunkins, F. P. (1988). *Curriculum: Foundations, principles, and issues*. Englewood Cliffs, N. J. : Prentice Hall.

Ornstein, A. C., Pajak, E. F. & Ornstein, S. B. (2007). *Contemporary issues in curriculum* (4th ed.). Boston : Pearson.

第三章

九年一貫課程計畫之設計

　　John的模式顯示國家課程與教師教學的關聯與意義，九年一貫的教學，其設計自然也必須從國家的課程綱要及能力指標開始。國家層級的能力指標經過學校的「課程發展委員會」，依照學校的政策訂定學校本位的課程計畫，然後按照課程計畫才能進行教學計畫的設計。雖然「能力指標」的分析是由各校教師所為，但是實際上仍然要參考教育部的各項說明、詮釋或是注釋，不宜太各行其是。至於，編製學校本位課程的計畫也是如此，必須按照教育部之相關規定而為之。

第一節　教育部對課程計畫相關的規定與說明

　　教育部（2001）對「能力指標」是否需要轉化成為學校教學目標（學習目標）的問題，在「國民教育社群網」中提出明確的說明：

　　能力指標是學生在各階段學習之後所應獲得的基本能力。在九年一貫課程中，能力指標是學校在各領域課程發展的重要依據，教師必須在教學歷程中不斷的檢視、修正與評估。在轉化能力指標為教學目標時，應注意下列的原則：

一、分段能力指標的用意在於提醒教師該階段學生所要達成的能力，並非學習的順序。

二、教學目標應依據分段能力指標加以分析、歸納或綜合，避免一直重複同一種概念的學習，而忽略了其他能力的統整學習。

　　這一段的說明已經充分的解釋了「能力指標」是需要轉化成各校的「教學目標」；此處的「教學目標」，意即課程計畫內容裡所謂的本位課程目標，而轉化的工作是由各校之教師共同為之。此外，教育部對於各校編寫課程計畫的內容也有規定。九年一貫課程綱要中的「總綱」之「實施要點」中即指出：（教育部，2001）

一、學校課程發展委員會應充分考量學校條件、社區特性、家長期望、學生需要等相關因素，結合全體教師及社區資源，發展學校本位課程，並審慎規劃全校課程計畫。

二、規劃之課程計畫，應包含各領域課程計畫與彈性學習節數課程計畫，其內容應包含：「學年／學期學習目標、能力指標、對應能力指標之單元名稱、節數、評量方式、備註」等相關項目。

三、有關性別平等、環境、資訊、家政、人權、生涯發展、海洋等七大議題，如何融入各領域課程教學，應於課程計畫中妥善規劃。

四、各校應於學年度開學前，將學校課程計畫送所屬主管教育行政機關備查，若學校確有需要，得於第二學期開學前報請修正調整，並於開學二週內將班級教學活動之內容與規劃告知家長。

　　由上述之說明與規定，可以確定學校必須編製自己的本位課程計畫，而其內容必須要按照上述實施要點中之規定。換句話說，各校的學校本位

課程計畫內須編寫「學年／學期學習目標、能力指標、對應能力指標之單元名稱、節數、評量方式、備註」等七大項目，同時也要將適當的議題分別融入。上述七大項目之順序，依照課程理論中各種目標之層次，實應調整為「能力指標、學年／學期學習目標、對應能力指標之單元名稱、節數、評量方式、備註」。其原因乃在於，國家層級之能力指標之位階是高於學校本位之學年／學期目標。因此，綜合John的國家課程與教室教學之關係、教育部在「總綱」之「實施要點」的規定，及其在「Q&A」中的說明，可以歸納成下列九年一貫課程計畫編製之重點：

 ## 一 國家之課程必須轉換為學校本位課程

教育部雖然頒布七大領域之課程目標與能力指標，但是各校仍然必須透過全體教師，以學校所在之社區特性，規劃「課程計畫」。意即，能力指標並不能作為直接教學之用，而是必須有某種形式的轉換，並且與社區結合，才能成為學校所用，此觀點與John對國家課程與教室教學的歷程是符合的。是故，各校不論是單獨的或是以策略聯盟的方式，都必須制定學校本位之「課程計畫」，才符合教育部之規定。

二 九年一貫之教學必須依照學校本位之「課程計畫」

各校透過全體教師與社區資源特性所規劃之「課程計畫」稱為「學校本位課程計畫」。教育部在課綱實施要點中，特別說明「課程計畫」相關的資訊，乃是考慮到教學必須回應課程之需，而且要有所本。此一觀點，也符合Oliva或是其他課程與教學發展模式或理論中所依據的基本理論與概念。

 ## 三 「課程計畫」內容必須包含教育部所規定的項目

雖然各校由全體教師共同制定「學校本位課程計畫」；但是，教育部

對於「課程計畫」的內容有所規範，並不是由各校可以任意自行設定。教育部規定「課程計畫」必須要包含：「學年／學期學習目標」、「能力指標」、「對應能力指標之單元名稱」、「節數」、「評量方式」、與「備註」等七項要素。惟就教育目標的層次而言，教育部所訂定之能力指標的層級，顯然比各校所分析而成的學校本位目標要高，因此在編製課程計畫時，宜將其順序調整為「能力指標、學年／學期學習目標」，才符合課程的學理性。這些課程計畫的要素即是各校在撰寫「課程計畫」時的內容，也是各縣市政府之教育局／處在審查各校「課程計畫」時之依據，應依其權限逐項加以審查，不應漠視之。

四　課程計畫內之學年／學期之學習目標，由能力指標轉化而來

從教育部對能力指標的說明，可以確定的是，能力指標必須要：㈠轉化為教學（學習）目標，㈡ 教學目標在教學過程中可以再加以分析、歸納與綜合。這樣的說明，證明能力指標必須經各校全體教師共同轉化為教學目標後（學校本位課程目標），方可進行教學之設計。此種處理能力指標的觀點符合課程與教學理論所持之主張。

第二節　課程計畫之編寫

那麼，要如何編寫課程計畫呢？

不論課程的發展與設計是基於哪一種取向或是派別，課程發展與設計的最終，就是要記錄、書寫成為課程的計畫或是課程的文件，作為實施學校課程的依據，以及課程管理的基礎。

課程的管理必須依照原有的課程計畫進行教學的管理、流程的管理與品質的管理，它類似於企業界所使用的ISO 9001（International Standard Operation）。在管理的過程中，必須根據各種的標準進行各項作業的檢測，並且將其結果記錄於文件上，這些標準的文件是整個ISO認證標準的

基礎。根據這樣的觀點，課程管理也必須先有學校的課程計畫文件作為依據，依其所記錄的各項任務標準，透過教學檢視課程的效能與效率，才能談「課程管理」（curriculum management）。換句話說，如果沒有課程計畫或文件作為檢測標準的基本依據，課程的管理就形同虛設。可見，課程計畫對學校課程管理的重要性。

　　但是，課程計畫不是課程發展的最終目的，而是課程改進的中介階段。Oliva稱此為課程的成品（curriculum products），其包含有：㈠ 課程指南（curriculum guides），㈡ 研讀科目（courses of study），以及 ㈢ 教學大綱（syllabi）（Oliva, 2009, pp.459-461）。可見Oliva所謂完整的課程計畫是包含上述三種文件。

　　而Armstrong（1990）將其則稱之為課程計畫的文件或計畫（curriculum document）（p.97）。他建議課程計畫之文件除了要有學校對教育哲學的敘述，還要提出學校對教育的理想或是期望，或是說明學校對「優良的教育」的看法。此外，他也指出當課程計畫或是文件提供給不同的使用者時，會因其使用目的不同，其所需要的資料也會有所不同。一般而言，主管全校課程的人員必須瞭解全校課程的範圍與順序，主管特定學科課程的人員需要知道某一學科實施的情形，而教師就可能需要瞭解特定年級的課程與學期的資料。為了滿足各階層人員的需求，Armstrong指出整套課程計畫中，應該包含下列四種文件：（Armstrong, 1990, pp. 97-121）

 ## 一　課程範圍與順序之文件（curriculum scope and sequence document）

　　它是描述學校全部科目的範圍與順序的文件，也稱為「課程總體計畫」或課程文件。在美國，像這樣的課程文件通常會分成兩大層次：國小k-6以及7-12年級的課程。由於州政府規定某些州特定的課程內容必須涵蓋在學校課程範圍中，因此通常由最高層的課程專家領導規劃該計畫或文件之內容，以便能掌握課程中重要的關鍵。使用此種課程計畫的人員，通常是那些負責管理全校課程的人，它呈現學校所有科目與所有年級的課程

計畫，是學校總體課程的核心，而課程指南、年級課程計畫與教學計畫都是以它為基礎而產出的。

 ## 課程指南之文件（curriculum guide）

相較於前項的整體課程計畫，課程指南所描述的範圍，顯然在範圍上縮小許多，也比較聚焦一些，因為它只敘述全校某一科目在各年級實施的範圍與順序。例如：自然科指南的文件，只敘述k-6的自然科的範圍與順序，以及在各年級實施的資訊。通常製作此計畫的原則是從前述「課程範圍與順序的課程計畫」中，將自然科的部分全部萃取出來而成。使用此課程指南的人員，大都是學科專家、學科教師（科任教師）、學習者與該社群之成員。

 ## 年級科目之課程文件（courses of study）

年級課程計畫包含對某一科目在特定年級的課程資訊。例如：四年級的社會科的課程計畫。此計畫的來源也從前述「課程指南」的課程計畫中將屬於特定年級的部分萃取而成。這是教師最感興趣的課程計畫，因為這份課程計畫是他們可以拿來開始規劃每天教學的開始。但是此種課程計畫仍然欠缺許多教師想要有的資訊，因此就它的用途來說，仍然不及下列教學計畫受到教師的青睞。

教學計畫文件（syllabi）

教學計畫提供教學的指引，包含完整的表現目標（performance objectives）、單元的組織與傳播、學習者分析、教學內容、測驗與評量等。由於教學計畫關注到特定的教學內容與傳播方式，對於個別教師而言，是極重要而且實用的計畫。

對課程計畫的撰寫與安排，顯少有學者特別給予說明，但是對於實施課程的學校或教師而言，它卻是一種非常實務性的需求，因此Armstrong在課程論述中，特別提出撰寫課程計畫的方式，這是在其他課程著作中所缺乏的部分。那麼，為什麼要分層級編寫「課程計畫」呢？

就課程實施的實務性觀點來看，的確，一位教師在設計教學的過程中，去參考全校性課程的計畫，對他而言，這顯然是距離過分遙遠的需求；相反的，年級的課程計畫對任課的教師而言，反而具有非常實用與參考的價值。同樣的，對於身為主管全校課程的教務主任而言，要知曉教師在每一課或單元要用什麼方式教學或是有哪些表現的目標等細節，可能也沒有必要。換句話說，教務主任和年級教師對課程文件的需求是不同的。

在此情形下，設計不同層級的課程計畫文件，顯然就可以「各取所需」。然而，這些不同層級的課程計畫並不需要單獨的去設計或編寫，只須要從中提出所需要的課程資料即可。

Armstrong指出這四種的課程計畫，不需要特別去作另外的設計，只要從「總體課程計畫」中依照各層級所需要的部分去「萃取」就可以了。所以根據這樣的原則，從「課程範圍與順序之文件」中，萃取特定的學科部分就形成「課程指南之文件」；而從「課程指南之文件」中，萃取特定年級的部分，就形成「年級科目之課程文件」。從「年級課程之課程計畫」文件中加註學習者的表現目標、學習者的分析資料、單元內容、傳播方式與評量的細節，就形成「教學計畫文件」。總而言之，總體課程計畫應包含以上四種課程資料之文件。

第三節 九年一貫課程計畫之擬定與編寫

凡是「計畫」，必然牽涉到「時程」。換句話說，凡是訂定所謂的「計畫」，就必須能夠指出計畫中實施各項步驟的順序與其所需之時間，而課程計畫也是如此。雖然Armstrong在課程文件中，是以編號的系統作為各種課程計畫的分類，但是因為我國的學校組織較簡單（國中和國小是

各自獨立的機構），因此本書建議採用「甘特圖」的方式表示，簡單明瞭，這也是企業界在擬定計畫時，最常用的方式之一。

　　Armstrong對課程計畫的分類與層級，及其撰寫的方式，提供了我們在設計課程計畫時的理論基礎。不過，由於目前我國的能力指標是以階段的方式發展與擬定，是故，必須略加修改以適應我國的現況。以下說明能力指標之課程計畫撰寫之步驟：

提出學校對教育之哲學與理念

　　九年一貫課程試辦之初，非常流行作SWOT分析，從中瞭解學校的優、劣勢，其中不乏對學校的現有條件、理想或期望有所分析，可以在這個部分加以敘述。目前各校大都對「學校願景」部分有非常詳細之敘述，此部分應該與教育之哲學以及理想有關。但是，綜觀各校在建立或撰寫這個部分時，常常忽略以國民教育的十大基本能力作為學校重要之教育目標。以圖3-1為例，其中「培養『尊重、負責、健康』的左營兒童」可視為該校之教育目標，雖然與國民教育之目標有所關聯，但是仍然無法將我國的教育目的完整的納入其中，顯然有所缺失（教育部，2001）。再者，該校以「發展十大基本能力之教育課程」作為該校之願景，顯然是不合宜之敘述，因為發展九年一貫課程是屬於學校的基本任務與工作，不能作為願景之說。

　　許多學校願景之敘述也都顯示同樣的問題。以下列對教育理念之敘述為例，固然於其中提到終身學習、宏觀國際等理念，但是對於培養國民之十大基本能力相關之理念，仍是付之闕如（教育部，2001，頁4）。

```
透過SWOT分析之後，我們釐清共同的教育理念如下：
「金色童年，愛在獅湖 ─ 璀璨童年」
「人本關懷，感恩回饋 ─ 心靈改革」
「體察脈動，前瞻未來 ─ 終身學習」
「宏觀國際，地球為村 ─ 胸懷國際」
```

（一）邁向我們的「學校願景」

  1. 培養「尊重、負責、健康」的左營兒童。

   尊重——自尊且尊重別人

   負責——對己、對人、對事、對物負責

   健康——身心靈都健康

  2. 激發「實現自我、服務人群」的理想，實現「創造美好人生」

  3. 以「彈性課程、增設課程、必修課程」為內涵，發展十大基本能力的教育課程。

（二）實現我們的「理想兒童圖像」

  1. 以包容心對待朋友。

  2. 懂得應對進退的生活禮儀。

  3. 認真做好每一件事。

  4. 主動積極的學習意願。

  5. 善用休閒時間，安排休閒生活。

  6. 選擇合適的運動技能並持續練習。

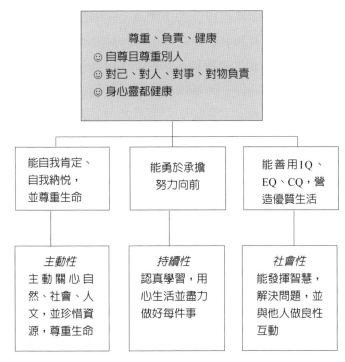

圖3-1　學校願景

資料來源：教育部（2001）。高雄市左營區左營國小89學年度學校總體課程計畫。國小
組學校經營研發輔導手冊(4)：學校總體課程計畫實例，頁48。

　　另一所國小則指出要培養的是地球村的探險家，而其教育目標顯然與國民教育之十大基本能力有所出入（教育部，2001，頁26）：

(二) 學校之願景：培養地球村的快樂探險家

　　啓發學童潛能、精益求精、提昇卓越，涵育學童「立足高雄，放眼世界」之國際觀與視野，為成為領航新世紀的世界公民奠立優質基礎，進而實現培養兒童成為「地球村的快樂探險家」。

(三) 學校教育目標

　　1.全人—人文關懷，多元適應，健康身心⋯⋯『健康』
　　2.自然—循序漸進，健康學習，感恩惜福⋯⋯『成長』
　　3.創新—創意活潑，有效學習，日新又新⋯⋯『快樂』
　　4.領航—合作寬容，形塑願景，提昇卓越⋯⋯『發展』

　　以上之範例，如果從我國之政治體制來看，是不合宜的敘述，因為國民小學雖屬地方政府之管轄，但教育部仍然為其最高之管轄機關。教育部所頒九年一貫之十大基本能力與能力指標為全國國民教育之最高指導原則與方針，它是學校發展其教育目標之指引，各校必須實施教育部所頒之能力指標之課程與教學，並以此為其基本教育之目標。所以，各校不宜完全擅自訂定教育目標，應該從十大基本能力中，產出學校的教育理想，才能符合教育之體制。至於無法涵蓋於十大基本能力的教育理念，則以外加的方式表達之，以形成各校之特色。

　　總而言之，各校在闡述教育哲學或理念時，必須以國家之十大基本能力為主，學校特有之教育理念為輔，才是合宜之作法。在許多歐美國家，因其政治體制的關係，沒有所謂的「國家教育目標」，許多學校得以依自身的情況，建置自己的校本目標。這種情形，並不適合我國之國情，因此值得加以注意。

二　釐清能力指標

　　釐清能力指標的部分，就牽涉到學校本位的課程目標。因為在釐清的過程中，必須集合相關的教師一起進行分析，形成共識，並決定之。綜觀能力指標須要釐清的部分，有下列三項：

㈠ 釐清能力指標動詞的部分

Ornstein、Pajak與Hunkins（2007）指出，從一個敘述清楚的目標就可以看出能達成目標的學習活動（p.18）。所以，能力指標在轉化為課程目標時的動詞必須符合這樣的要求。另，Mager（1997）指出，當我們也時常會碰到模糊或是太廣泛的目標，是因為目標常以「學會」、「察覺」或是「認識」等語詞作為動詞。用這些動詞讓人無法知道學生要表現什麼才算是達到目標。此類的動詞還包括常見的「瞭解」、「獲得」等。由於目標的動詞會影響教學的活動，因此也必須小心的使用。對於常見的「說出」和「指出」兩個動詞而言，「說出」可能是要求學生用詳盡的語詞表示，而「指出」則要求學生在許多選項中選擇答案。這兩者所代表的學習活動自然是不同。表3-1左欄中的能力指標就是屬於模糊的類型，無法讓人瞭解學生要做什麼；而右欄中的動詞，顯然就比較能看出學生要做什麼。

表3-1　釐清能力指標的動詞

能力指標／分年細目	學校本位課程目標
5-1-2 能**讀懂**課文內容，瞭解文章的大意。	5-1-2 能**說出**課文的文義以及大意
1-s-01 能**認識**直線與曲線	1-s-01 能**比較**直線與曲線之長度
2-n-12 能**認識**鐘面上的時刻是幾點幾分	2-n-12 能用時、分的單位**說出**鐘面上的時間
2-3-1 **認識**今昔臺灣的重要人物與事件	2-3-1 能**說出**臺灣歷史四個分期的重要事件內容
2-1-1 能**培養**好的聆聽態度（國）	2-1-1 能**說出**聆聽的行為和禮儀
9-1-2 **覺察**並尊重不同文化間的歧異性	9-1-2 說出不同文化間的相異性

㈡ 釐清能力指標的定義部分

釐清的方式是指將能力指標定義不清的部分，可以參考相關的說明，將能力指標用可以被學校全體教師理解的方式敘述。一般而言，對於目標的敘述方式，常見的有四種：

1. **學科專家的方式**：以這種方式寫目標的人，會去回想過去他在學習

該學科時所學習的知識範圍，然後複製、修改他的經驗。以這種方式敘述目標，通常會使用「認識」、「學會」、「獲得」等動詞來描述學生要學的知識與概念，忽略學生在「能力指標」中要表現的是什麼。

2. **內容大綱方式**：以這種方敘述目標是植基於學生應該要學習更多、更正確的知識。在過去的「課程標準」時代中，最常見描述目標的方式。例如：認識因數、公因數、倍數與公倍數。以這種方式寫目標是以教師為中心的方式寫目標，常見於「課程標準」時代的課程與教學文件中。

3. **行政命令方式**：在教學的情境中不乏由個人、小組甚至是政府以權威的方式要求進行教學，如果事先能夠進行詳實的分析以及主事者若具有相當的經驗的話，這些教學目標也可能是有效的，但是這種情況通常是屬於「亂槍打鳥」的方式，可能有命中的時候。但是，也有可能是浪費金錢、時間、精力的事情。

4. **表現科技方式**：通常教學設計專家會比較傾向於此種方式寫目標。這種目標通常不會寫出學習者要學什麼或是教學中要包含的概念與知識，而是以解決問題的方式撰寫目標。在決定是否有教學的需要之前，會使用需求分析與表現分析，確認問題的解決的辦法。其次，列出所有可能解決的方案，如果教學是解決的唯一辦法，那麼，在此情形下，才能決定作教學的選擇。用這種方式所提出的目標通常是非常科學的，也是最有效達到解決問題的教學。學生要「做什麼」是這類目標最大特徵。

綜觀各領域能力指標的敘述，可以發現各種不同學科背景的人員敘述的方式皆不同。但是能力指標的意義是要培養學生的能力，在形成學校本位目標的過程中，必須儘量能表示出學生要「做什麼」，這是最重要的原則。

教育部對「能力指標」的敘述，經常會令人匪夷所思，所以釐清的工作很重要。對於晦暗不明的能力指標敘述，必須透過教師以群體的方式討

論與研究後，加以澄清。各校對能力指標的釐清，除非教育部沒有做清楚或適當的解釋，各校可以自行依照教師們的專業知識加以解讀外，作者建議都要以教育部之說明、補充、詮釋作為釐清能力指標的基礎。以表3-2之能力指標為例，乍看之下，很難讓人瞭解它們是什麼意思，所以有必要先加以釐清後，再進行轉化或分析成學校本位之目標（如表3-2）。

1. **指標3-2-1**：其敘述方式，若不參考教育部的注釋內容，其實是很抽象的目標，難以瞭解這個指標的意涵；

   指標4-1-1：是非常抽象的目標敘述，同樣讓人無法由字面參透其意。

   指標（分年細目）1-n-05：其敘述的方式看似很清楚，也很具體，但是容易讓人誤以為學生要能夠非常熟練的計算加法與減法，其實教育部在細目詮釋中的說明，是要學生能用心算的方式作加1，加10以及用合10與拆10的方式直接作加減法，與字面的意義差別甚大。

   指標（分年細目）1-n-07：如果只看其敘述的內容，很容易解釋為學生要做2個一數或5、10個一數而已。但仔細閱讀它的說明，發現除了要做幾個一數以外，更重要的是要求學生一邊數，一邊將數的數寫下來，成為一個數列；而這個數列的意義是讓學生未來能熟悉2、5、10的乘法之用。因此，教師在教導這一項能力指標時，就必須注意到這一點，否則就會忽略掉這一項重要的學習任務。

表3-2 定義模糊的能力指標

3-2-1 理解並關懷家庭內外環境的變化與調適（社）
4-1-1 藉由接近自然，進而關懷自然與生命。（社）
1-n-05 能熟練基本加減法。（數）
1-n-07 能進行2個一數、5個一數、10個一數等活動。（數）

2. 對於定義模糊的能力指標只要經過適當的參考，就可以將它們清楚的定義出來，然後再轉化為學校本位之課程目標，如表3-3。因

此，教師應該仔細閱讀有關「能力指標」的相關說明，就可以獲得許多的資訊，協助教師釐清能力指標的意義。值得注意的是，每一種學習領域其參考的說明都不一樣，例如：社會領域對能力指標的說明，必須參考每一頁能力指標的注釋以及附錄的補充說明；數學則是參考細目詮釋；國語則參考能力指標之下的說明等。總而言之，找到每一個領域的能力指標說明是非常重要的第一個步驟，因為在轉化能力指標成為學校本位課程目標時，需要有相關的資訊才能夠保有轉化的適當性，不至於偏離原意太多。

表3-3　釐清能力指標之定義

能力指標	學校本位課程目標（釐清後）	參考來源
3-2-1 理解並關懷家庭內外環境的變化與調適	能說出家庭的人口變化、遷徙、空間規劃、經濟狀況之改變與社會之影響	（社）能力指標之注釋
4-1-1 藉由接近自然，進而關懷自然與生命。	能說出會危害土地、河流、海洋以及瀕臨絕種生物的行為	（社）能力指標之注釋
9-1-1 舉例說明各種關係網路（如交通網、資訊網、人際網、經濟網等）如何連結全球各地的人。	能說出四種連結全球人類的網路與方式	（社）能力指標補充說明
2-1-1 能培養良好的聆聽態度	能指出聆聽的要點與方式	自編
1-n-05 能熟練基本加減法	能用心算與合10與拆10方式做加減法	（數）細目詮釋
1-n-07 能進行2個一數、5個一數、10個一數等活動。	能做2個一數、5個一數、10個一數的數數，並寫下其數列	（數）細目詮釋

3. 另外，還有一些能力指標具有「在地化」的意涵，這種情形經常出現在社會領域中。這種情況，是須要將能力指標以「在地化」的方式轉化，成為「學校本位」的課程目標，才能符合九年一貫課程綱要的精神。以表3-4之能力指標1-2-1和1-2-2為例，教育部很明顯的在能力指標的注釋中，指示該項指標必須以各校學生居住地作為內涵，學習該項能力指標。因此，在轉化時，就應該把居住地的意涵表示在目標的敘述當中，如表3-5。如此一來，目標也就明朗化，有利於教師掌握教學重點。

表3-4　社會領域能力指標的「在地化」注釋

能力指標
1-2-1 描述居住地方[1]的自然與人文特性[2]
1-2-2 描述不同地方[3]居民的生活方式[4]

　　表3-5中的能力指標經過解析後，將「在地化」的意涵清楚的標示在轉化的學校目標中，可以讓教師很確定學生學完後要「做什麼」，所以教學時，就自然對要不要教「在地化」的內容，還是教課本內所敘述的「非在地」的內容，不會產生疑惑或是迷失的情況發生，讓教師更有自信的掌握能力指標的教學。

表3-5　社會領域能力指標「在地化」

能力指標	學校本位課程目標（在地化）
1-2-1 描述居住地方[1]的自然與人文特性[2]	說出臺中市的自然與人文特性
1-2-2 描述不同地方[3]居民的生活方式[4]	說出 臺中市中區（都會區） 與 南屯區（農村） 居民的生活方式

---

[1] 居住地方可以是居住的社區或村（里）、鄉（鎮市區）、縣（市）等行政區。

[2] 例如：可以分成山上、海邊、農村、都會區加以介紹。基於現實上的考量，教科書編者不必依縣市之不同而有不同版本，但應協調主管教育行政機關協助授課老師取得以當地的自然與人文為主要內容的補充教材。

[3] 不同地方指不同的社區或不同的村（里）、鄉（鎮市區）、縣（市）。

[4] 例如：可以分成山上、海邊、農村、都會區加以介紹。基於現實上的考量，教科書編者不必依縣市之不同而有不同版本，但應協調主管教育行政機關協助授課老師取得以當地居民的生活方式為主要內容的補充教材。

(三)釐清能力指標的脈絡部分

有些目標看似清楚，但是仍然有模糊的感覺，例如：表3-6的能力指標。如果能夠進一步把它們的脈絡釐清的話，這些能力指標的意義就更清楚了。因此把下列的能力指標都加上學習的脈絡，就可以讓「能力指標」更具體。比較表3-6與表3-7中的能力指標，有了脈絡的指標是不是更讓人瞭解呢？這也是釐清「能力指標」意義的另一種方法。

以1-1-1的能力指標為例，就其目標的敘述的內容而言，似乎很具體，但是卻又有點模糊，因為不知道要怎樣辨識地點、位置、方向。但是如果參考美國的社會科標準，就會發現該能力指標是指在地圖上做辨識地點（學校、公園、醫院等），還有它在地圖上的位置（行政區、座標），以及方位（東、西、南、北）等（陳麗華、王鳳敏，1996）。

1-1-2的指標也是如此，看似很具體，可是如果只是要學生說出學校或是住家旁邊開了7-11的商店、診所、廟宇，似乎覺得怪怪的，好像沒有太大的意義。如果參考了美國的社會科標準中，該能力指標的說明後，把生活型態加上去，似乎就明朗多了。換句話說，這項能力指標是要求學生能指出住家和學校附近的景觀特色，包括建築的模式與種類、道路與交通、公共設施等，能夠歸納其生活型態中食、衣、住、行、育、樂等特色。

6-4-5的指標也是定義比較不清楚，只說明要學生瞭解標點符號和使用的方法，基本上屬於知識的記憶而已，那麼學生要表現的只是回憶。如果加上「能在段落中標示」的脈絡，教學似乎就不一樣了。因為目標的敘述一旦改為「學生能夠在任何的段落中，標示適當的標點符號」時，就代表了教學時，必須培養學生能夠真正運用標點符號的「能力」。

表3-6　脈絡不清的能力指標

1-1-1 辨識地點、位置、方向，並能運用模型代表實物（社會）
1-1-2 描述住家與學校附近的環境（社會）
6-4-5 瞭解標點符號的功能，並適當使用（國語）
1-2-1 描述家庭定居與遷徙的經過（社會）

　　添加脈絡會讓目標更清楚的顯示其意義，如表3-7所示。指標「1-1-1」的敘述中，如果加上「在地圖上」，可以讓整個指標顯示出其意圖中的教學活動，成為清晰的目標。指標「1-1-2」加註「生活型態」之後，就具有不一樣的教學效果。指標「6-4-5」加上「在給定的段落中，標示標點符號」則為該項能力指標在評量時，會提供「給定的段落」來讓學生標示標點符號，來顯示該目標的達成。

表3-7　脈絡清楚之能力指標

1-1-1 在地圖上 辨識 住家與學校 的地點、位置、方向，並能運用 地圖 代表實物
1-1-2 說出住家與學校附近的環境及其 生活型態
6-4-5 能 在給定的段落中，標示正確的標點符號
1-2-1 能在 地圖上 指出自己家庭定居與遷徙的經過

(四) 釐清能力指標的範圍部分

　　許多能力指標在敘述時範圍不清，有必要加以限制或釐清。例如：表3-8中，指標中的「各種的方式寫作」有必要依照學生的特性與學校的政策決定是寫哪幾種作文。6-1-3和6-2-2的「能力指標」內容非常相似，但是它們在第一階段和在第二階段應該有不同的能力要表現。因此學校的教師有必要開會決定其實施的範圍，以避免重複。如果將6-1-3的寫作範圍限縮在「寫卡片」、「寫便條」、「寫日記」等這些簡單的寫作，教師在檢視這個指標時，就很清楚的知道它的範圍；而6-2-2的寫作範圍如果定在「寫三段式的記敘文」，就和6-1-3的寫作範圍有所分別。如此一來，看似同樣的能力指標就有了不同的範圍可以實施，而且在目標的敘述當中直接界定，讓教師能明白瞭解其教學的範圍，這種範圍清楚的指標就能適時的發揮它的作用，如表3-9。

　　另一個例子是數學領域的指標（分年細目），表3-8中「1-n-08」的細目中所指「常用的時間用語」，如果按照教育部在數學細分年細目的解釋是指「上午」、「中午」、和「下午」以及「昨天」、「今天」和「明

表3-8　範圍不清之能力指標

6-1-3 能運用 各種簡單的方式 練習提早寫作
6-2-2 能運用 各種簡單的方式 練習寫作
1-n-08 能認識常用 時間用語 ，並報讀日期與鐘面上整點、半點的時刻

天」。如果能將這些語詞加註在分年細目中，能夠讓教師清楚的確定，所謂「常用的時間用語」是什麼，就不會發生猜疑或誤會的情況。

其實，許多的能力指標都有類似這樣的情況，如何把它們的範圍界定清楚，避免重複，就需要教師在各「學習領域小組」內，討論哪些指標需要做這樣的釐清。經過該階段的各年級教師共同決定後，將結果呈報給校內「課程發展委員會」，開會審核通過後，才能定案實施。基於這樣的考量，學習領域小組的成員就有非常多的能力指標需要討論，也因為有這樣的需求，各校的學習領域小組就可以有機會發揮它們應有的功能。

釐清「能力指標」的範圍有助教師瞭解指標在某一個階段中的意義。如果「能力指標」所敘述的內容太長，或者內容屬於不同情境的「能力指標」，如表3-9的1-n-08，其實不妨將它分成數個目標來敘述，反而清楚。此外，加上「時鐘」、「月曆」作為學習的脈絡，更讓學校教師清楚知道學生要做什麼，那麼教師也就知道自己要怎樣教。

表3-9　能力指標之範圍界定

6-1-3 能寫 卡片 、 便條 、 日記 與 書信
6-2-2 能依據題意寫出 三段式之記敘文
1-n-08 能 根據時鐘 說出鐘面上 整點 、 半點 的時間 　　　能 根據時鐘 用 上午 、 中午 、 和 下午 的語詞說出事情發生的時間 　　　能 根據月曆 用 昨天 、 今天 和 明天 的語詞說出事情發生的日期

有些能力指標，例如：國語，在各階段，甚至在不同的年級都會重複實施，其原因乃在於該能力指標的範圍比較廣，在各階段或年級實施時，其詳細的內容是不同的。其中，最明顯的例子就是標點符號。根據陳

弘昌（1999）的研究指出，在一下教逗號和句號，二上教冒號、引號、問號與驚嘆號，依此類推。可見在不同的年級，其能力指標的敘述雖然是相同，但其內涵卻是不同，因此有必要在規劃年級的能力指標時，界定其範圍。同樣的，指標「6-1-3」寫作便依其範圍界定出第一階段乃指 卡片 、便條 、 日記 與 書信 。指標「6-2-2」則規劃第二階段的寫作是指簡單的記敘文 寫作。同樣的，分年細目「1-n-08」則將「時間用語」規劃為「上午、中午、和 下午 」以及「 昨天、今天 和 明天 」等。但是考慮到這些「時間用語」是在不同的教學脈絡下進行，因此將它分成三個目標來敘述。澄清這些能力指標範圍可以讓能力指標更形具體化。唯有充分的瞭解指標的意涵，才能掌握教學的重點。

總之，凡是對能力指標不清楚的，不論是動詞、定義、脈絡，還是範圍，都是「能力指標」須要釐清的部分。唯有「能力指標」具有相當的清晰性，才能夠進一步擬定「課程計畫」。由於在「能力指標」釐清的過程中，勢必需要許多校內教師的共同合作，用此方式釐清的「能力指標」就稱為「學校本位課程目標」。

以上是在分析能力指標時，應該要先採取的步驟。許多教師在進行能力指標的認知時，並不知道自己要對能力指標做什麼，對於能力指標也就常常感覺要掌握或是解讀它們是一件很困難的事。所以，按照前述的方式，先從能力指標的動詞、定義、脈絡以及範圍開始釐清，會讓瞭解能力指標這件事更容易，而且更具有實質的意義。

三 編寫學校本位課程目標

為了確保所有的能力指標能包含在教學當中，各校應自行訂定課程計畫，並且確實的執行。許多學者的研究均指出，教科書的內容有相當多的缺漏，如果只是一味的採用教科書出版商所制定的課程計畫，就難保有些能力指標會被遺漏，這是值得警惕的。

能力指標在經過學校教師共同的合作，釐清它的範圍、動詞、脈絡以

及定義後，接著就必須編寫成清楚的、適當的學校本位課程計畫。許多教師在這一個步驟中，經常對編寫課程目標的必要性發生疑慮。究其原因，是大多數教師認為，反正我知道它說的是什麼，何必要講究怎麼寫呢？但是，不要忘記，你所轉化、分析或是解讀的課程目標並不是只給你自己個人看的，而是必須和其他教師、行政人員或是督導人員進行專業的教學溝通。如果語焉不詳，很可能會造成誤會。因此，還是將目標寫成標準的格式，這樣一來，大家比較容易作專業的溝通。更何況，把目標寫得正確、清楚些，也可以顯示出教師的專業能力。總而言之，目標的敘述必須是一個精簡的句子，用來回答像「學習者在教學完成後能做什麼？」這種問題。

Kemp（1985）認為目標的撰寫應該包含至少兩個必要的部分：（pp. 83-86）

㈠必要部分（essential parts）

1. 從描述學習者的「動作」開始，例如：
   指出、說出、算出、畫出、操作等。

2. 接著「動作」之後，描述「學習的結果」。此處的結果盡可能是知識的概念或是原則。例如：
   能說出臺灣氣候的類型
   能操作顯微鏡
   能算出兩數的公倍數
   能說出木蘭詩的格律

把動詞和學習結果加在一起，就是學習者要達成的學習成果。其實，要選擇適當的動詞來描述學習者要達到目標的動作是很困難的一件事，因為你在選擇動詞的當下，就要考慮未來要用什麼方法去評量學生。

㈡可省略部分（optional parts）

1. **標準**：行為動詞和教學範圍的內容加在一起，就可以表達一個完整的學習目標，有時候可以在目標敘述中加上一些更詳細的描述，例

如：標準，以顯示學生最基本要達成的成就：

百分之八十是正確

至少六個步驟

2. **脈絡**：學習者要達成目標時，是否有需要用到任何的工具，或是在某些情況下進行等，必須加註在目標的敘述中，這些都可稱為表現目標所需的脈絡。例如：

學生能在 地圖上 指出學校的位置

學生能用 電腦 展現合成的相片

學生能用 尺 測量物體的長度

特別注意的是，所有目標的敘述都應該要符合以上的格式，只要是有助於能更清楚的描述目標，把必要的部分和可省略的部分都寫進去是最好的方式。但是，要特別注意的是，不要將教學的活動寫成目標，例如：學生能閱讀第18到19頁的課文；或是學生能看美國國家地理雜誌的影集。這是活動，不是目標。這是初寫目標的人常犯的錯誤。另外，在進行釐清指標的過程中，盡可能保持原有指標敘述的樣式，只須將要釐清的部分釐清即可，不宜變動太大，不需要把它們分列成非常細微的目標，畢竟這是課程的層次，並不是教學的層次。除非教育部對該項指標有非常清楚的說明，對於指標的內容和指標的敘述差異很大時，不限。

四　排列「能力指標」與「學校本位課程目標」的順序

垂直與水平是目標組織的兩種方式。前述釐清「能力指標」的定義與範圍均可視為目標水平的組織方式，然而垂直方式就指這些「能力指標」或者分析後的教學／學習目標，按照階段、年級、學期排列的順序。

因為「課程文件」使用的層級不同，其排列的要求也不同。下列即是依各層級設計撰寫「課程計畫」時，「能力指標」與其所分析的「課程目標」在排列上的要求：

(一) 總體課程計畫

即Armstrong的範圍與順序之課程計畫。描述全校能力指標的能力範圍以及實施的階段，稱為「總體課程計畫」。規劃者與使用者均為主管學校課程最高的人員，通常為教務主任。總體課程計畫包括七大領域與彈性課程之計畫，計畫內容只要包含「能力指標」與「學校本位課程目標」，並按照階段排列即可。

總體課程計畫依階段之分，只須將學校本位之課程目標列在能力指標之後即可，不必細分成年級。其原因是在避免當學校每一次更換教科書的時候，因教科書裡相關的主題或內容之順序不同，就必須修改課程計畫。這種動輒修改學校的課程計畫，其實是不好的作法。一般而言，課程計畫是不可以隨意、經常的更動，除非，學校的教師對分析的課程目標不滿意或是違反教育部的解釋時，才能更動課程計畫。換句話說，總體課程計畫有如一個國家之教育政策，不可經常變動，必須維持其穩定性，也就是說只能微調，不能大幅修改是其原則之一。

(二) 各階段學習領域之課程計畫

即Armstrong的課程指南。描述七大學習領域以及彈性課程之各階段之課程範圍與順序。此類課程計畫是從前項「範圍與順序的課程計畫」中萃取各學習領域的部分而成。此課程計畫主要說明各階段之學習領域能力指標如何分配在各年級中實施，並且以「甘特圖」的方式表示之。同屬一個階段的各年級教師必須針對課程目標分配於各年級的方式提出意見。以國語的「標點符號」為例，基本上所有常用的標點符號是在三年級以前教完，但是一年級大概只能教句號、逗號或是驚嘆號，此時三個年級的老師就要將適合於各年級教的標點符號作分配；而不是大家在每一個學年中都教重複的標點符號。此種計畫是提供給各階段之學習領域代表與學年代表使用。

(三) 年級科目之課程計畫

即Armstrong的年級科目之課程計畫，此計畫以各學習領域為主，描述特定年級之課程計畫，例如：一年級數學領域課程計畫，提供各學習領

域（科）各年級教師與學年組織成員使用。此計畫從前項「各階段學習領域之課程計畫」中，將屬於同一年級的指標與目標複製出來就可以了。

此部分的計畫設計，就顯得比較單純，只要同一個階段中，各年級教師共同商議，將年級的目標分配成上下學期，以「甘特圖」的方式分別標示之。在此計畫中，必須要能顯示整個年級要學習的能力指標與課程目標。

㈣ 學期之課程計畫

教育部在「總綱」之「實施要點」中提及「課程計畫」要有「年級／學期之學習目標」，因此，將年級課程計畫再予以劃分成學期計畫，以符合教育部之要求。此計畫中之課程目標也是由前項「年級之課程計畫」中，將屬於上學期或下學期的目標分別萃取出來。

Armstrong將課程計畫分成四種層級（包含教學計畫）來呈現，以方便不同的行政人員和教師使用，但是本書增加「學期課程計畫」以符應我國之情況。至於，「教學計畫」則依據Oliva的課程與教學模式，從「學期課程計畫」再另行分析設計成「教學計畫」。採取這樣的方式設計課程計畫，還有另一個很重要的原因是，教育部規定學校課程計畫必須經過「課程委員會」的審核才能實施。換句話說，各校的課程計畫必須要有法源依據才能正式成為學校的課程政策。由於，課程計畫在訂定、實施或修改的時候，都必須經過「課程委員會」同意核准。因此，會造成兩種現象：

㈠ 當年級所實施的能力指標或課程目標的順序，會因為採用的教科書不同，其順序會有所差異，此時就必須修改總體課程計畫；

㈡ 當學校更換教科書時，會因為對應「能力指標」的單元名稱不同、或範圍有所差異時，就要修訂課程計畫。

如此一來，只要調整同一個階段中任何一個年級的順序，或者更換教科書時就要修訂「總體課程計畫」，當這種修訂太過頻繁時，便不符合「總體課程計畫」的意義與精神。因此，學校的「總體課程計畫」中不列

年級的順序就可避免這樣的情況。如果只是修訂順序，就只要在「各階段學習領域之課程計畫」中修訂即可，不必動搖「總體課程計畫」。或者，更換教科書時，只要更動年級的課程計畫與學期的課程計畫就可以了，不必動搖到「總體課程計畫」。

　　因之，「學校總體計畫」須要保持其恆久性與穩定性，再者，因「各階段學習領域之課程計畫」、「年級之課程計畫」、「學期之課程計畫」都是分別從前者萃取出來，用此種作法規劃各校的課程計畫就不會遺漏任何一項指標或目標，可以確保所有的指標都被包含在各階段、各學習領域、各年級、各學期的學習計畫中。

討論問題 ....

1. 討論國小的學校願景以及它們所做的SWOT分析，仔細的評估這些分析是否對課程的實施具有哪些的影響？亦或可以看出它們如何在課程實施中強化其優勢或彌補其劣勢？

2. 身為國民教育的基層學校——國民小學，你如何撰寫一份符合我國政治體制與地方特色的學校願景？

3. 選定一個學習領域和階段，舉出哪些能力指標，釐清指標的動詞後會更清楚？哪些必須加上脈絡才能清楚？哪些必須轉成「在地化」才符合其意？

參考書目

教育部（1993）。**國民小學課程標準**。臺北市：教育部國民小學課程標準編輯審查小組。

教育部（2001）。**國民教育社群網**。常見Q & A。取自http://teach.eje.edu.tw/9cc。

陳弘昌（1999）。**國小語文科教學研究**（第二版）。臺北市：五南。

陳麗華、王鳳敏（譯）（1996）。**美國社會科標準**（原作者：National Council for the Social Studies）。臺北市：教育部。

Armstrong, D. G. (1990). *Developing and documenting the curriculum*. Boston: Allyn and Bacon.

John, D. P. (1995). *Lesson planning for teachers*. London: Cassell Education.

Kemp, J. E. (1985). *The instructional design process*. New York: Harper & Row.

Mager, R. F. (1997). *Preparing instructional objectives: A critical tool in the development of effective instruction* (3rd ed.). Atlanta, GA: CEP Press.

Oliva, P. F. (1992). *Developing the curriculum* (3rd ed.). New York: HarperCollins.

Oliva, P. F. (2009). *Developing the curriculum* (7th ed.). New York: Pearson.

Ornstein, A. C. & Hunkins, F. P. (1988). *Curriculum: Foundations, principles, and issues*. Englewood Cliffs, N. J. : Prentice Hall.

Ornstein, A. C., Pajak, E. F. & Ornstein, S. B. (2007). *Contemporary issues in curriculum* (4th ed.). Boston : Pearson.

第四章

九年一貫課程計畫之範例

　　在編寫課程計畫之前，必須參考所有教育部所作的說明或解釋的資料，將全部的能力指標一一予以釐清後，才能轉化為各校的課程目標。在編寫學校本位之課程目標時，宜保持原來能力指標敘述的方式，僅將須要釐清的部分予以更改即可，盡可能不要大幅度的修改，以免喪失其原型。等所有的課程目標都準備好的時候，才能依照教育部對「課程計畫」所規定的內容開始編製「學校本位」的課程計畫。本章以國語科、社會領域與數學領域為例，提出範例作為學校在編製課程計畫時的參考。在參考時，必須注意範例中所轉化的學校本位課程目標，雖然經過作者與數所國小教師共同審視，但不能將其視為唯一之標準答案，其原因乃在於各校之情況不同，需由各校自行檢視後，再決定是保留還是修訂。

 國語科

(一) 總體課程計畫

　　此計畫是總體課程計畫之一部分，是由學校一年級到六年級教授國語科的教師共同設計與規劃。其中第一階段的課程計畫應由一年級與二年級

的教師，共同將國語科第一階段之能力指標予以釐清，並編寫成學校本位之課程目標。編寫時，必須要參考課綱中國語能力指標下之學習內涵。此外，除了要注意目標之寫法外，更要以學生為本位，寫出學生要做什麼。因此，學校的總體課程計畫總計要有七大領域與彈性課程必須設計。學校總體課程計畫是由各階段、各學習領域之課程計畫集合而成。在範例二中，能力指標所轉化的學校本位之課程目標基本上僅將其需要釐清的部分予以修改，沒有太多的改變。畢竟，教育部所頒布的能力指標還是要維持其基本的精神，不宜作太大幅度的修正，以免喪失其本意。

另外，根據課程之理論，以課程目標之垂直分類為例，最高者為教育宗旨，其下為各級各類學校教育目標，與各領域課程目標。依此精神，課程計畫中以橫向方式排列時，必須由左至右，按照目標之位階高低而排列，換句話說，最左者為最高階之目標，最右者則為最低層次之目標。因此範例一，最左邊列出教育部所頒之領域能力指標，其右則列出學校本位之課程目標，才符合此項原則。因此，下列所有課程計畫之文件，皆遵守此項排列之方式。

範例一僅列出第一階段國語指標之轉化為學校本位之目標，在此層級內還是屬於課程之範疇，故稱為「學校本位課程目標」。實際上，國小總體課程計畫在國小部分應該要轉化三個階段之指標，國中應轉化一個階段之指標，本書僅以轉化第一階段為例，說明其作法。

範例一　國語總體課程計畫

編號	能力指標	學校本位課程目標
1-1-1	正確認念注音符號、拼讀及書寫注音符號	能認唸、直接拼讀、寫出注音符號
1-1-2	能應用注音符號表情達意，分享經驗	能用注音符號寫出自己的心得
1-1-3	能欣賞並朗讀標注注音的優美語文讀物	能朗讀有注音符號的童詩
1-1-4	能應用注音符號輔助識字，擴充閱讀	能讀出生字的注音
1-1-5	能應用注音符號，記錄訊息，表達意見	能用注音符號寫訊息
1-1-6	能應用注音符號，擴充語文學習的空間，增進語文學習興趣	能讀有注音符號之課外圖書
		能用注音符號標鄉土語言的讀音

（續）

1-1-7	能應用注音符號，檢索資料，解決學習上的問題	能用注音符號檢索字詞典
2-1-1	能培養良好的聆聽態度	能說出聆聽的禮貌與行為
2-1-2	能確實把握聆聽的方法	能回答並寫下聆聽的內容
2-1-3	能聽出說話者說話的表達技巧	能指出說話的技巧
3-1-1	能正確發音並說流利華語	能用國語唸出課文與回答問題
3-1-2	能有禮貌的表達意見	能有禮貌的說出意見
3-1-3	能生動活潑敘述故事	能看圖說故事
3-1-4	能把握說話主題	能說出要表達的重點
4-1-1	能認識常用漢字700-800字	能寫出800個生字並造詞造句
4-1-2	會使用字（辭）典，並養成查字辭典的習慣	能用注音、部首、筆劃查字詞典
4-1-3	能養成良好的書寫習慣	能說出書寫的好習慣
4-1-4	能認識楷書基本筆劃的名稱、筆順，並掌握運筆原則，使用硬筆書寫各科作業	能說出筆劃名稱與筆劃數 能用硬筆按照筆順寫字
4-1-5	能激發寫字的興趣	能寫出大小適當的字
5-1-1	能熟習常用生字語詞的形音義	能說出生字語詞的形音義
5-1-2	能讀懂課文內容，瞭解文章的大意	能夠說出課文的文義、大意、段落大意與文體
5-1-3	能培養良好的閱讀興趣，態度和習慣	能按照閱讀計畫閱讀書籍
5-1-4	能喜愛閱讀課外讀物，主動展開閱讀視野	能閱讀課外讀物
5-1-5	能瞭解並使用圖書室（館）的設施和圖書，激發閱讀興趣	能利用學校圖書館的分類系統借還書
5-1-6	認識並學會使用字典、百科全書等工具書以輔助閱讀	能用字典、百科全書和成語字典查資料
5-1-7	能掌握閱讀基本技巧	能說出文章的內容概念
6-1-1	能經由觀摩、分享與欣賞，培養良好的寫作態度和興趣	能分享和欣賞看圖寫故事
6-1-2	能擴充詞彙、正確的遣辭造句，並練習常用的基本句型	能用字詞和句型造句
6-1-3	能運用各種簡單的方式練習提早寫作	能寫節慶賀卡、書信、啟事
6-1-4	能練習運用各種表達方式習寫作文	能寫不同目的的賀卡、書信
6-1-5	能概略分辨出作品中，文句的錯誤並加以修改	能自己訂正作文中的錯誤

（續）

6-1-6	能認識並練習使用常用的標點符號	能用逗號、句號標示段落中的句子
		能用冒號、引號、問號、驚嘆號標示段落的句子

(二) 階段學習領域課程計畫

　　將範例一之國語總體課程計畫，依其適當之年級將能力指標和學校本位課程目標分別出來，並且以「甘特圖」的方式表示之，成為國語階段課程之計畫，見範例二。範例二中斜線部分即是表示該項能力指標與學習目標實施的年級。屬於該階段之一、二年級教師必須共同工作，找出、規劃適合特定年級可以實施的目標。能力指標必須列於表格中之最左側處，以符合目標的位階高低的層級。目標可以重複，或是只實施於其中一個年級，此部分之決策由學校之相關教師共同決定。

　　從範例二中，可以看出能力指標與學校本位課程目標在一年級和二年級的分配中，重複性頗高。其原因乃在於許多能力指標必須長時間培養，或者該項能力在不同年級中，其真正實施的內容有所差異所致。例如：生字即是此種情形下的常例。每一學期的國語教學都要教「生字」，但是每一學期和學年都教不同的生字。其他，如：作文、閱讀或是修辭等亦是同樣的情形。

範例二　國語第一階段課程計畫

編號	能力指標	學校本位課程目標	一年級	二年級
1-1-1	正確認念注音符號、拼讀及書寫注音符號	能直接拼讀、寫出生字之注音符號	///	
1-1-2	能應用注音符號表情達意，分享經驗	能用注音符號寫出自己的心得	///	
1-1-3	能欣賞並朗讀標注注音的優美語文讀物	能朗讀有注音符號的童詩	///	
1-1-4	能應用注音符號輔助識字，擴充閱讀	能用注音符號讀出生字	///	

（續）

編號	能力指標	分段能力指標		
1-1-5	能應用注音符號，記錄訊息，表達意見	能用注音符號寫訊息	▨	
1-1-6	能應用注音符號，擴充語文學習的空間，增進語文學習興趣	能讀有注音符號之課外圖書	▨	▨
		能用注音符號標注鄉土語言的讀音	▨	
1-1-7	能應用注音符號，檢索資料，解決學習上的問題	能用注音符號檢索字詞典	▨	
2-1-1	能培養良好的聆聽態度	能說出聆聽的禮貌與行為	▨	
2-1-2	能確實把握聆聽的方法	能回答並寫下聆聽的內容		▨
2-1-3	能聽出說話者說話的表達技巧	能聽出朗讀的音調	▨	
3-1-1	能正確發音並說流利華語	能用國語唸出課文與回答問題	▨	
3-1-2	能有禮貌的表達意見	能有禮貌的說出意見	▨	
3-1-3	能生動活潑敘述故事	能看圖說故事		▨
3-1-4	能把握說話主題	能說出要表達的重點	▨	
4-1-1	能認識常用漢字700-800字	能寫出800個生字並造詞造句	▨	▨
4-1-2	會使用字（辭）典，並養成查字辭典的習慣	能用注音、部首、筆劃查字詞典	▨	
4-1-3	能養成良好的書寫習慣	能說出書寫的好習慣	▨	
4-1-4	能認識楷書基本筆劃的名稱、筆順，並掌握運筆原則，使用硬筆書寫各科作業	能說出筆劃名稱與筆劃數 能用硬筆按照筆順寫字	▨	
4-1-5	能激發寫字的興趣	能寫出大小適當的字	▨	
5-1-1	能熟習常用生字語詞的形音義	能說出生字語詞的形音義		▨
5-1-2	能讀懂課文內容，瞭解文章的大意	能夠說出課文的文義概念		▨
5-1-3	能培養良好的閱讀興趣、態度和習慣	能按照閱讀計畫閱讀書籍	▨	
5-1-4	能喜愛閱讀課外讀物，主動展開閱讀視野	能閱讀課外讀物	▨	

（續）

5-1-5	能瞭解並使用圖書室（館）的設施和圖書，激發閱讀興趣	能利用學校圖書館的分類系統借還書		/////
5-1-6	認識並學會使用字典、百科全書等工具書以輔助閱讀	能用字典、百科全書和成語字典查資料	/////	
5-1-7	能掌握閱讀基本技巧	能說出文章的文義概念		
6-1-1	能經由觀摩、分享與欣賞，培養良好的寫作態度和興趣	能分享和欣賞看圖寫故事		
6-1-2	能擴充詞彙，正確的遣辭造句，並練習常用的基本句型	能用字詞和句型造句	/////	
6-1-3	能運用各種簡單的方式練習提早寫作	能寫節慶賀卡、書信、啓事	/////	
6-1-4	能練習運用各種表達方式習寫作文	能寫不同目的的賀卡、書信	/////	
6-1-5	能概略分辨出作品中，文句的錯誤並加以修改	能訂正作文中的錯誤	.	
6-1-6	能認識並練習使用常用的標點符號	能用逗號、句號標示段落中的句子	/////	
		能用冒號、引號、問號、驚嘆號標示段落句子		/////

(三) 年級課程計畫

　　將範例二之階段課程計畫中，將規劃為特定年級的能力指標與學校本位課程目標部分萃取出來，成為國語年級之課程計畫。例如：範例三，即為國語科二年級課程計畫。將二年級要實施的目標單獨列出，並且規劃學期的分配狀況即可。同樣的，能力指標要在最左邊的欄位中。由此層級之課程計畫，就可以看出教育部所規定之課程計畫內容部分的「學年學習目標」。分配到上下兩個學期的年級能力指標與課程目標也以斜線的方式分別標示出來。

　　規劃時，特別注意有些指標具有量化的意涵，例如：4-1-1的指標中標示國語第一階段（一至三年級）總識字量為800字，此例中，二年級部

分分配為400字（依各校自行規劃字數）。

　　同樣的情況也適用於6-1-6的指標中：雖然不是量化，但是標點符號也是各年級有其分別，此時宜將其特定標點符號的種類列出，以便和其他年級所要教的標點符號有所區隔，各年級教師也容易掌握其教學的重點，不至於重複性太高。

　　對於學期的能力指標而言，兩者幾乎是完全相同，其原因也正如範例二的情況一樣，其重複性更高。

範例三　國語二年級課程計畫

編號	能力指標	學校本位課程目標	二上	二下
1-1-2	能應用注音符號表情達意，分享經驗	能用注音符號寫出自己的心得		
1-1-3	能欣賞並朗讀標注注音的優美語文讀物	能朗讀有注音符號的童詩		
1-1-6	能應用注音符號，擴充語文學習的空間，增進語文學習興趣	能讀有注音符號之課外圖書		
2-1-2	能確實把握聆聽的方法	能回答並寫下聆聽的內容		
3-1-3	能生動活潑敘述故事	能上臺用國語說故事		
4-1-1	能認識常用漢字800字	能寫出400個生字並造詞造句		
5-1-1	能熟習常用生字語詞的形音義	能說出生字語詞的形音義		
5-1-2	能讀懂課文內容，瞭解文章的大意	能夠說出課文的文義概念		
5-1-3	能培養良好的閱讀興趣、態度和習慣	能按照閱讀計畫閱讀書籍		
5-1-4	能喜愛閱讀課外讀物，主動展開閱讀視野	能閱讀課外讀物		
5-1-5	能瞭解並使用圖書室（館）的設施和圖書，激發閱讀興趣	能利用學校圖書館的分類系統借還書		
5-1-6	認識並學會使用字典、百科全書等工具書以輔助閱讀	能用百科全書和成語字典查資料		
5-1-7	能掌握閱讀基本技巧	能說出文章的文義概念		

（續）

6-1-1	能經由觀摩、分享與欣賞，培養良好的寫作態度和興趣	能分享和欣賞看圖寫故事	▨	▨
6-1-2	能擴充詞彙，正確的遣辭造句，並練習常用的基本句型	能用字詞和句型造句	▨	▨
6-1-3	能運用各種簡單的方式練習提早寫作	能寫節慶賀卡、書信	▨	
		能寫啓事		▨
6-1-4	能練習運用各種表達方式習寫作文。	能寫不同目的的賀卡、書信	▨	
		能寫不同的啓事		▨
6-1-5	能概略分辨出作品中文句的錯誤並加以修改	能自己訂正作文中的錯誤	▨	▨
6-1-6	能認識並練習使用常用的標點符號	能用冒號、引號、問號、驚嘆號標示段落句子	▨	▨

㈣ 學期課程計畫

　　由於範例三之年級課程計畫已經將其規劃為上、下學期，此處僅需要將上學期或下學期的部分抽出，另組學期計畫即可（見範例四）。能力指標是國家層級之目標，必須列在表格之最左方，以顯示其為最高指導原則，學校之課程目標列於其右，原因也在於其位階是低於國家層級之目標。

　　學期課程計畫對任課的教師而言最重要。根據Oliva或是John的課程與教學的觀點，學期的課程計畫是教學的基礎，教師依計畫開始思考教學的內容以及活動。

範例四　國語二年級上學期課程計畫

編號	能力指標	學校本位課程目標
1-1-2	能應用注音符號表情達意，分享經驗	能用注音符號寫出自己的心得
1-1-3	能欣賞並朗讀標注注音的優美語文讀物	能朗讀有注音符號的童詩
1-1-6	能應用注音符號，擴充語文學習的空間，增進語文學習興趣	能讀有注音符號之課外圖書
2-1-2	能確實把握聆聽的方法	能回答並寫下聆聽的內容
3-1-3	能生動活潑敘述故事	能看圖說故事
4-1-1	能認識常用漢字700-800字	能寫出214個生字並造詞造句

（續）

5-1-1	能熟習常用生字語詞的形音義	能說出生字語詞的形音義
5-1-2	能讀懂課文內容，瞭解文章的大意	能夠說出課文的文義概念
5-1-3	能培養良好的閱讀興趣、態度和習慣	能按照閱讀計畫閱讀書籍
5-1-4	能喜愛閱讀課外讀物，主動展開閱讀視野	能閱讀課外讀物
5-1-5	能瞭解並使用圖書室（館）的設施和圖書，激發閱讀興趣	能利用學校圖書館的分類系統借還書
5-1-6	認識並學會使用字典、百科全書等工具書以輔助閱讀	能用百科全書和成語字典查資料
5-1-7	能掌握閱讀基本技巧	能說出文章的文義概念
6-1-1	能經由觀摩、分享與欣賞，培養良好的寫作態度和興趣	能分享和欣賞看圖寫故事
6-1-2	能擴充詞彙，正確的遣辭造句，並練習常用的基本句型	能用字詞和句型造句
6-1-3	能運用各種簡單的方式練習提早寫作	能寫慰問卡 能寫節慶賀卡 能寫書信
6-1-5	能概略分辨出作品中，文句的錯誤，並加以修改	能訂正作文中的錯誤
6-1-6	能認識並練習使用常用的標點符號	能用冒號、引號、問號、驚嘆號標示段落句子

　　將上述四種之課程計畫集合，並與其他領域之課程計畫共同組合成為學校總體課程計畫。其中總體課程計畫與階段課程計畫可以適切的提供給掌管全校教學業務的主管，例如：教務主任，做為瞭解全校性之課程內涵之用。學年課程計畫與學期課程計畫則可以做為學年組織或任課教師討論年度課程實施與改進之用，學期課程計畫則是提供給教師作為教學設計的基礎。當學校更換教科書時，只要調整學年或學期課程計畫目標順序的部分即可，並不會更動學校總體計畫的部分。

　　對於學期的課程計畫，可依學校所選擇的教科書版本，將單元對應到學校本位的課程目標，如範例五。從範例五的1-1-2能力指標和學校本位課程目標中，其對應單元有第8課「天天星期三」、第9課「等兔子的農夫」、第10課「千人糕」以及第11課「自作聰明的驢子」，意即教這四課時，教師會要求學生用注音符號寫他們的閱讀心得，並且規劃學生閱讀一

些相關的「課外圖書」（見指標1-1-6）。

　　對於1-1-3的指標，則規劃有第13課童詩之朗讀，同時預計要進行「家政議題」（學生製作湯圓）的活動。至於5-1-2則是能夠在教每一課時，都要學生說出課文的文義、大意、段落大意與文體。6-1-1的指標配有第2課、第4課與第12課，在此三課內，要模仿課文的寫作方式，撰寫作文。用如此的方式，將教科書的單元對應於能力指標與學校本位目標，才能確保每一項指標和學校目標都能夠完成，不至於疏漏了其中任何的指標。

範例五　國語二年級上學期課程與教學計畫

編號	能力指標	學校本位課程目標	對應單元	議題	節數	評量	備註
1-1-2	能應用注音符號表情達意，分享經驗	能用注音符號寫出自己的心得	8天天星期三 9等兔子的農夫 10千人糕 11自作聰明的驢子			實作評量	
1-1-3	能欣賞並朗讀標注音的優美語文讀物	能朗讀有注音符號的童詩	13 做湯圓	家政議題	3	活動評量	
1-1-6	能應用注音符號，擴充語文學習的空間，增進語文學習興趣	能讀有注音符號之課外圖書	8天天星期三 9等兔子的農夫 10千人糕 11自作聰明的驢子	資訊議題		實作評量	
2-1-2	能確實把握聆聽的方法	能回答並寫下聆聽的內容	8天天星期三 9等兔子的農夫 10千人糕 11自作聰明的驢子			實作評量	
3-1-3	能生動活潑敘述故事	能看圖說故事	8天天星期三 9等兔子的農夫 10千人糕 11自作聰明的驢子	資訊議題	3 3 3	說話評量	
4-1-1	能認識常用漢字700-800字	能寫出214個生字並造詞造句	1-14課			紙筆測驗	214+50

（續）

5-1-1	能熟習常用生字語詞的形音義	能說出生字語詞的形音義	1-14課			紙筆測驗	
5-1-2	能讀懂課文內容，瞭解文章的大意	能夠說出課文的文義、大意、段落大意與文體	1-14課			實作評量	
5-1-3	能培養良好的閱讀興趣、態度和習慣	能按照閱讀計畫閱讀書籍	8天天星期三 9等兔子的農夫 10千人糕 11自作聰明的驢子	資訊議題		實作評量	
5-1-4	能喜愛閱讀課外讀物，主動展開閱讀視野	能閱讀課外讀物	8天天星期三 9等兔子的農夫 10千人糕 11自作聰明的驢子	資訊議題		實作評量	
5-1-5	能瞭解並使用圖書室（館）的設施和圖書，激發閱讀興趣	能利用學校圖書館的分類系統借還書	8天天星期三 9等兔子的農夫 10千人糕 11自作聰明的驢子	資訊議題	1	實作評量	
5-1-6	認識並學會使用字典、百科全書等工具書以輔助閱讀	能用百科全書和成語字典查資料	1-14課			實作評量	
5-1-7	能掌握閱讀基本技巧	能說出文章的文義	1-14課			實作評量	
6-1-1	能經由觀摩、分享與欣賞，培養良好的寫作態度和興趣	能模仿課文，寫簡單的作文	2第一個新朋友 4我希望像 12小鎮的柿餅節	資訊議題	1 1 1	實作評量	
6-1-2	能擴充詞彙，正確的遣辭造句，並練習常用的基本句型	能用字詞和句型造句	1-14 課			紙筆測驗	
6-1-3	能運用各種簡單的方式練習提早寫作	能寫慰問卡 能寫節慶賀卡 能寫書信	7黃媽媽的笑臉 14耶誕樹 3小雨蛙等信		1 1 1	實作評量	

（續）

| 6-1-5 | 能概略分辨出作品中，文句的錯誤並加以修改 | 能訂正作文中的錯誤 | 2第一個新朋友
4我希望像
12小鎮的柿餅節 | | 實作評量 | |
| 6-1-6 | 能認識並練習使用常用的標點符號 | 能用冒號、引號、問號、驚嘆號標示段落句子 | 2-14課 | | 紙筆測驗 | |

二　社會學習領域

　　不同於國語，社會學習領域的能力指標在轉化時，為因應地方之特性，會牽涉到「在地化」的問題。雖然教育部對某些能力指標會註明，教科書出版商在編輯其內容時，可以不必考慮特定地區「在地化」的問題（當然，教科書出版商也無法兼顧所有不同地區的在地化特徵），但是卻要求教師在教學時，對於這些能力指標，要以「在地化」的內容教導學生。因此，轉化社會學習領域的能力指標時，就要特別注意。此外，教育部也大概將「在地化」的範圍略作規範，那就是，對低年級而言，「在地化」指的是學生所處的鄉鎮或社區；對中年級而言，它就定義成「縣、市」，對高年級而言，「在地化」指的就是全國。

　　那麼，那些能力指標要有地方特色，就必須仔細檢視能力指標的注釋部分，或者附錄中「部分能力指標的說明」，此部分的資訊都可以在「國民教育社群網」中「課程綱要」的社會學習領域中找到。

(一) 總體課程計畫

　　雖然社會領域之第一階段能力指標與自然與科技領域、藝術與人文領域以及健康體育領域合併為生活學習領域，但是並不因為併入其中，就喪失其對能力指標表現的要求。因此，下列仍然以社會學習領域之能力指標作為範例。解讀社會學習領域能力指標時，其相關的說明必須檢視能力指標注釋與說明這兩處，才能正確而適合的轉化能力指標。

　　指標之注釋部分，也就是在每一項指標的關鍵字中有時會標註有「上

標字」的部分，那麼在該指標所屬的頁面下方就會有相關之注釋說明，
（如圖4-1）。以能力指標1-2-1為例，教育部對所謂「居住地方」的解釋
是指真正各校的學生居住的地方，而不是課本上的「居住地方」。換句話
說，如果是臺中市北屯區的陽光國小要教這個指標，那麼這裡的「居住地
方」即指臺中市北屯區，其他地方的學校依此類推。這種情況下，臺中市
北屯區的國小學生就不用去瞭解課本內所介紹的「居住地方」，不論它是
指台北市士林區或是彰化縣埔心鄉，這就是在地化的意思。其次，在同一
項指標內，教育部對「自然與人文特性」的部分解釋為可以將學生所居住
的地方，就其屬性是都市、鄉村、海邊、還是山區的一種，先歸類後，再
進行對它的自然與人文特徵的學習。

1-2-1 描述居住地方[1]的自然與人文特性。[2]

1-2-2 描述不同地方[3]居民的生活方式。[4]

1-2-3 覺察人們對地方與環境的認識與感受具有差異性，並能表達對家鄉的關懷。[5]

1-2-7 說出居住地方的交通狀況，並說明這些交通狀況與生活的關係。[6]

1-3-6 描述鄉村[8]與都市在景觀和功能方面的差異。

1-3-7 說明城鄉之間或區域與區域之間有交互影響和交互倚賴的關係。

1-3-8 瞭解交通運輸的類型及其與生活環境的關係。[9]

---

[1] 居住地方可以是居住的社區或村（里）、鄉（鎮市區）、縣（市）等行政區。

[2] 例如可以分成山上、海邊、農村、都會區加以介紹。基於現實上的考量，教科書編者不必
依縣市之不同而有不同版本，但應協調主管教育行政機關協助授課老師取得以當地的自然
與人文為主要內容的補充教材。

[3] 不同地方指不同的社區或不同的村（里）、鄉（鎮市區）、縣（市）。

[4] 例如可以分成山上、海邊、農村、都會區加以介紹。基於現實上的考量，教科書編者不必
依縣市之不同而有不同版本，但應協調主管教育行政機關協助授課老師取得以當地居民的
生活方式為主要內容的補充教材。

[5] 本學習領域與「環境教育」有關的議題並不僅限於「人與空間」這個主題軸，教學者可以
適度加以整合運用。不過，本學習領域對於「環境教育」議題較著重於環境與人類活動之
間的關係，其他學習領域，包括「自然與生活科技」、「健康與體育」和「綜合活動」，
亦各有偏重，本學習領域不必面面俱到，但要提醒學生注意彼此的關連性。

[6] 基於現實上的考量，教科書編者不必依縣市之不同而有不同版本，但應協調主管教育行政
機關協助授課老師取得以當地交通狀況為主要內容的補充教材。

[7] 「生活環境」包括自然的生活環境和人文的生活環境。

[8] 鄉村包括農村和漁村。

[9] 「生活環境」包括自然的生活環境和人文的生活環境。交通運輸除了陸上與空中交通運輸之外

圖4-1　社會能力指標與注釋

另一處要瞭解能力指標的部分是社會學習領域指標的補充說明（位在社會領域能力指標之附錄部分，如圖4-2）。它主要是提供該指標的教學意涵，說明為什麼要教該項能力指標的原因。從這些說明中，可以瞭解該項能力指標的意義，更有助於教師對指標的轉化。因此，教師在轉化能力指標時，應該特別重視這兩處的說明。至於，有一些完全找不到解釋或說明的指標，就只能藉助學校內教師的共同討論，或者請教該領域的學科內容專家，以專業的知識加以規範。

能力指標	說明
2-1-1 瞭解住家及學校附近環境的變遷。	對歷史認知的最佳方式之一即從周遭環境開始，瞭解住家附近環境的變遷（如良田變商店、小河不見了），及學校內外環境的變遷（如操場蓋高樓、小樹變大樹、男校長變女校長、綠地變馬路等），從瞭解住家及學校附近環境開始，漸次進入最貼近成長環境的變遷，應為瞭解人與時間觀念的第一步。瞭解的方式可透過訪問老一輩的家人、居民、校友、資深老師，或蒐集圖片與老舊照片等簡單資料，重點在讓學生感受時間的變化與歷史的痕跡。
2-1-2 描述家庭定居與遷徙的經過。	家庭是學童所從來處，瞭解家庭何以遷徙或定居於所居之地，使學童在成長過程中，瞭解家庭的歷史，體會家庭成員奮鬥之經驗，有助於對家人及家庭的向心力；且由家庭的歷史出發，也可作為學生將來進一步瞭解整個民族歷史或產生民族情懷的起點。瞭解的方式與重點，可參考前一條指標的說明。
5-1-1 覺察自己有權決定自我的發展。	引導學生從自己日常生活、身心的發展，瞭解到自己擁有選擇、決定的權利。例如雖然運動有益身體的發展，但是，是否經常運動則是自我的決定。再如，吃太多會變胖，偏食則不健康，但這些飲食行為大部分都是自己可以決定的。
5-1-2 描述自己身心的變化與成長。	觀察自己入學前到入學後的改變，瞭解嬰、幼兒時期身心的健康、學習與成長。

圖4-2　社會能力指標與說明

範例六　社會學習領域總體課程計畫

能力指標	學校本位課程目標
1-1-1 辨識地點、位置、方向，並能運用模型代表實物。	在地圖上辨識學校和住家地點、位置、方向
1-1-2 描述住家與學校附近的環境。	利用圖片說出住家與學校附近環境的生活型態
2-1-1 瞭解住家及學校附近環境的變遷。	利用圖片和校史說出住家和學校附近環境的變遷
2-1-2 描述家庭定居與遷徙的經過。	利用地圖說出家庭定居與遷徙的經過
4-1-1 藉由接近自然，進而關懷自然與生命。	利用圖片說出危害土地、河流與海洋的行為與後果
5-1-1 覺察自己有權決定自我的發展。	說出自己可以在日常生活中做的決定
5-1-2 描述自己身心的變化與成長。	說出自己身體和能力的變化與成長
5-1-3 舉例說明自己的發展與成長會受到家庭與學校的影響。	說出家庭和學校對自己日常生活與學習的影響
5-1-4 瞭解自己在群體中可以同時扮演多種角色。	說出自己在家庭、學校和班級中的角色
6-1-1 舉例說明個人或群體為實現其目的而影響他人或其他群體的歷程。	說出個人和班級達成目的的方法
8-1-1 舉例說明科學和技術的發展，為自己生活的各個層面帶來新風貌。	說出科學和科技對生活的影響
9-1-1 舉例說明各種關係網路（如交通網、資訊網、人際網、經濟網等）如何連結全球各地的人。	說出交通網、經濟網連結全球人類的方式
9-1-2 覺察並尊重不同文化間的歧異性。	指出外國文化和臺灣文化的差異性
9-1-3 舉出自己周遭重要的全球性環境問題（如空氣污染、水污染、廢棄物處理等），並願意負起維護環境的責任。	能指出環境污染的問題以及原因

範例六將第一階段之課程計畫中之能力指標與學校本位課程目標區分為一年級和二年級的範圍。雖然社會領域之第一階段與藝術與人文領域、自然與生活科技領域以及健康與體育領域融入成為生活領域，但是並未融成生活領域之指標，仍然各自保有各領域之指標，因此在分析時，必須就各領域指標進行分析。

範例七　社會學習領域第一階段課程計畫

能力指標	學校本位課程目標	一	二
1-1-1 辨識地點、位置、方向，並能運用模型代表實物。	在地圖上辨識學校和住家之地點、位置、方向		▨
1-1-2 描述住家與學校附近的環境。	利用圖片說出住家與學校附近環境的生活型態	▨	
2-1-1 瞭解住家及學校附近環境的變遷。	利用圖片和校史說出住家和學校附近環境的變遷		▨
2-1-2 描述家庭定居與遷徙的經過。	利用地圖說出家庭定居與遷徙的經過	▨	
4-1-1 藉由接近自然，進而關懷自然與生命。	說出危害土地、河流與海洋的行為與後果		▨
5-1-1 覺察自己有權決定自我的發展。	說出自己可以在日常生活中做的決定	▨	
5-1-2 描述自己身心的變化與成長。	說出自己身體和能力的變化與成長		▨
5-1-3 舉例說明自己的發展與成長會受到家庭與學校的影響。	說出家庭和學校對自己日常生活與想法的影響	▨	
5-1-4 瞭解自己在群體中可以同時扮演多種角色。	說出自己在家庭、學校和班級中的角色	▨	
6-1-1 舉例說明個人或群體為實現其目的而影響他人或其他群體的歷程。	說出個人和班級達成目的的方法		▨
8-1-1 舉例說明科學和技術的發展，為自己生活的各個層面帶來新風貌。	說出科學和科技對生活的影響	▨	
9-1-1 舉例說明各種關係網路（如交通網、資訊網、人際網、經濟網等）如何連結全球各地的人。	說出交通網、經濟網連結全球人類的方式		▨
9-1-2 覺察並尊重不同文化間的歧異性。	指出外國文化和台灣文化的差異性	▨	
9-1-3 舉出自己周遭重要的全球性環境問題（如空氣污染、水污染、廢棄物處理等），並願意負起維護環境的責任。	能指出環境污染的問題以及原因		▨

　　指標9-1-2在一年級與二年級重複，意即這兩學年都有同樣的主題出現。雖然是重複出現，但是因為「文化」的範圍頗廣，因此相關的課程內容勢必會以螺旋的方式呈現，這是正常的現象。就像國語科，每一學年、學期、甚至每一課都要學會「認識生字」的道理是一樣的。

　　範例八之社會領域年級指標係從範例七之社會領域階段能力指標中，將其欲分配至二年級者，粹取出來的。在年級指標計畫中，也是和其他領域一樣，必須將其再分上、下兩學期。

範例八　社會學習領域二年級課程計畫

能力指標	學校本位課程目標	二上	二下
1-1-1 辨識地點、位置、方向，並能運用模型代表實物。	在地圖上辨識 學校和住家之地點、位置、方向	▨	
2-1-1 瞭解住家及學校附近環境的變遷。	利用圖片和校史說出住家和學校附近環境的變遷		▨
2-1-2 描述家庭定居與遷徙的經過。	利用地圖說出家庭定居與遷徙的經過		▨
4-1-1 藉由接近自然，進而關懷自然與生命。	說出危害土地、河流與海洋的行為與後果		▨
5-1-2 描述自己身心的變化與成長。	說出自己身體和能力的變化與成長	▨	
5-1-3 舉例說明自己的發展與成長會受到家庭與學校的影響。	說出家庭和學校對自己日常生活與想法的影響		▨
6-1-1 舉例說明個人或群體為實現其目的而影響他人或其他群體的歷程。	說出個人和班級達成目的的方法		▨
9-1-2 覺察並尊重不同文化間的歧異性。	指出外國文化和台灣文化的差異性	▨	▨

　　範例九之二年級上學期課程計畫，係從範例八中，分配至上學期者，粹取出來的。其中9-1-2的指標在二上與二下是重複的，意即兩學期都有相同的主題。

範例九　社會學習領域二年級上學期課程計畫

能力指標	學校本位課程目標	二上
1-1-1 辨識地點、位置、方向，並能運用模型代表實物。	在地圖上辨識學校和住家之地點、位置、方向	
5-1-2 描述自己身心的變化與成長。	說出自己身體和能力的變化與成長	
5-1-3 舉例說明自己的發展與成長會受到家庭與學校的影響。	說出家庭和學校對自己日常生活與想法的影響	
9-1-2 覺察並尊重不同文化間的歧異性。	指出外國文化和台灣文化的差異性	

範例十　社會學習領域二年級上學期課程與教學計畫

能力指標	學校本位課程目標	對應單元	備註
1-1-1 辨識地點、位置、方向，並能運用模型代表實物。	在地圖上辨識學校和住家的地點、位置、方向	四我們的社區 1.我家在哪裡？	自編
5-1-2 描述自己身心的變化與成長。	說出自己身體和能力的變化與成長	五快樂的成長 1.我長大了	自編
5-1-3 舉例說明自己的發展與成長會受到家庭與學校的影響。	說出家庭和學校對自己日常生活與想法的影響	五快樂的成長 2.喜歡自己	自編
9-1-2 覺察並尊重不同文化間的歧異性。	指出外國文化和台灣文化的差異性	六喜歡過冬天 3.迎春送冬	自編

　　範例十，將教科書的單元對應於指標，在最左邊的欄位中，依序排列能力指標、學校本位課程目標以及對應單元以及備註。值得注意的是，雖然範例十當中每一項指標都有單元可以對應意即這些目標要在該對應單元中完成。但是因為它們在「備註」中都加註有「自編」字樣，表示教科書單元之內容是不足的，或是缺乏的情況，必須加入部分自編的教材才能完成該項能力指標的教學。換言之，教學時，必須補充課文內所缺乏的能力指標內容。至於要補充什麼內容，則要依照本書第八章開始之能力指標之分析結果而定。在此處，並非指教學時，教師要將其他版本教科書之內容通通補充進來，這是不正確的觀念。

三　數學領域

㈠ 總體課程計畫

雖然數學領域的能力指標也和國語、社會領域一樣，97課綱中確定將國小部分分成三個階段實施。但是，為了確保數學學習的順序是合乎學生的認知發展以及數學的邏輯，教育部特別將階段的數學能力指標予以細分成所謂的「分年細目」，因此在數學領域階段的總體課程計畫，是把六年的「分年細目」集合在一起即可，不必再依階段將分年細目統整成為階段之課程目標，此乃為遷就現況和順勢而為的作法。

數學之學校本位課程目標是根據教育部在「細目詮釋」當中的說明以及範例，把「分年細目」轉化成為學校本位之目標。依照目標之位階，由高而低的方式分別標示之。雖然「分年細目」是由數學之「能力指標」所細分出來，但是它還是出自教育部的規劃，因此還是將其視為國家層級之課程目標。在下面的範例中，最左邊之欄位是位階最高者，列出「分年細目」，其右為轉化的目標，即為位階較低之學校本位課程目標。

範例十一　數學領域第一階段一年級課程計畫

一年級分年細目	學校本位課程目標
1-n-01 能認識100以內的數及「個位」、「十位」的位名，並進行位值單位的換算。N-1-01	能認出100以內的數與量及數列規則
	能說出「個位」、「十位」的位值名稱，並作位值與數值之換算
1-n-02 能認識1元、5元、10元、50元等錢幣幣值，並做1元與10元錢幣的換算。N-1-01N-1-02	能指出1元、5元、10、50元的幣值和用固定之幣值給付指定之金額
1-n-03 能運用數表達多少、大小、順序。N-1-01	能排列數序，並用「大、小」「多、少」語詞說出數的比較
1-n-04 能從合成、分解的活動中，理解加減法的意義，使用＋、－、＝作橫式紀錄與直式紀錄，並解決生活中的問題。N-1-02	能依照題意做量的合成和分解並寫成橫式和直式的算式

（續）

1-n-05 能熟練基本加減法。N-1-02	能直接算出加1、10與減1、10並用合10與拆10的方式做加減計算
	能作加法之逆運算
1-n-06 能作一位數之連加、連減與加減混合計算。N-1-02 N-1-03	能用交換律做一位數連加、交換減數作連減與加減混合計算
1-n-07 能進行2個一數、5個一數、10個一數等活動。N-1-01 N-1-03	能用2個、5個、10個一數的方式數數並寫出其數列
1-n-08 能認識常用時間用語，並報讀日期與鐘面上整點、半點的時刻。N-1-13	能用「上午、下午、中午」和「昨天、今天、明天」時間用語說明日期和時間
	能說出鐘面上整點與半點的時間
	能用日曆或月曆說出月份天數與星期數
1-n-09 能認識長度，並作直接比較。N-1-14S-1-01	能用「長、短」語詞說出直接比較物體的長度的結果
1-n-10 能利用間接比較或以個別單位實測的方法比較物體的長短。N-1-15幾何	能利用個別單位以及遞移律比較物體的長短
	能用合成與分解計算長度的加和減
1-s-01 能認識直線與曲線。S-1-01	能認出曲線、直線並比較其長度
1-s-02 能辨認、描述與分類簡單平面圖形與立體形體。S-1-01	能分類平面圖形和立體形體並說出其名稱
1-s-03 能描繪或仿製簡單平面圖形。S-1-02	能描繪出給定的平面圖形
1-s-04 能依給定圖示，將簡單形體作平面鋪設與立體堆疊。S-1-02S-1-05	能依圖示做平面圖形、立體圖形之組合
1-s-05 能描述某物在觀察者的前後、左右、上下及兩個物體的遠近位置。s-1-06代數	能用「前後」、「左右」、「上下」、「遠、近」語詞說出物體在觀察者的相對位置及距離
1-a-01 能在具體情境中，認識加法的交換律、結合律，並運用於簡化計算。A-1-03	能利用交換律做加法以及結合律做加法與減法
1-a-02 能在具體情境中，認識加減互逆。A-1-04	能用合成與分解算出加法與減法的未知數
1-d-01 能對生活中的事件或活動做初步的分類與紀錄。	能分類事物並作計數
1-d-02 能將紀錄以統計表呈現並說明。D-1-01	能將事物計數結果用表格表示

(二) 年級課程計畫

數學領域的課程計畫與其他領域不同，原因是階段的能力指標已經由教育部分列為年級的目標，因此在作法上比較特殊。階段和年級課程計畫都一樣，只須將上述之課程計畫分出學期，利用甘特圖的方式以斜線標示，如範例十二。

範例十二　數學領域一年級課程計畫

一年級分年細目	學校本位課程目標	上學期	下學期
1-n-01 能認識100以内的數及「個位」、「十位」的位名，並進行位值單位的換算。N-1-01	能認出100以内的數與量及數列規則	／	
	能說出「個位」、「十位」的位值名稱，並作位值與數值之換算		／
1-n-02 能認識1元、5元、10元、50元等錢幣幣值，並做1元與10元錢幣的換算。N-1-01N-1-02	能指出1元、5元、10、50元的幣值和用固定之幣值給付指定之金額	／	
1-n-03 能運用數表達多少、大小、順序。N-1-01	能用「大、小」「多、少」語詞說出數的比較	／	
	能用正向和反向排列數序，找出給定之序數，並能依照數序之規則指出數線上的數值		／
1-n-04 能從合成、分解的活動中，理解加減法的意義，使用＋、－、＝作橫式紀錄與直式紀錄，並解決生活中的問題。N-1-02	能依照題意做量的合成和分解並寫成橫式和直式的算式	／	
1-n-05 能熟練基本加減法。N-1-02	能直接算出加1、10與減1、10並用合10與拆10的方式做加減計算	／	
	能作加法之逆運算		／
1-n-06 能作一位數之連加、連減與加減混合計算。N-1-02N-1-03	能用交換律做一位數連加、交換減數作連減與加減混合計算	／	
1-n-07 能進行2個一數、5個一數、10個一數等活動。N-1-01N-1-03	能用2個、5個、10個一數的方式數數並寫出其數列		／

（續）

能力指標	分年細目		
1-n-08 能認識常用時間用語，並報讀日期與鐘面上整點、半點的時刻。N-1-13	能用「上午、下午、中午」和「昨天、今天、明天」時間用語說明時間	▨	
	能說出鐘面上整點與半點的時間	▨	
	能用日曆或月曆說出月份天數與星期數		▨
1-n-09 能認識長度，並作直接比較。N-1-14S-1-01	能用「長、短」語詞說出直接比較物體的長度的結果		▨
1-n-10 能利用間接比較或以個別單位實測的方法比較物體的長短。N-1-15幾何	能利用個別單位以及遞移律比較物體的長短		
	能用合成與分解，計算長度的加和減		▨
1-s-01 能認識直線與曲線。S-1-01	能認出曲線、直線並比較其長度		
1-s-02 能辨認、描述與分類簡單平面圖形與立體形體。S-1-01	能分類平面圖形和立體形體並說出其名稱		
1-s-03 能描繪或仿製簡單平面圖形。S-1-02	能描繪出給定的平面圖形		
1-s-04 能依給定圖示，將簡單形體作平面舖設與立體堆疊。S-1-02S-1-05	能依圖示做平面圖形、立體圖形組合		▨
1-s-05 能描述某物在觀察者的前後、左右、上下及兩個物體的遠近位置。s-1-06代數	能用「前後」、「左右」、「上下」、「遠、近」語詞說出物體在觀察者的相對位置及距離		▨
1-a-01 能在具體情境中，認識等號兩邊數量一樣多的意義。N-1-02A-1-01	能將給定的數量做不同的合成和分解並用橫式算式表示		▨
1-a-02 能在具體情境中，認識加法的交換律、結合律，並運用於簡化計算。A-1-03	能利用交換律做加法以及結合律做加法與減法		▨
1-a-03 能在具體情境中，認識加減互逆。A-1-04	能用合成與分解算出加法與減法的未知數		▨
1-d-01 能對生活中的事件或活動做初步的分類與紀錄。	能分類事物並作計數	▨	
1-d-02 能將紀錄以統計表呈現並說明。D-1-01	能將分類的計數結果用表格表示		▨

(三) 學期課程計畫

　　將範例十二之上數學領域之學期課程目標分別萃取出來，即成為上、下學期之課程計畫。另外，依照課程計畫之內容，將單元名稱、備註、節數、評量等項目一一列出在學期計畫中，如下之範例十三。如果，在對應教科書之單元時，發現學校本位課程目標中某一部分沒有單元可以對應，就應該在「備註」欄中，加註「自編」等字樣，以提醒教師在授課時要補充該課程目標之內容或活動。例如：「能用1元、5元和10元表示給定金額以及能用固定之幣值表示給定之金額」，雖然有單元「9. 20以內的數和加法」（以康軒版為例）可以對應，但是顯然該單元中「用固定之幣值表示給定之金額」的活動與內容不足，所以加上「自編」。意即，教師在教科書的教學活動中應該補充這一部分的活動。

範例十三　數學領域一年級上學期課程與教學計畫

一年級分年細目	學校本位課程目標	對應單元	議題	節數	評量	備註
1-n-01 能認識100以內的數及「個位」、「十位」的位名，並進行位值單位的換算。N-1-01	能認出100以內的數與量及數列規則	1.10以內的數				自編
1-n-02 能認識1元、5元、10元、50元等錢幣幣值，並做1元與10元錢幣的換算。N-1-01N-1-02	能指出1元、5元、10、50元的幣值和用固定之幣值給付指定之金額	9.20以內的數和加法				自編
1-n-03 能運用數表達多少、大小、順序。N-1-01	能用「大、小」「多、少」語詞說出數的比較	2.數的順序和大小				
	能排列數序，並找出數線上未知的數值					自編

（續）

1-n-04 能從合成、分解的活動中，理解加減法的意義，使用＋、－、＝作橫式紀錄與直式紀錄，並解決生活中的問題。N-1-02	能依照題意做數的合成和分解並寫成橫式和直式的算式	4.分與合 6.10以內的加法 8.10以內的減法				自編
1-n-05 能熟練基本加減法。N-1-02	能直接算出加1、10與減1、10並用合10與拆10的方式做加減計算	9.20以內的加法				自編
1-n-08 能認識常用時間用語，並報讀日期與鐘面上整點、半點的時刻。N-1-13	能說出鐘面上整點與半點的時間	10.幾點和幾點半				
1-n-09 能認識長度，並作直接比較。N-1-14S-1-01	能用「長、短」語詞說出直接比較物體的長短的結果	3.物件長短				
1-n-10 能利用間接比較或以個別單位實測的方法比較物體的長短。N-1-15幾何	能利用個別單位以及遞移律比較物體的長短					自編
1-s-02 能辨認、描述與分類簡單平面圖形與立體形體。S-1-01	能分類平面圖形和立體形體並說出其名稱	7.認識形狀				
1-s-03 能描繪或仿製簡單平面圖形。S-1-02	能描繪出給定的平面圖形					
1-s-04 能依給定圖示，將簡單形體作平面鋪設與立體堆疊。S-1-02S-1-05	能依圖示做平面圖形、立體圖形組合					自編
1-s-05 能描述某物在觀察者的前後、左右、上下及兩個物體的遠近位置。s-1-06代數	能用「前後」、「左右」、「上下」、「遠、近」語詞說出物體在觀察者的相對位置及距離	5. 在哪裡				自編
1-d-01 能對生活中的事件或活動做初步的分類與紀錄。	能分類事物並作計數	6.10以內的加法				

　　從範例中單元對應的結果，顯示教科書在包含數學的分年細目的程度並非百分之百，這是值得教師在使用教科書教學時的警惕。換言之，唯有將分年細目的內容仔細的檢視過，並且重新將分年細目釐清後，才能瞭解這些分年細目在教學時應該要包含的內容，這也是為什麼各校都要做「課程計畫」的原因。如果有課程計畫，學校的課程委員會和教務單位就可以依據它管理自己學校的課程。各校自行管理、實施、評鑑自己的課程是九年一貫賦予學校的權力和義務，具有非常之意義與象徵。

討論問題 ··································

1. 選擇一個階段，以小組合作的方式，將各領域之能力指標加以釐清，成為學校本位課程目標，並且依照年級、學期分別建置學校之課程計畫。

2. 比較總體、年級、學期的課程計畫和教學計畫，討論它們所提供的資訊有何不同？

3. 將學校本位課程目標，按照年級、學期規劃為學年與學期之計畫，同時將不同版本之教科書對應每一項課程目標，比較它們對應的結果。

4. 如何利用這些課程計畫進行學校課程的管理？

參考書目

陳麗華、王鳳敏（譯）（1996）。美國社會科標準（原作者：National Council for the Social Studies）。臺北市：教育部。

教育部（1993）。**國民小學課程標準**。臺北市：教育部國民小學課程標準編輯審查小組。

教育部（2001）。**國小組學校經營研發輔導手冊(2)：學校願景發展、實踐、檢討與展望實例**。臺北市：作者。

Armstrong, D. G. (1990). *Developing and documenting the curriculum*. Boston: Allyn and Bacon.

John, D. P. (1995). *Lesson planning for teachers*. London: Cassell Education.

Kemp, J. E. (1985). *The instructional design process*. New York: Harper & Row.

Oliva, P. F. (1992). *Developing the curriculum* (3rd ed.). New York: HarperCollins.

Oliva, P. F. (2009). *Developing the curriculum* (7th ed.). New York: Pearson.

Ornstein, A. C. & Hunkins, F. P. (1988). *Curriculum: Foundations, principles, and issues*. Englewood Cliffs, N. J.: Prentice Hall.

Ornstein, A. C., Pajak, E. F. & Ornstein, S. B. (2007). *Contemporary issues in curriculum* (4th ed.). Boston: Pearson.

第貳篇

教學設計理論

第五章　教學設計的歷史與發展

第六章　教學設計之觀念

第七章　系統化教學的理論與模式

　　教學設計（instructional design, ID）是繼70年代認知主義的教學方法之後，另一種教學設計的新觀點。它不再以教材或知識為主的方式進行教學的設計，而是偏向尋找學習者的需求為教學的源起，所有的教學應該符合學習者的需求，以達成學習者能夠表現特定能力為其學習之目標。這種注重學習者能夠表現能力的教學與學習的精神，延伸了20、30年代，社會要求學校要有「績效」的精神。

　　90年代因為網際網路的發達與普遍，讓尋求知識的管道更形通暢與無遠弗界。自此，傳授知識不再是學校唯一的使命，教育的焦點轉向如何協助學習者在獲得知識後能表現什麼樣的能力，以適應社會。就在此種氛圍下，以表現能力為主的教學方式開始受到注意。而許多屬於此種傾向的教學和學習方式，也因為理論的成熟，以及符應當前社會的需求，而漸漸開始展露頭角。

　　為了和過去的認知主義方式的教學理論方式有別，專家們創造了所謂的「教學科技」（instructional technology）這樣的語詞，就是說明教學更應該科學化與科技化，就如同「科學化課程」的意涵一樣。「教學設計」是「教學科技」中的一環，以講求教學設計過程的科學化為其主要的訴求。運用20年代以後各種教學有關的研究報告，萃取其中影響教學重要的因素，組成一種彼此可以協調、相互影響的系統，並以學習者的問題、需求、目標為開端的教學設計歷程，即稱為「系統化教學設計」或「教學系統設計」，亦簡稱為「教學設計」（instructional design, ID）。

　　本篇內容包括教學設計的發展歷程，以及影響其發展的主要因素，以瞭解為何需要改變過去教學設計的習慣與作法，以適應現代教學的需要。

第五章

教學設計的歷史與發展

　　教學設計（instructional design）的歷史很難用單一特定的事件或是一連串的變革來描述它的發展，因為它不是特定的教育理論或是社會思潮改變所產生出來的結果，而是許多相關的概念和理論統合後，所產出的一種變動的實務。教學設計（instructional design）和教學發展（instructional development）、教學科技（instructional technology）等語詞，經常在文獻中交互的使用。不過根據Shrock（1991）的觀點，教學發展是教學設計的通則，它不涉及任何一種特定的模式或是步驟，而是以系統的方式以及運用科學化的原則去計畫、設計、創造、實施和評量教學的效率和效能（p. 11）。如圖5-1所示，不論系統化教學模式為何，都具有下列共同的歷程，那就是分析（analysis）、設計（design）、發展（development）、實施（implementation）、以及評量（evaluation）。以這種方式發展教學的歷程被稱為ADDIE，或者簡稱為ID（instructional design）。

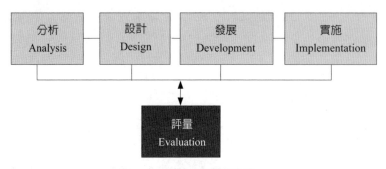

圖5-1　教學發展的歷程

　　Shrock對教學發展的定義刻意保留了相當模糊的空間，作為教學發展和教學設計兩者之間的界線。教學設計被視為創造最大可能的教學效率與效能的實務，而教學發展即為教學設計的概念化過程。教學設計的整個過程就是根據教學發展的歷程，決定教學的現況與學習者的需求，定義教學的最終目的，並且創造這兩者之間轉換所需要「介入」（intervention）的事件（events）。各種教學設計的理論因其所關注的事件不一樣，因此，延伸出不同的理論與模式。

　　在文獻中經常看到的教學設計模式，因其介入的教學事件或者關注的因素不同，形成不同的樣貌，但是只要透過比較各種模式所納入的因素，就可以看出它們在理論基礎上的差異。除了模式所包含的因素不同以外，還顯示各個因素之間的順序以及執行的方式亦有差異，雖然模式不同，但是它們的理論都是屬於教學設計的範疇。各種常見的模式，請參酌本書之第七章，有詳細的說明。

第一節　美國教學設計的發展歷程

　　一般而言，二十世紀美國的教學設計理論主要植基於行為主義心理學、認知心理學這兩種實證科學，並且是以科學的方式進行教學事件的分析、發展與評量，又因為其與教學媒體（media）有非常密切的關係，所

以這兩者均同時被納入教學科技（instructional technology）的範圍。綜觀二十世紀初期到二十一世紀教學設計理論的發展深受教育思潮、社會與科學的影響。教學設計的歷史由1920年為其開端，主要是因為許多與教學發展有關的想法，大都起源於1920年以後，故以此時間作為分界點。

 ## 1920年之前─經驗主義知識的奠基時代

影響此時期主要的教學事件如下：

(一) 二十世紀美國的工業化社會與人口的增加；

(二) 達爾文1871年發表「人類的系統」；

(三) W. James 1890年發表《心理學原則》（*Principles of Psychology*）；

(四) 1905年St. Louis 成立學校博物館；

(五) 美國參與第一次世界大戰（1914-1918）。

這是經驗主義本位教育的時期，綜觀此時期的教育仍然被所謂的「經驗主義」（experimentalism）的知識本位所主宰。當時，教育領域普遍存在一種信仰，那就是人類的腦力可以像肌肉一樣，透過某種運動得以發展。因此，專家們深信研讀某些科目是可以增進人的腦力，就像體操可以促進某些肌肉的發展一樣。

教學在過去並不受到重視，大多數的教學者會以自己的經驗進行授課的活動。然而，來自二十世紀人類學習的探索與動物的實驗逐漸改變了這種信仰，特別是在James出版《心理學的原則》（*Principles of Psychology*）一書後，更鼓勵了許多當時的研究生從事心理學理論的建立與實驗，其中包括桑代克（Thorndike）。從此，教學的設計理論逐漸採納心理學的實證成果。

但是，影響人們對教學的要求與看法，主要還是來自社會的壓力與要求。十九世紀末，由於美國在經濟的蓬勃發展與人口的改變，造就了二十世紀社會的變遷，其中包括：(一) 都市人口的集中；(二) 移民人口的增加；(三) 工業革命的影響（http://www.coe.uh.edu/ courses/cuin6373/idhistory/ history20the. html）。十八世紀英國的工業革命和帝國主義也逐漸影響美國。藉由參與第一次世界大戰（World War I）後，美國也開始思考應該努力擴大它對其他世界各國的影響，大開門戶的結果導致各國的移民進入美國，使得美國的人口迅速增加。

從十九世紀末到二十世紀初期之間，美國都市的人口是以近兩倍的速度成長；換句話說，當時的美國社會，大約有40%的人口居住在都市當中。估計在二十世紀初，芝加哥的都市人口增加約三倍；紐約都市人口增加約兩倍。另外，根據統計，1865到1900年之間，約有1千2百萬的移民進入到美國，並且都居住在美國的東北與中西部的都市當中，使得都市人口更急遽的增加。

然而，在美國的工業化過程裡，因為有許多的勞工聚集在都市裡，再加上都市交通的方便，使得企業紛紛在都市中建造工廠；然而，這種情形反而吸引更多的人口向都市集中。不但如此，每年數百萬的移民人口也群聚於都市當中，也間接的使都市學校的學生數不斷的攀升。而工業化的結果，不但造成二十世紀美國社會的變遷，更把「效率」與「成本效益」的觀念與需求帶入生活中。這些社會的觀念和需求也逐漸影響學校，讓學校開始察覺社會工業化之後，社會對教育的期望與要求，並且以「績效」的成果表現回應了這一波社會的要求。

在事事講求效率的氛圍下，教學者紛紛開始思考如何以更有效、更真實的方式呈現教學。於是，第一座學校博物館在1905年於聖路易市（St. Louis）成立，提供過去只能在教科書圖片中一窺究竟的實物，這種真實的物體不但具體化了學生的學習，更使得教育專家們認識了「視覺教學」的效果與重要性。此後，「視覺教學」的發展更擴展至教育影片的製作與運用，並蔚為風潮。紐約的羅契斯特（Rochester）的公立學校系統率先採用了影片的教學，此舉不僅將教學推向媒體的潮流，而且促使師資培育機構中加入了視覺教學的課程，以培訓未來教師的基本能力。發明家愛迪生更宣稱「學校中的書本即將消失，人類所有的知識將可以用影片來教授給學生。」（http:// www.coe.edu/courses/ in6373/idhistory/before1920.html）。顯見教學媒體對教學所產生的影響與衝擊有多大了。

1920年代—教育目標的概念時代

影響此時期的重要事件有：

㈠ F. Bobbitt的社會效率運動；

㈡ R. Tyler（1922）學習的目標（objectives for learning）；

㈢ The American-Tabulating-Recording Co.改名為International Business Machines（IBM）（1924）。

二十世紀初期，美國工業化的結果是使得社會一時之間充斥著「效率」、「成本效益」和「目標」的想法。巴比特（F. Bobbitt）於是提出了社會效率運動，要求學校教育必須重視社會的需求以及教學必重視成果。泰勒（R. Tyler）隨後也提出重視「學習目標」（objectives for learning）的呼籲。因為重視教學的效率，使得個別化教學（individualized instructional plans）的設計得以發展，其中著名的有「文納特卡計畫」（the Winnetka Plan）以及「道爾敦計畫」（the Dalton Plan）。個別化教學最大的特色是學習者可以依照自己的速度（效率）以及最少的教師指導（成本效益）獲得最佳的成就。精熟學習（mastery learning）也是基於同樣的理由而發展出來的。這些個別化教學或是精熟學習的計畫，都成為當時教學設計的最佳典範，此時的教學可以說是回應了社會中對效率的要求。而個別化教學設計更是仿照工業社會的手段，採用「學習契約」（contract learning）的方式，將學習契約化，成為當時代表教學朝向效率化的代表。

「工作分析」（job analysis）與「任務分析」（task analysis），這些企業和工廠中所使用的語詞，在此時也被教育專家們沿用在教學的情境當中。此外，更具有代表性的是Pressey所發展的第一部「機器」，提供學習者作「練習」（drill and practice）。他指出，這個機器是要解除教師在學生練習所要背負的日常例行工作的包袱。這種讓機器取代教師一部分的勞務性工作，增加教師在教學專業上的效率的作法，和工業化社會的思考方式不謀而合。

三　1930年代─行為目標與形成性評鑑時代

影響此時期的重要事件為：

(一) 大蕭條（the Great Depression）影響教育的經費、學生與資源；

(二) 教育的進步主義運動（Progressive Movement）。

　　此時期可以說是教學設計發展緩慢的時代。30年代影響教學的最大因素莫過於經濟大蕭條。不僅教育的經費、學生的人數以及教育的資源都受到影響。教學設計的發展在此時期呈現了停滯的狀態。不過，也因為經濟的大蕭條，以及社會經濟體系的瓦解，讓民眾和教育專家都意識到，縱使教育一味的符應社會的要求，一旦社會崩潰垮臺時，這些因應社會需求的教育是無法保證個人可以在社會中得到生存和依賴。於是在此情形下，進步主義的教育理念得到了發展的空間，教育是適應未來生活的思潮，成為30年代教育的主流價值。重視兒童的興趣、生活的技能與民主教育的結果，讓當時的教學呈現出以「經驗」為主的教學設計，「做中學」和「合作學習」成為教學的設計原則。

　　然而，另一個影響後世的重要事件是泰勒從1933年開始的八年研究計畫（Shrock, 1991, p.14）。泰勒的此項計畫被視為教學設計歷史上最重要的事件之一。美國從參與第一次世界大戰開始，打破過去的鎖國政策，積極的參與國際社會的活動。從這些企圖中，美國的政府更體會到未來要能在國際社會中扮演重要的角色，便需要有大量的人材，特別是高等教育的人材，因此，戰後積極的推動教育。八年計畫是當時教育研究機構（the Bureau of Educational Research）為了回應社會需求的壓力而進行。當時的社會人士呼籲要修改高中裡的大學預備課程，以便讓更多人可以藉由修習完這些課程而進入大學。八年計畫的目的是研究，如果學生能夠完成這種另類的高中課程時，他們是否也能成功的修習與完成大學的學程。在這個計畫中，有近30所的公、私立高中因此修改了它們的課程。換言之，八年計畫被視為教學設計歷史的第一個事件，是在於它在這個改革的過程裡，澄清了編寫教學目標的方式，那就是以學生的行為作為教學目標的敘述。

第二個理由是八年計畫保證另類的高中課程，只要按照其所設定的計畫目標實施教學，把目標評量的結果作為其教學改進之依據，就可以獲得適當的學習成果。Tyler深深的瞭解教學過程中，評量在教學的設計和產生特定的學習成果之間具有循環性的關係。這個過程在35年後被正式稱為「形成性評鑑」，從此，它和教學設計產生了密不可分的關係。「形成性評鑑」所依據的教學目標也成為教學設計過程中重要的因素之一。

 ## 四 1940年代—教學媒體研究與發展時代

影響此時期的重要事件為：

(一) 第二次世界大戰（World War II, 1941-1945）。

此時期主導教學設計的趨勢是來自軍事訓練的需求。教學目標和評量經過Tyler八年研究計畫的證實，是教學設計中重要的因素。緊接的是50年代，美國參與第二次世界大戰（1941-1945）的經驗，讓教學設計的觀念再一次的改變。由於美國的參戰，使得軍方面臨極大的兵力訓練需求。新武器的複雜性、訓練時間的緊迫以及對操作武器的精熟能力都成為軍事訓練中要解決的問題。因此，他們需要一些「策略」來解決這樣的問題，而最終的結果就是使用影片以及運用視聽媒體的科技。在這樣的過程裡，負責研發訓練課程的團隊，結合了學科內容專家（subject-matter experts）、媒體技術人員（technical experts）和教學科技人員（instructional technologists），共同合作並且成功的發展了軍事訓練的課程與教學。戰後，隨著這些團隊的解散，當初合作的專業人員回到民間，並且將這些成功的經驗帶進學校，影響了原本學校的教學設計。爾後，學科專家、教師、媒體專家和教學科技人員被視為為教學設計團隊中，不可或缺的成員。此外，由於教學設計與媒體之間密切的關係，更奠定了媒體與傳播方式在教學設計中，重要的地位。

五　1950年代—編序教學與任務分析的時代

影響此時期的重要事件為：

(一) 二次世界大戰後的嬰兒潮；

(二) 川普計畫。

　　如何在教學的歷程中使用不同的教學活動，以解決不同的學習需求？二次大戰後快速增加的嬰兒潮，影響了50年代的教學設計，更是其中最具有代表性的原因之一。許多戰後出生的嬰兒此時開始進入學校，由於就學人口增加得太快，導致師資嚴重的不足。為因應這樣的情況，許多學校開始採用「川普計畫」（the Trumpet Plan），即後來的「協同教學」的模式。它是利用小組學習、大班級講述、個別學生的獨立研究等活動作為教學活動的安排，以解決教師不足的問題。這種在教學過程中，涵蓋了不同型式的教學活動的作法，開始引發教學人員對其注意。

　　另一個重要的因素是編序教學的發展與實施。Skinner將增強理論運用到學習，並且帶領了編序教學的潮流，而此時也正是行為主義影響教育以及教學最輝煌的時代。1956年，Bloom以及他的同僚共同出版了《認知領域之教育目標分類》（*Taxonomy of Educational Objectives for the Cognitive Domain*）一書。將教學分割成為較小的單位或區段，以適應不同年齡的學習者，成為編序教學中非常重要的考慮，助長教學目標對學習的影響。

 六　1960年代—教學系統發展時代

影響此時期的教學事件為：

(一) 軍隊快速的擴大發展教學系統，成為軍事訓練標準程序；

(二) 常模參照評量轉換為標準參照評量。

　　前述各時代中，從社會、教學理論、心理學研究等所獲得的個別因素，都強調它們對教學具有一定的影響。這樣的情況，讓人難以抉擇究竟

哪些因素在教學設計的歷程是必須考慮，亦或是全部都要考慮。因此，如何把這些因素統整在一起，納入哪些因素，以及它們的優先順序是什麼，變成60年代教學理論發展中，最重要的問題與任務。然而，要將這些眾多的因素全部結合在一起，彼此協調，並且產生預期的成果，是過去從未嘗試的經驗，因此產生了教學是一種系統的觀念。換句話說，教學設計要參考的因素眾多，而這些因素必須構築成一種協調而合作的關係，彼此影響但又不衝突的想法逐漸浮出檯面。第一個將上述眾多的個別因素統整在一起，並且使用教學系統（instructional system）這個語詞來稱呼的是Glaser。1962年，他以圖解的方式說明教學系統中的諸多元素的關係。

　　然而真正使用系統化方式設計教學的首推Finn（Seels, 1989, pp. 11-15），其次是Gagné。後者在1965年出版《學習的情境》（*The Conditions of Learning*）一書，闡述了學習目標的分析方法以及目標和教學設計之間的相關性，因此他的教學設計理念被視為教學設計歷史上的里程碑。而其在1974年出版的《教學設計的原則》（*Principles of Instructional Design*）一書，除了將前述的教學發展的元素結合在一起外，更將任務分析（task analysis）加入教學設計的元素中，並藉由階層分析（hierarchical analysis）的技巧，將教學任務予以分割成較小的任務單位，奠定許多日後以系統的觀點從事教學設計的理論發展。

　　同一時期，另一個值得注意的是，教學的評量觀念也從常模參照的評量方式改為標準參照的評量。是故，以標準參照的評量作為學習者的成就評量，也自然的加入了教學系統中成為重要的元素。

 ## 七　1970年代—ID模式與成熟的時代

影響此時期的事件有：

(一) 認知取向的教學策略仍然是主流：Ausubel, Bruner, Merrill, Gagné等理論；

(二) AECT的成立，教學設計的模式增加，Kauffman的評估需求過程加入教學系統中；

㈢ S. Jobs（賈伯斯）和 S. Wozniak設計Apple I電腦。

　　打破過去單一因素對教學的影響，教學系統的觀念在60年代開始發展，但是不可否認的，許多屬於認知的教學觀點與設計，在70年代的教學領域仍然占有相當重要的地位。例如：Ausubel、Bruner、Merrill以及Gagné等都提出他們對認知教學設計的策略與方法。綜觀這些教學理論與設計都偏向教材資訊呈現的策略，主要的考量還是著重在教材中的知識。

　　而教學系統在此時，加入Kauffman的需求評估理論後大致底定，從此，教學系統不是從教材內容的目標敘述開始，而是以決定什麼是教學的目標作為開始，並將系統中的每一個因素，都用科學化與科技化的方式分析並做出決定。

 ## 1980年代—微電腦與表現科技的時代

　　影響此時期的事件為：
㈠ 個人電腦；
㈡ 美國企業界大量採用教學系統作為員工訓練課程之理論。

　　教學系統的觀念與模式在美國的企業界開始受到注意，這是繼美國軍方在60年代的軍事標準訓練課程中，大量採用系統化教學發展之後，另一個採用教學系統作為教學發展的例子。企業界與學校的教學之間最大的差異在於，企業界更講求效率，更注重能力的表現。許多學校的畢業生一旦進入企業，通常會發現他們所具備的知識和能力與企業界的要求有極大的差距，因此企業界不得不開始思考如何加強這些社會新鮮人的知識與能力，來提昇工作的表現。員工訓練課程正是他們所採取解決問題的方法，而系統化教學的設計就是許多企業的訓練課程所採用的觀點與模式。

九 1990年代—建構主義的時代

影響此時期的事件為：

㈠ 根據建構主義者的觀點以及多媒體的發展，學習環境的設計成為教育的焦點；

㈡ 超文件與超媒體影響教學設計以及網際網路成為跨文化議題的橋梁；

㈢ T. Berners-Lee在CERN發展出網際網路，M. Andreessen和J. H. Clark發現Netscape Communication，將Netscape瀏覽引擎程式釋出。

80年代開始，系統化教學設計的觀念以及效率受到企業界與軍方的肯定，而真正被教育界所重視是結合電腦、網際網路與人造衛星的發展，所產生出來的另一種革命性的學習方式，那就是建構式的學習。

個人電腦的技術在80年代以後更成熟，而其運用於教學的方式也受到相當程度的關注。此時電腦在教學上的功能僅只為另一種「教學媒體」而已。直到1991年當電腦與網際網路聯結時，便顛覆了以往學習與教學的觀念。資訊爆炸與資訊的流程開始改變。資訊，從此不再被壟斷，其流傳的速度倍增，而且無遠弗界。知識的習得不再有階級之分，任何人在任何地方只要有電腦與網際網路，就可以開啟學習之鑰。這些改變引發教育專家對建構學習的議題產生了極大的興趣與關注，使得建構主義的學習觀點逐漸受到青睞。學習者面對排山倒海而來的知識，如何在其有限的學校教育中獲得，以及教師如何能有效的引導學生的學習等問題，挑戰著學校的老師與教育專家們，於是「學習如何學習」成為90年代最關注的教學議題。

第二節 關鍵能力的呼籲

80年代見證了系統化教學在企業界與非學校教育機構的發展，從而產出另一個概念—那就是能力表現的科技（performance technology）。以系

統化的方式設計教學的觀念，在教學的領域中不斷的發展與擴散，逐漸為教育界所認知。但是，將系統化教學設計理念推向以「基本能力」為主的教學理論，除了理論本身的成熟度以外，還有來自下列的三個主要的原因：㈠網際網路所引發的學習革命，㈡「回到基本能力」（back-to-the-basics）運動所引發的教學改革，以及 ㈢全球對「關鍵能力」的呼籲。

1956年，蘇俄發射人造衛星Sputnik，以及後來的電腦、網際網路的發展，固然是科技的驚人發展，但是Naisbitt與Aburdene（1990）指出它們對社會的影響，遠超過對科技的影響。其中，最能代表的應該是它們對資訊的流程與量的改變（p.12）。知識不再被少數社會階級的人獨占，資訊也不再透過創作、印刷、推廣與購買的傳統流程而散播。它是即時的、無遠弗屆的、眾人的、分享的，徹底改變學習的習慣。而此種知識散播的方式，造成知識的量爆增，讓學校、教師與學生都處在資訊爆炸的情境裡。由於資訊的快速，和知識的爆增，讓學習的管道多元化，而其所造成的影響是人類必須擁有更好的文字能力。於是學習要改變，學校要改變，教學要改變。「學習如何學習」是這個資訊社會下教學的新觀念。

當學生可以不用透過教師、教科書，從網際網路學習知識的方式，讓學校在教導學生知識這一方面顯得非常的無力。因此，更加速了「學習如何學習」理念的擴散，並且逐漸成為學校教育與教學的重心。然而，各國政府在面對資訊社會的變化、網際網路所引發學習行為的重大改變，以及因應全球化競爭的問題時，便開始思考做為一個國際社會裡的公民應該擁有什麼樣的能力。而這些「能力」的呼籲也正好符合系統化教學所強調的「能力表現」科技的理想。從此，教學的設計也逐漸從認知策略的設計轉向「能力表現」的分析與設計。然而，這樣的轉向似乎也代表了另一種對學習和教學「效能」和「效率」的要求。

針對知識與學習的改變，各國政府對教育政策紛紛採取了因應的態度與策略。聯合國教科文組織首先在1998國際教育會議中，提出「學習的四個支柱」（許芳菊，2006，頁27），作為各國政府努力的教育方向：

㈠學習知的能力（learning to know）：學習基本知識與技能。

㈡學習動手做（learning to do ）：培養自主學習與終身學習的能力。

㈢ 學習與他人相處（learning to live together）：具備世界公民素養、國際觀與文化瞭解的能力。

㈣ 學習自我實現（learning to be）：展現天賦潛能、實踐個人的責任與目標，成為熱愛生活、有道德的社會人。

根據聯合國的精神，歐盟會議也於2001年提出八大關鍵能力：（許芳菊，2006，頁26）

㈠ 用母語溝通的能力。

㈡ 用外語溝通的能力。

㈢ 運用數學與科學的基本能力。

㈣ 數位學習的能力。

㈤ 學習如何學習的能力。

㈥ 人際互動、參與社會的能力。

㈦ 創業家精神：能夠擁抱改變、勇於創新，能夠自我設定目標、策略、追求成功。

㈧ 文化表達的能力：能夠欣賞創意、體驗各種美感經驗（例如：音樂、文學、藝術等）。

澳洲更提出七項學以致用的關鍵能力，包括：

㈠ 蒐集、分析、組織資訊的能力。

㈡ 表達想法與分享資訊的能力。

㈢ 規劃與組織活動的能力。

㈣ 團隊合作的能力。

㈤ 應用數學概念與技巧的能力。

㈥ 解決問題的能力。

㈦ 應用科技的能力。

當各國紛紛提出以上這些關鍵能力時，也同時意味著「能力」是現在和未來教育的中心與焦點。從這幾年，各國開始注重學生各種能力評比的

測驗，例如：PIRLS，PISA，就可以略窺一二。然而，這些能力評比的結果，均對各國教育的內涵與政策，產生相當程度的影響。

　　另一個影響系統化教學理論快速發展與推廣的因素則是「回到基本能力運動」（back-to-the-basics）。美國在Sputnik人造衛星發射事件之後，就不斷的呼籲要改革課程以及重視學生的基本能力。從1976年開始，蓋洛普（Gallup polls）在它的年度調查當中，詢問社會大眾對於改進教育的方法，其中「多投注基本學科的教學」以及「提昇課程標準」這兩項結果，每年都進入調查排行榜的前五名；到了1980年代的時候，同樣的呼籲更進入蓋洛普年度調查的前三名內，可見社會大眾對教育現況的不滿有多麼高。對於這樣的社會要求，美國政府由T. H. Bell（the Secretary of Education，相當於我國之教育部長）所帶領的NCEE（the National Commission on Excellence in Education），於1983年提出一份教育白皮書「A Nation at Risk」（危機中的國家），引起美國當時的總統雷根以及各級教育相關機構共同呼籲進行教育的改革。

　　為了回應對於「回到基本能力」運動的訴求，從1983年開始，美國各州紛紛要求對各階段學生實施州立的「基本能力測驗」，成為高中畢業生畢業的條件之一，此項措施即是美國政府當局對社會大眾的回應所採取的教育改革之一。可想而知，這些基本能力測驗的實施，勢必影響教師的教學，如何從「知識」提昇至「能力」，專家們均投注大量的精神與改變。教學，從過去以認知主義的知識為主轉向以培養學生的能力，也代表著70年代的教學理論隨著社會的改變而受到衝擊，而以「能力」為首的系統化教學理論則開始抬頭。

　　回到基本能力運動的另一項改革則是從1986年開始，要求初任教師對基本學科（英文、社會、科學、數學、藝術等）必須具備學術性的知識，以及具備拼字、文法、數學等基本能力。在「危機中的國家」報告內，首次對師培學程提出批判。根據NCEE的調查發現，師培機構中的學生有41%的時間是在學習教育課程，也就是教育方法論，剩下的時間才是修習學科課程，導致教師的學科知識和技能不足，因此缺乏適當的教學能力。因此，減少教育方法論相關的課程，作為師培的課程革新。除此之外，更

進一步立法要求實施教師資格的檢定，這兩項的革新也成為了這一波「回到基本能力」教育的改革。事實上，我國於2006年也開始實施教師檢定的考試，也符應了世界教育改革的趨勢。

由於美國是實施教科書多元的國家，基本能力的測驗，勢必影響過去以教材為主的教學設計，而改走能力表現教學的設計是必然的趨勢。由於60年代Mager與Bloom的目標觀念深植人心，美國的政府針對全國的教師辦理編制目標的工作坊，培育教師編制目標的能力（Dick, Carey & Carey, 2009, p.111）。70與80年代系統化教學理論的重視與普遍，使得教師的教學以「能力」作為教學的開端，成為順應時代要求的作法。更進一步，師資培育機構紛紛將系統化教學理論加入課程中，例如：休士頓大學（University of Houston）、佛羅里達州立大學（Florida State University）、亞歷桑納州立大學（Arizona State University），以及中東地區的Middle East Technical University等（http://www.coe.uh.edu/smcneil；http://www.metu.edu.tr/academic/ grad.php；http://seamonkey.ed.asu.edu/~mcisaac/ emc503/ as-signments/ assign2/burns.html）。可見，師培的機構已經察覺到教學環境的改變，大都把教學設計取代了教學理論，以符合能力表現的時代所需。因此，「能力」的教學才是現代學校應該關注的焦點，而教師亦應能改變教學設計的方式，才能產出具有競爭力的學習者。

討論問題...

1. 簡述美國各時期教學設計的特色。

2. 從美國教學設計的歷史中，歸納影響教學設計的主要因素有哪些？

3. 比較我國和美國的基本能力測驗的目的有何不同？

4. 調查周遭的家長與社會人士，他們對學校教育與學生表現的評價如何？

參考書目

許芳菊（2006）。全球化下的關鍵能力：你的孩子該學什麼？【2006年教育
專刊】。天下雜誌，2006年11月22日-2007年2月28日，頁22-27。

Anglin, G. J. (Ed.). (1991). *Instructional technology: Past, present, and future*. Englewood, CO. : Libraries Unlitited.

Dick, W., Carey, L. & Carey, J. O. (2005). *The systematic design of instruction* (6th ed.). Boston: Pearson.

Dick, W., Carey, L. & Carey, J. O. (2009). *The systematic design of instruction* (7th ed.). Boston: Pearson.

Gagné, R. M., Briggs,L. J. & Wager, W. W. (1988). *Principles of instructional design* (3rd ed.). New York: Holt, Rinehart, and Winston.

Joyce, B. & Weil. M. (1986). *Models of teaching* (3rd. ed.). London, Prentice-hall.

Kelly, K. B. (1997, August). *Evolution/role of lesson plans in instructional planning*. Paper presented at the 8th Annual Reading/Literacy Conference, Bakerfield, CA.

Naisbitt, J. & Aburdene, P. (1990). *Megatrends 2000: Ten new directions for the 1990*. New York: William Morrow.

Ornstein, A. & Hunkins, F. P. (1988) *Curriculum: Foundations, principles, and issues*. London: Prentice-hall.

Seels, B. (1989). The instructional design movement in educational technology. *Educational Technology, May*, 11-15.

Shrock, S. A. (1991). A brief history of instructional development. In G. J. Angliln (Ed.), *Instructional technology: Past, present, and future* (pp.1-19). Englewood, CO: Libraries Unlitited.

第六章

教學設計之觀念

　　自古以來，每位教學者都有自己的教學方法。早期的教學設計大都是教學者以自身的經驗，參考當代的研究或是潮流，甚至是一些專家的建議，發展出自己獨特的講解方式（任慶儀，2011，頁3）。從十九世紀中期德國哲學家赫爾巴特（Herbart）著名的五階段的教學步驟開始，教學設計的觀念才逐漸受到美國教育界的重視：（任慶儀，2011，頁11）

　　㈠ 準備（preparation）：指教師喚起學生的先備經驗，準備學習新教材；

　　㈡ 呈現（presentation）：指教師將教材作成大綱或摘要呈現；

　　㈢ 關聯（association）：指教師比較新舊教材；

　　㈣ 通則化（generalization）：指教師從新教材中衍生出原則和規則；

　　㈤ 應用（application）：指教師將特定的範例和新的規則相聯結，產生意義。

　　直到進入二十世紀，行為心理學和認知心理學的發展，影響人們對學習的認識，不僅開始重視課程的設計，也重視教學方法的使用。一般廣

為人知的教學法，例如：前階組織法、發現式教學法、啟發式教學法或是精熟教學法等，都在心理學的影響下，開始蓬勃的發展。但是綜觀這些教學理論都是以教材為對象，成為教學設計的主體。究其原因，乃是當時的教育是以傳授知識和教材內容為主。直到80年代，電腦結合網際網路後，打破過去學習的習慣與界限，改變了全人類學習的方式。聯合國教科文組織針對此影響全世界的重大變革，遂於1998年發表「學習的四大支柱」，接著各國提出自己的「關鍵能力」作為回應。此時所引發的，不僅僅是各國對教育的目的改革，更開始注意到課程與教學的問題。尤其在教學的部分，教育專家們發現過去的教學法並沒有針對「能力」或是「能力指標」的特殊性作教學設計，必須尋求其他的教學設計方式。而此時，系統化教學設計的理論在80年代開始進入成熟期，所有教學必須考慮的因素也都確定了，甚至連同它們在系統中的順序也都大致底定。90年代開始，美國許多的教育學院或教育系所中，大都以教學設計（instructional design, ID）取代教學理論（teaching theory）的課程，就是說明了在標榜「能力」或「能力指標」的時代中，教學方法的改變。

第一節　教學設計的重要觀念

　　在運用教學設計之前，必須先瞭解下列重要的前提與觀念，才能在設計的過程中成功的、正確的運用各種教學設計的因素，以獲得理想的結果。

教學設計的過程需要將教學設計視為一個系統，而系統中的每一個因素，都應當應用科學的態度來處理

　　所謂系統是指眾多的因素彼此協調與合作，以達成某種目的為前提，共同運作。因此，所謂的「教學系統」是指將各種影響教學的因素以系統的方式處理，達到特定的教學目的。在此系統中，各種因素雖然彼此會相

互影響，但是，為了達成教學的目的，必須運用科學的態度和理論去協調各種因素的運作。所謂科學的態度則是指運用經過實證的理論，以邏輯的順序與方法來分析、診斷、訂定、發展和評鑑。因此，設計者對系統中，各種因素的瞭解與應用就顯得非常重要，而每個因素的執行都要非常的明確與精準，才能達成預定的目標。在應用系統化教學設計的過程中，不僅要注意各種因素與步驟的順序，更要落實分析的工作，才是教學設計工作成功的重要關鍵，也才能獲得有效的學習成果。

 應用教學設計的過程，於一門課程中，是教學發展最佳的層次

在我國的政府體制中，學校的教學目標是由國家所訂定；換句話說，教學目標通常是在課程設計之前就已經訂妥，因此教學設計是從既定的能力指標中，由學校本位與學生的需求開始發展，從確定學生要表現的能力以及相關的課程內容到教學的各種活動，都是教學設計的工作。教學設計不同於過去的教學理論，例如：前階組織法或是講述法，都是以教材的一個單元為對象，作為教學設計的單位，它是以學生能力表現作為教學的目標。

 教學設計的策劃是教師或是課程設計小組所運用

有些人認為教學設計過程的策劃資料就像是教學的文件，必須發給學習者作為學習的指南或是手冊，這是不正確的觀念。就如同教案一樣，它是給教師、同儕團體與督導人員作為彼此溝通、檢視、參考或是上級單位督導用的，並不是給學習者的資料。雖然在教學設計的過程中，許多時候所建立的資料是與學習活動和教學內容有關，但是它們卻不是以提供學習者使用的方式編寫出來的。學習者固然要知道每個單元的學習目標，但卻不一定要知道教師要用什麼教學方法、步驟或是活動等資料。

四　教學設計過程最主要的目的是幫助學習者學習

　　傳統的教學策劃工作最重要的中心活動是「教學」；但是，教學設計的目的是讓教師以「學生的學習」為所有活動的中心。教學設計是以學生表現的能力為主體作為教學分析、發展與實施的基礎所進行的一系列工作。

五　在教學設計的過程中，應盡可能讓學習者達到滿意的學習效果

　　Bloom指出，如果學生都有適當的學習背景，加上學校能提供適宜的教材和教法以及學生能有足夠的學習時間，95%的學生都可以達到學校所要求的學習目標（Kemp, 1985, p. 16）。換句話說，教學如果能確實的根據教學與學生的診斷與分析，以科學的方法進行設計，是可以讓學習者獲得較滿意的結果，而這正是教學設計唯一的目標。

六　沒有任何「一種」教學設計方法是最完美的

　　系統化教學設計固然可以減少在設計過程中，由於教師個人直覺、主觀或是用嘗試錯誤的方法所產生的問題，但是教學設計的科技到目前為止，仍然未能達到完全科學化和百分之百精確的程度。因為任何系統只要是牽涉到人，就是一種最不穩定的系統。由於人是一種極度不穩定的系統，環境中任何的變動都會影響並且改變個人，因此，科學到目前為止，仍然未能完全瞭解其學習行為的本質。所以在教學設計的過程中，仍然會有許多無法預測或估計的情況產生，這些會直接或間接影響教學設計的成效。但是，由於教學設計的系統是將長久以來專家們認為可以影響教學或學習的重要因素把它們結合在一起，組織成一個完整的系統，並且以邏輯的方式來考慮、決定每一個因素，也是目前教學設計中，最普遍且常用的方法。

七　教學設計是世界的趨勢

從1976年蓋洛普的年度調查當中，社會大眾普遍對學校和學生的表現感到極度的不滿，特別是對進步主義不重視學校的既定課程與培養學科的知識。回到基本學科（back-to-the-basics）與基本能力（competency）的呼籲，終於讓州政府開始有所作為而回應社會的要求。其中之一就是，實施基本能力測驗，以確保學生在各階段的學習能達到州的標準。到1983年為止，美國所有的州均實施「基本能力測驗」，有27州更把它列為高中畢業門檻（Orstein & Hunkins, 1988, p.36）。因此，把測驗學生基本能力表現的結果視為學校課程與教學的績效表現之一，成為目前教育界的趨勢。

1998年，聯合國教科文組織更因為網際網路的發達，讓學習成為無限的可能，因此提出「學習的支柱」，強調教育應以培育學生學習的能力為主要任務。其後，歐盟、澳洲、紐西蘭等國，紛紛以它為基礎，提出自己的「關鍵能力」（許芳菊，2006，頁22-27）。一時之間「關鍵能力」、「基本能力」的語詞充斥在各國的教育當中，從小學到大學，莫不把這些「表現的能力」作為課程與教學的軸心。可想而知的是，學生「表現能力」的教學是當前學校與教師積極努力的目標。為了要達成這樣的目標，教師必須鄙棄過去以教科書內容為設計的習慣，而改為以能力指標為設計的基礎。

這種從「知識」到「能力」的改變，也可以從美國大學內的教育相關系所紛紛將過去培育師資的教學理論（teaching theories）的課程，改為教學設計（instructional design）課程，看出一些端倪。從「教學理論」到「教學設計」，不僅僅是說明大學的教育學程中課程的改變，更代表了培育師資的方式由過去的課程內容改為表現教學的設計能力。換句話說，教師不能只有「教學的知識」，更要表現出有「教學設計的能力」。這種教學設計是指從「能力」為出發點，不是以教科書的內容（單元）作為開始的，而且，這樣的認知是世界性的。

第二節　教學設計過程中的主要因素

在各種教學設計的模式中，有四個因素是最基本的，那就是學習者、方法、目標與評鑑。這四個因素是形成系統化教學設計的基本架構。

圖6-1　教學基本元素

資料來源：J. E. Kemp, 1985; *The Instructional design process*; p.10.

在四個基本因素中，其所引發的教學問題是：

㈠ 學習者具有哪些特質？

㈡ 你希望學習者能夠表現什麼？

㈢ 教學的過程，能用什麼最佳的方法來教？

㈣ 你會用什麼方法和標準來衡量學習者是否真的學會了？

這四個問題必須在教學設計歷程中能夠回答，而這四個問題所考慮的因素，彼此之間有很密切的關係，是構成教學設計的主要元素。此外，綜合其他來自不同的設計模式的重要因素，可以形成更完整、更多樣化的教學設計模式。以下就針對這些重要的因素分別介紹之。

 完整的教學設計因素

在一個完整能力指標的教學設計的企劃中，綜合各種的系統化教學模式，歸納出應該在教學設計時必須考慮的因素為：

㈠ 確認教學目標

運用前置分析（front-end analysis），通常指表現分析（performance analysis）、需求分析（need assessment）、或是工作分析（job analysis）等，用來決定是否進行教學設計的活動。在確定要進行教學設計的活動後，隨即展開擬訂目標的工作，以明確的、清晰的方式敘述目標。

㈡ 實施教學分析

在確認教學目標後，接下來就是進行教學分析的工作。教學分析的主要目的是從教學的目標中，決定一位已經精熟該教學目標能力的學習者，在過程中，應該呈現什麼樣的能力以及認知的條件，來表現目標的達成。除此之外，還要再決定學習者必須具備哪些能力、知識和態度，才能夠成功的學習該能力指標（通稱為起點能力）。

㈢ 分析學習者與脈絡

在實施教學分析的同時，也要分析學習者的特性，它與前一個因素應該同時進行。這些特性包含了學習者的起點能力、先備知識、學習的態度、學科興趣、成績與讀、算、寫的基本技能等。此外，學習者會在什麼樣的脈絡中學習，以及未來他們會在什麼樣的脈絡中，應用學習到的能力與知識，都是這個因素要考慮的。

㈣ 撰寫表現目標

根據教學分析以及起點能力分析，列出學習者必須要達成的目標，包含教學目標中所要求的表現標準以及脈絡。

㈤ 發展評量工具

根據表現目標發展評量的工具，包括發展客觀式評量、規準評量、現場評量、態度評量以及檔案評量等各式的評量方法。

㈥ 發展與設計教學策略

根據前面的步驟所獲得的結果，例如：目標的屬性以及學習者的特質，就可以決定使用何種的媒體與教學活動。媒體的特性與學習的脈絡是

決定媒體的主要因素。學習者的特質，例如：引起動機、維持注意力、學習的方法等，則是決定學習活動主要的依據。

(七) 發展與選擇教材

根據教學分析，選擇適當的教材。除了教科書外，也包含了製作ppt檔、提供學生的參考資料、設計的網頁、檢索的影音資料等。

(八) 設計與實施形成性評鑑

發展與設計形成性評鑑，作為評鑑教學設計過程與其成果的工具。教材與教學活動也都可以應用形成性評鑑作為評量的工具。

(九) 修訂教學

從形成性評鑑所獲得的資訊，來檢視教學設計過程中的每一個步驟的設計，找出它們的缺點以改進教學。

(十) 實施與設計總結性評鑑

雖然總結性評鑑並非教學設計的步驟，但是它是一種用來決定教學存廢的評量，是不可或缺的評鑑。換句話說，它是決定教學是否具有價值，教學是否廢除亦或是保留，並且是透過第三者來進行的一種總合性評鑑。

 二　參與教學設計的人員

誰應該參與設計？一直是許多教育人員包括行政人員和教師的疑問。我可不可以自己完成設計？還是，我需要一個團隊去完成教學的設計？一般而言，在執行教學設計時，必須包含五種角色或人員：

(一) 教學設計專家

負責整個教學設計的執行和協調工作。他必須對整個教學策劃工作，具有教學設計理論或基礎知識，以及管理的能力。換句話說，他必須熟悉教學設計的工作，並且具有能力指導團隊中的成員。

㈡ 教師

擔任教學工作的教師，這類的人員除其本身具有內容專家的涵養外，更因其對學習者的特性具有相當的瞭解與認識，也熟悉各種教學法的運作，可以提供在教學設計歷程中，對學習者或是學習脈絡等方面的建議。

㈢ 學科知識專家

對於設計的課程內容具有豐富的知識，可以提供對教學設計中的學習活動、教材、測驗的發展等擔任檢核的專家。

㈣ 媒體資源專家

由於媒體日新月異，特別是電腦程式的應用，熟悉各種應用軟體以及媒體資源的人員；換句話說，就是具有媒體素養的人員是教學設計能夠成功的靈魂人物之一。

㈤ 評鑑專家

具備各種評鑑設計經驗的人員，能夠於設計歷程中蒐集各種的資料，並且能將這些資料予以解讀，來決定教學設計的成效。

也許，在你的學校裡可能找不到這麼多具有以上專長的人，尤其是在臺灣的學校，大概都是老師和老師兼任行政主管的人員，可以參與這樣的團隊。但是，不妨和臨近的大學裡的教育系所聯絡看看，有沒有適當的專家，可以提供協助。不要有先入為主的觀念，大學裡的研究教授也願意提供專業的協助，只要知道你的需要是什麼。或者，以策略聯盟的方式，例如：南投縣的國小共同組成課程計畫聯盟，因為參與的學校夠多，規模夠大，基本上就容易邀請到專家一起給予指導，對彼此雙方都有利，而且更有效率。

三 對教學設計的批評

由於教學設計強調教學的設計工作可以分化為步驟或是階段進行，對

此，許多人存有極大的疑慮。最主要還是擔心教學設計的模式與步驟，會不會讓教學設計太行為主義化了？教學設計是否太注重機械化的教學方式而忽略人性化的層面？教學設計是否太以認知為中心而忽略情意呢？這些是近年來，我在教導這方面課程或理論時最常聽到的問題。然而，我認為一個好的教學所顯示的是教師其外在的行為結果，但是要成就一個良好的教學，必然在其蘊釀的過程中，有其思考的重點或是內隱的部分。如何從別人的行為表現中去模仿，分析他人的行為，以找出成功的原因，成為一種必要的手段，那麼，教學設計的步驟就是將教學的因素予以明顯化，提供他人模仿的歷程。良好的教學必須考慮哪些因素，考慮的結果必須對這些因素作出決定，這樣的歷程未必是單一刺激——反應的結果；相反的，它必須全盤考慮情境中的所有刺激後，植基於教師個人對學生、情境脈絡以及教學方法的認知，才能採取決策的行動；如此一來，就不是行為主義唯一可以解釋的了。雖然，教學中各種因素的決定結果，是教師個人的選擇，但是，教學設計中，重視學習者在情境脈絡中建構其學習的意義是建構主義所強調的，所以沒有太過行為主義化的問題。

　　再者，教學時對於不同的班級雖然都要考慮學生的特質，可是其結果卻不見得是一樣的，教學方式也是如此。對於能力指標要以情意為重，還是以認知為重，由教師自己決定，不同領域的目標，例如：認知、情意與技能，其教學設計的方式是有所不同；因此，就沒有重認知而輕情意的情形，只有教師選擇的問題。

　　使用系統化教學是否太過機械式的思考？如果創造力是指個體用構思、發展以及表達對問題的解決方式，那麼教學設計是允許並且包含教師的創造力。因為在教學設計中，創造力就可以表現在教學方法或是活動的設計上。然而在教學設計過程中，充分的瞭解並且考量學習者的特性、學習與應用的脈絡，更是其表現人性層面的作法。

　　對於教學設計，如果沒有正確的觀念就無法重視它，甚至拒絕它，當然也就無法應用它去解決教學與學習的問題。所以，對於教學設計要先有正確的觀念，才能顯現其對教學與學習的價值。而教學設計從基本的四元素發展到更多的元素，代表了時代對教學設計的進步與需求；另一方面，

更代表了教學設計成為更完整、更包容廣泛的理論，並且朝向教學科學化與科技化的方向發展。總而言之，教學設計是將優質的教學經驗，透過實證的研究，轉換為具體可實施的行為，幫助教師設計有效率的教學，也是幫助學生能獲得最大的學習成果。

討論問題 ....

1. 說明教學科學化與科技化的意義是什麼？

2. 為什麼教學設計適用於一門課的設計？而教學理論適用於單元中？

3. 為什麼教學設計過程中，教師決定目標的種類（認知、情意或技能）是一件很重要的工作？

參考書目

中國視聽教育學會、中國視聽教育基金會（主編）（1988）。**系統化教學設計**。臺北市：師大書苑。

任慶儀（2011）。**教案設計：教學法之應用**。臺北市：鼎茂圖書。

許芳菊（2006）。全球化下的關鍵能力：你的孩子該學什麼？天下**雜誌**【2006年教育專刊】，頁22-27。

Dick, W., Carey, L., & Carey, J. O (2009). *The systematic design of instruction* (7th ed.). London: Pearson.

Kemp, J. E. (1985). *The instructional design process*. New York: Happer & Row.

Ornstein, A. C. & Hunkins, F. P. (1988). *Curriculum: Foundations, principles, and issues*. Englewood Cliffs, NJ: Prentice Hall.

第七章

系統化教學的理論與模式

　　利用教學系統的觀念發展教學，是以教育研究的結果為其基礎，將許多影響教學設計的因素納入系統中，由於這些因素的定位與考量不盡相同，因此發展出許多不同的模式。這些模式除了各自表述不同的教學設計理念外，也分享了一些共同的因素。其中Dick & Carey模式（如圖7-1）是目前美國大學教育領域中，從大學到研究所必修的理論之一。這個模式深受Gagné在1965年出版的著作 "*The Conditions of Learning*"（學習的制約／情境）的影響。Gagné在該著作中，以行為主義為基礎，融入認知主義的學習觀點，特別是有關學習者處理資訊的方式來說明學習的發生。直至Gagné出版 "*Principles of Instructional Design*"（教學設計的原則）時，更將Dick與Carey的模式作為闡述其教學理念的基礎模式（Gagné, Briggs & Wager, 1988）。爾後，該理論再融入了建構主義對於學習的觀點，特別是有關學習者對新知識建構的過程。Dick和Carey指出，當學習者將新知識融入舊有的認知後，在社會、文化、物理的、以及智識的環境中，詮釋新的意義時，學習脈絡與教學脈絡扮演了非常重要的角色，這也是他們理論中特別重視的因素之一。Dick & Carey模式融合了以上三種學習觀點的理

論，在1978年第一次出版，截至目前為止，已經出版到第七版，儼然成為教學領域中的經典之作（Ely, 1996, p. 67）。以下就各種系統化教學的模式簡要說明之。

　Dick與Carey模式

Dick與Carey模式是由九個因素所構成的教學系統（總結性評鑑除外）。他們的模式中，看似直線式的步驟，但是實質是採用循環的過程做教學的設計，最後透過形成性評鑑去修訂每個步驟。圖7-1中的每一個因素分別採用了不同的理論作為模式的基礎。例如：在評估需求的因素，就採用了Kaufman（1988, 1992, 1998）和Rossett（1987）的需求分析理論為基礎，確認目標的部分是採用Mager（1972, 1997）目標分析的觀點，在執行教學分析的部分，採用了Gagné等（2004）的學習階層理論為基礎，更採用Mager與Pipe（1997）對能力表現分析的步驟。此外，Brown & Seidner（1998）對評量的理論也是成為此模式中基礎的理論。圖中將各種因素按其優先次序排列，每個因素以箭頭的線條引領到下一個因素，充分的表現其在教學設計歷程當中的邏輯順序，是教學科學化的作法。

此模式的特殊之處在於教學設計是從「確認目標」開始，透過教學與學習者脈絡分析後，編寫成表現目標，將目標編製成為測驗，同時依照目標選擇教學策略，最後選擇教材。值得注意的是，測驗編製的時機是在尚未選擇教材之前，並且表現目標為基礎，這種歷程與教育部所稱「基測不考版本，只考能力指標」的意義是相符的。另外，在編製具體目標後，才選擇符合目標的教材的理念和教育部推行「一綱多本」與「教科書為教學的素材」的精神也是一致的。

在所有系統化教學理論中，將教材的選擇列為教學設計的因素之一的並不多見，但是此種作法是有利於採用本模式者，能有更完整的教學設計歷程可以依循，而又能兼顧教材的考量。因此採用系統化教學理論，特別是Dick & Carey的模式有助於消弭一綱一本和多本的爭議。

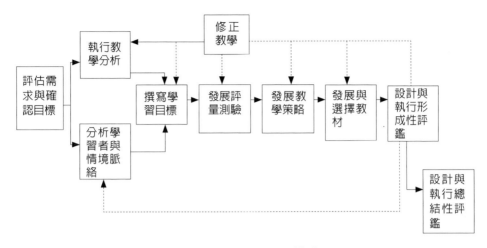

圖7-1 Dick & Carey模式

資料來源：譯自 *"The systematic design of instruction* (7th ed.) ," by W. Dick, L. Carey, & J. O. Carey, 2009, p.1.

 Hannafin與Peck模式

圖7-2為Hannafin 和 Peck的模式。它將ID的過程分為需求分析（need assessment）、教學設計（design）和教學發展與實施（development & implement）等三個階段，是一個看起既簡單又優雅的模式（Frisoli, 2008）。它最大的特徵是每一個階段都作評鑑（evaluation）和修訂（revision）的工作。然而，對教學的品質和複雜性作了細節上的壓縮，所以雖然它看起來簡單，但卻不適合於教學設計的新手。除非使用該模式者是非常有經驗的設計人員，否則無法透視出該模式在各階段的細節。

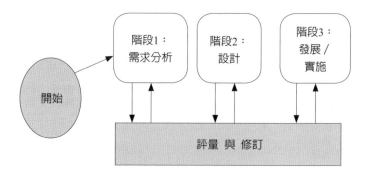

圖7-2　Hannafin & Peck模式

資料來源：譯自"Hannafin & Peck Model," by G. Frisoli, 2008, retrieved from http://adultlearnandtech.com/hannafin.htm.

 Kemp模式

　　另一個不同於Hannafin 和 Peck的簡約模式，是Kemp的模式。他採取最大包含教學全面性的元素設計教學，如圖7-3所示（Kemp, 1985）。整個模式企圖將所有與教學設計有關的因素都包含在內。所有的步驟都是以反覆的方式進行，因此沒有箭頭的方向指引所有步驟進行的順序，這樣的想法倒是提供設計人員有設計彈性的空間。但是從該模式以「學習需求」（learning need）、「目標」（goals）、「教學的優先與限制」（priorities/constraints）為整個設計的中心來看，這個模式和前面兩個模式非常的相似（Kemp, 1985）。比較特殊的是，其中有「學科內容和任務分析」（subject content and task analysis）的步驟，顯示在Kemp模式中，也重視教材內容的分析，這也是其他模式所不曾出現的因素，它卻是任何教育中的情境裡都不可或缺的重點。從「學科內容和任務分析」排列在「學習目標」之前的方式來看，其學習目標乃是從學科內容產出的，這樣的作法比較適合在「課程標準」時代中使用。另外，「支持性服務」也是它另外的一個特有的因素。整體而言，Kemp的模式比較適合小規模的個別單元使用。它非常適合在過去我國的「課程標準」時代中使用。

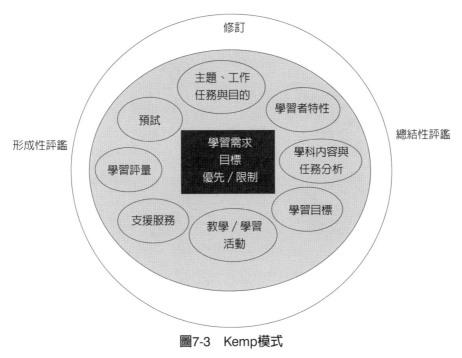

圖7-3 Kemp模式

資料來源：譯自*"The instructional design process,"* by J. E. Kemp, 1985, p. 11.

四 Knirk與Gustafson模式

　　圖7-4，Knirk與Gustafson模式是將設計的過程分成三個看似簡單的階段進行：決定問題（problem determination）、設計（design）和發展（development），但是每個階段卻包含著更多細部的考量（Frisoli, 2008）。問題決定的階段包括找出教學的問題，設定目標；教學設計的過程則是包括發展教學目標、找出教學策略和媒體；最後的發展階段則包含發展教材。這個模式的特點是簡單，但是每個階段都包含了許多的細節，期望能將全部有關的教學設計的考量都包含在內。藉由箭頭的線條和矩形的方塊，訴說它們的程序。這個模式也是屬於比較小型（micro）的模式，適合於單元或課別的設計。這個模式的另一個缺點是評量只針對教材的部分，並且是在最後的階段才做，就整個教學設計的過程來看，似乎是有點晚。

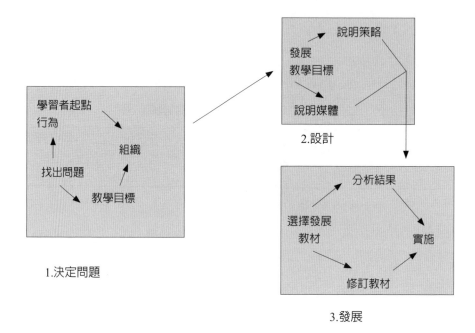

圖7-4　Knirk與Gustafson模式

資料來源：譯自"*Instructional systems design models*," by A. W. Strickland, 2010, retrieved from http://ed.isu.edu./depts/imt/isdmodels/Knirk/Knirk.html.

五　快速成型設計模式（rapid prototyping model）

　　此模式是由Tripp與Bichelmeyer（1990）所提出的另一種單元教學設計的模式，如圖7-5。它來自電腦軟體工程界所常用的設計方式，後來才應用於學校教學設計的領域。它包含四個階段：依需求評估和內容分析設定目標、建構原型、利用原型進行研究、建置和維護最終的教學系統。在這個模式當中，設計者跳脫傳統設計教學的歷程和方式，利用觀察具有表現能力的學習者，以表現目標能力的方式去建構所謂的教學原型，並且運用啟發式的方式和過去的經驗、以敏銳的觀察力去引導設計，因此，設計人員本身就必須是教學設計的專家。由於它設計的過程在時間上比較具有效率，因此許多企業界普遍喜歡用此方式進行員工或是新產品客戶的教學

訓練。它的另一個優點是這樣的過程，留給設計人員相當大的空間，只要是他們認為適合的方式，都可以運用，不限於傳統的教學設計因素。它設計的對象比較是屬於單元（unit）或課別（lesson）的部分，而非整個課程的部分。

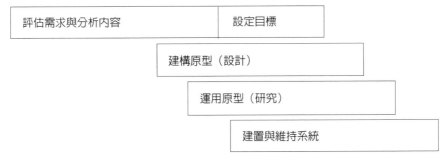

圖7-5　快速成型設計模式

資料來源：譯自"*Rapid prototyping: An alternative instructional design strategy,*" by S. D. Tripp, & B. Bichelmeyer, 1990, *Educational Technology: Research and Development, 38* (1), 31-44.

　　以上五種模式雖然各自代表其特殊的設計過程，但是也具有一些共同點，那就是它們都將教學設計的過程予以分化成為不同的因素或者階段，企圖說明它們設計的歷程。雖然每一種模式所包含的因素不盡相同，不論哪一種模式，其所呈現的歷程或階段都可以分成三個層次：㈠ 確認教學的目標或問題、㈡ 發展教學、以及 ㈢ 評量教學的效能。這些層次彼此之間的互動與相互的影響，都對最後的產品 ── 教學，有重大的影響。這些模式都稱為系統化教學模式，其中Dick與Carey的模式很明確的以目標作為教學分析的主體，更受到大家的重視，特別是當能力成為教育重心的時代中。而現今美國許多教育系所大都開設「教學設計，ID」的課程，作為培育未來教師從事能力教學設計的課程，其中Dick和Carey的模式便是這些課程中，最被推崇的理論，可見其受到重視的程度。

討論問題　......................................

1. 美國社會的變化如何影響系統化教學理論的發展？

2. 搜尋還有哪些教學理論能應用於能力指標的教學設計？

3. 利用能力指標，試從五種系統化教學模式中的進行設計的任務，比較其優缺點與適用性？

參考書目

丁志仁（2007，3月）。一綱多本確保社會思考多元化。論文發表於聯合報主辦之「國民中小學教科書制度座談會」，臺北市。

王素芸（2001）。「基本能力指標」之發展與概念分析。**教育研究資訊**，9(1)，1-14。

中國視聽教育學會與中國視聽教育基金會（1988）。**系統化教學設計**。臺北市：師大書苑。

任慶儀（2007，12月）。**社會領域教科書研究：一綱一本的危機與解決**。論文發表於國立臺中教育大學主辦之「2007教科書研究方法研討會」，臺中市。

余民寧（2002）基本能力指標的建立與轉換。**教育研究月刊**，96，11-16。

李坤崇（2002）。綜合活動學習領域能力指標概念分析。**教育研究月刊**，98，111-122。

張佳琳（2000）。從能力指標之建構與評量檢視九年一貫基本能力之內涵。**國民教育**，40(4)，54-61。

黃炳煌（2007，3月）。**教科書不是聖旨 師生要有創造力及多元思考**。論文發表於聯合報主辦之「國民中小學教科書制度座談會」，臺北市。

葉連棋（2002）。九年一貫課程與基本能力轉化。**教育研究月刊**，96，49-63。

張霄亭（1988）。**視聽教育與教學媒體**。臺北市：五南。

陳新轉（2004）。**九年一貫社會學習領域課程發展：從課程綱要與能力指標出發**。臺北市：心理。

陳新轉（2002）。社會學習領域能力指標之「能力表徵」課程轉化模式。**教育研究月刊**，100，86-100。

楊思偉（2002）。基本能力指標之建構與落實。**教育研究月刊**，96，17-22。

謝蕙蓮（2006，12月28日）。一綱多本學生揹三個書包上學。**聯合晚報**，10

版。

教育部（2001）。九年一貫課程問題與解答。臺北市：教育部。

翁聿煌（2008）。九成國中選用北北基版本。2008年9月4日，取自http://
www.libertytimes.com.tw/2008/new/sep/4/today-north24-2.htm

韓國棟（2007）。先進及鄰近國家教科書制度概況。2007年4月12日，取自
http://english.moe.gov.tw/ public/Attachment/75111 13197 .doc

Anglin, G. (Ed.). (1991). *Instructional technology*. Englewood, CO: Libraries Un-
limited.

Brown, S. M. & Seidner, C. J. (Eds.). (1998). *Evaluating corporate training: Mod-
els and issues*. Boston: Kluwer Academic Publishers.

Bloom, B. (Ed.). (1984). *Taxonomy of educational objectives*. New York: Long-
man.

Dick, W., Carey, L., & Carey, J. (2009). *The systematic design of instruction* (7th
ed.). Boston: Pearson.

Dick, W., & L. Carey (1996). The systematic design of instruction: Origins of sys-
tematic designed instruction. In Ely, D. P., & T. Plomp (Ed.), *Classic writing
on instructional technology* (pp.71-80). Elglewood, CO: Library Unlimited.

Ely, D. P. (1996). *Classic writings on instructional technology*. Englewood, CO:
Libraries Unlimited.

Frisoli, G. (2008). Hannafin and Peck design model. Retrieved May 8, 2009, from
http://adultlearnandtech.com/hannafin.htm

Gagné, R. (1985). *The conditions of learning* (4th ed.). New York: Holt, Rinehart
and Winston.

Gagné, R., Briggs, L., & Wager, W. (1988). *Principles of instructioinal design* (3rd
ed.). New York: Holt, Rinchart and Winston.

Gagné, R. M., Wager, W. W., Golas, K. C. & Keller, J. M. (2004). *Principles of in-
structional design* (5th ed.). Belmont, CA: Wadsworth/Thomson Learning.

Gagné, R. M. (1965). *The conditions of learning and theory of instruction.* New
York: Holt, Rinehart and Winston.

Gentry, C. G. (1991). Educational technology: A question of meaning. In G. J. Anglin (Ed.), *Instructional technology: Past, present, and future* (pp.1-10). Engliwood, CO: Library Unlimited.

Kaufman, R. (1988). *Planning educational systems*. Lancaster, PA: Tchnomic Publishing.

Kaufman, R. (1992). *Strategic planning plus*. Newbury Park, CA: Sage Publication.

Kaufman, R. (1998). *Strategic thinking: A guide to identifying and solving problems*. Arlington, VA: American Society for Training & Development and the International Society for Performqance Improvement.

Kemp, J. (1985). *The instructional design process*. New York: Harper & Row.

Mager, R. E. (1972). *Goal analysis*. Belmont, CA: Fearon.

Mager, R. E (1997). *Goal analysis: How to clarify your goals so you can actually achieve them*. Atlanta, GA: The Center for Effective Performance.

Mager, R. F. & Pipe, P. (1997). *Analyzing performance problems* (3rd ed.). Atlanta, GA: CEP Press.

Rossett, A. (1987). *Training needs assessment*. Englewood Cliffs, NJ: Educational Technology Publications.

Shrock, S. A. (1991). A brief history of instructional development. In G. J. Anglin (Ed.), *Instructional technology: Past, present, and future* (pp.11-33). Engliwood, CO : Library Unlimited.

Strickland, A. W. (2010). *Instrcutional systems design models*. Retrieved July 20, 2010, from http://ed.isu.edu/depts/ imt/ isdmodels /Knirk/Knirk.html

Tripp, S. D., & Bichelmeyer, B. (1990). Rapid protoyping: An alternative instructional design strategy. *Educational Technology, Research and Development*, *38*(1), 31-44.

第參篇

能力指標之教學設計

第八章　前置分析

第九章　教學分析

第十章　學習者分析

第十一章　撰寫目標

第十二章　學習評量設計

第十三章　教學策略

第十四章　單元對應與自編教材

第十五章　教學形成性評鑑

第十六章　教學總結性評鑑

　　教育部在2001年公布新課程綱要，揭櫫國民教育之七大學習領域的課程目標以及能力指標，讓我國的課程與教學受到極大的衝擊與改變。不可否認的是，此次的課程與教學的改革卻也是快速拉近我國和其他國家在教育的差距。為因應這樣的變革，並參考許多已經實施「基本能力」的歐美國家的實施情況，發現許多培育師資的教育課程中，目前紛紛均將「教學設計」課程（instructional design）代替原有的「教學理論」（teaching theory）課程。換句話說，在要求「能力」的時代中，師資培育機構其所訓練的教師，必須具備有新的教學設計理念與能力。而我國自然也要因應課程的改革，而將教學賦予新的思維。

　　將教學以一個完整的系統進行設計是這一波教學改革的新策略。其原因在於教學系統的運作是以目標為開始，進行一系列教學因素的分析，在歷程中的所有因素都具有目的性、協調性與交互性，是為達成特定任務而運作的。系統中的每一個因素都必須以協調的方式，彼此交互影響，共同運作，才能具有系統的有效性，而表現「能力」是整個教學系統運作的唯一目的。因此，本章中以能力指標為首，將其教學設計過程中必須考慮的十個基本因素一一說明，並示範其實施方法，此十個因素分別為：㈠評估教學的需求、㈡指標的釐清方式、㈢教學分析的方式、㈣學習者特性的分析方式、㈤編寫目標的方法、㈥發展學習評量的方法、㈦教學策略的發展與決定、㈧單元對應與自編教材的方式、㈨進行教學形成性評鑑的方法、以及㈩總結性評鑑的方法（Dick, Carey & Carey, 2009）。

　　以上十個因素的分析與設計，均以目前國小之能力指標以及教材作為示範的內容，俾能使能力指標教學設計能夠有真實的範例可以參考。

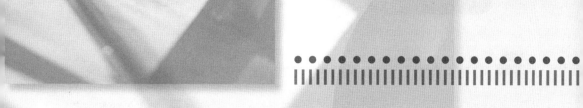

第八章

前置分析

第一節　教學設計

　　為什麼要展開新的教學設計活動？教學設計通常需要大量的人力、經費與時間，如果沒有特殊的理由，一般而言，很少會實施新的教學設計工作。因此，要進行教學設計工作前，都要經過仔細的考慮，才決定是否要實行。換句話說，我們應該要找到客觀的、正當的理由、可靠的數量化資料來支持新的教學設計活動，而前置分析（front-end analysis）就是其中常用的方式。所謂「前置分析」是指初期的教學策劃活動，用以決定是否要實施教學設計的活動。如果缺乏正確或精準的教學目標，教學設計常會面臨設計沒有必要的教學，或者是需求不存在的教學。常見的前置分析有表現分析（performance analysis）、需求分析（need assessment）、以及工作分析（job analysis）。

一 表現分析（performance analysis）

當學生的表現不如預期或是有問題時，教學設計必須以客觀的、開放的、並且從多方的角度尋求其根本的原因，以客觀的態度來決定這些表現的問題，是否可以藉由教學或是訓練予以解決。最不好的策略是，一旦學生表現不理想時，其唯一解決之道就是提供更多的教學，以解決學生表現的問題。但是，學生表現不理想，可能是來自環境的問題，而不是教學的問題。例如：學校的電腦經常損壞，以致於學生的電腦能力表現成績不好，此時，給學生更多的教學，恐怕也無法提昇他們的成績；但是，如果把電腦修好，學生上課時可以練習，可能是解決表現問題的最佳之道。另一個例子，學生閱讀圖書的頻率很低，以致閱讀的表現不好，那麼，提供更多閱讀策略的教學，不見得會改善這樣的情況，但是，讓圖書館的布置舒適一些，多購買一些新的書籍，或者提供好書推薦的活動，可能會提高學生到圖書館閱讀的次數，所以，學生的表現問題，不一定是教學設計的問題。

 ## 二 需求分析（need assessment）

如果學生表現問題的分析結論是提供教學或是訓練課程是解決問題的最好方式，那麼就要瞭解教學的需求。Rosset（1987）把需求定義成：理想的狀況減掉實際的狀況所得出來的差距，就稱為「需求」（need）（引自Dick, Carey & Carey, 2009, pp.22-23）。如果理想的狀況和實際的狀況是相同的，那麼就沒有差距，也就沒有需求，更沒有任何改變要做。換句話說，學生理想的表現和實際的表現之間有多大的差距，這個差距就是教學的「需求」。為了要將理想和實際表現之間的差距有非常具體的描述，這兩者的關係可以用下列的數學公式來表示：

理想的狀況－現實的狀況＝需求

在教學設計的觀念中，「需求」必須要非常的具體。因為「需求」夠具體才能評估教學是否達成目的。在需求分析中，必須先界定目標的理想標準，例如：85%的學生通過英文初級檢定，45%的學生進入國立大學。其次是找出目前學生的狀況，例如：70%的學生通過初級英檢，38%的學生進入國立大學。最後，把這兩個表現的百分比相減，其結果就是「需求」。所以，教學設計的需求是要增加15%的學生通過英文檢定；要增加7%的學生進入國立大學。要如此做的原因是未來可以檢討教學設計是否能達成這樣的標準，新的教學措施是否發揮它的功能。藉此，就很容易找出新的教學是不是解決問題的最佳選擇。如同前面所述，新的教學措施沒有提高學生的表現，有可能是其他原因所造成的，此時，因為有非常具體的目標可以評斷目標是否達成，更容易找到解決問題的方法。

三　工作分析（job analysis）

工作分析是指蒐集、分析、綜合描述職場工作人員工作內容的一種過程。近幾年，工作分析在人力資源的研究中，占非常重要的一席。特別是對於某些職業，因為科技或環境的快速變遷，提供訓練課程以提昇員工的工作能力或是符合職場所需要的新能力，是有必要的。如此一來，工作分析就變得很重要。

工作分析通常是根據特定職業所包含的任務（tasks）特性，以責任（duties）作為分類，進行分析。每一項工作任務都由同一行業的專家檢視其是否真的屬於工作的一部分，再將其發展成為調查問卷，並對所有的工作對象進行施測。依據實驗對象對問卷量表的反應，其中得分最高的任務就是該工作場域中，被公認對於該項工作是最重要的任務（tasks）。到目前為止，所敘述的歷程，就是整個工作分析（job analysis）要進行的歷程。

從問卷中得到這些最重要的工作任務（tasks），必須加以進一步的檢視。從這些工作任務中分析出其影響的因素，任務分析（task analysis）的歷程即是從這裡開始的。任務分析是將工作當中有關的因素以及因素與

因素之間的關係、表現每個因素所必須的工具、情境和表現的標準（standards），詳細的描述出來。

工作分析是從職場的專業脈絡中所分析出工作任務，如果員工的訓練課程能夠聚焦在這些重要的工作任務上，那麼訓練課程就可以使員工獲得較高的工作效率、效能與滿意度。

另外，也可以藉由蒐集資料的方式，決定是否需要展開新的教學設計的工作。Kaufman將蒐集資料的方法分成兩類：（中國視聽教育學會，1988，頁24-25）

 ## 一　組織內部的評估

從機構組織的內部人員蒐集資料，作為評估的基礎。此種評估是透過下列方式之一，進行資料的蒐集，決定實施教學設計的工作：

(一) 分析學習者的成績和能力表現的分數。

(二) 訪談教師對學習者的能力和態度的觀察。

(三) 訪談高年級或畢業的學生。

(四) 訪談學校管理階層或行政人員。

由組織內部蒐集的資料，固然因為方便，但是對於資料的解讀必須小心，避免流入主觀的陷阱。

 ## 二　組織外部的評估

指透過訪談其他的機構，蒐集資料作為評估發展教學設計的基礎，其方式如下：

(一) 訪談其他學校人員。

(二) 分析其他機構的計畫或是活動。

一般學校或教育機構的課程，通常會使用組織內部評估作為界定教學

的需求，並且從外部組織、家長、企業界或其他專業人士等蒐集資料作為組織內部評估的輔助。將蒐集到的資料加以閱讀、分類、解釋和評鑑；並依據結果判斷，是否要採取行動以設計教學。

不論是用何種的分析方式，如果資料分析的結果是屬於下列的情況，即可以確定重新設計教學是有必要的：

(一)學習者的能力表現低於預期的水準；

(二)學習者要求改變學習的方式；

(三)學習者不斷的表示對課程不滿；

(四)課程超出學習者實際的能力；

(五)文獻、專家建議指出有改變課程的必要；

(六)現有課程內容需要更新；

(七)知識或技能有了改變。

上述的任何一種情況，加上可靠的數據或資料，可以幫助我們很客觀的確定進行新的教學設計的必要性。但是，如果分析結果是屬於下列的情況，就不需要重新設計教學：

(一)教師的問題（教師的態度或教學技巧不佳，準備不足，溝通不良等）；

(二)因為設備、器材、場地、時間不足，而無法支持教學。

這些問題的出現與教學設計無關，因為它們不是原來教學設計的問題，反而應該在思考重新教學設計之前，要採取行動，並克服困難。

從以上的表現分析、需求分析與工作分析所產出的結果，或是從組織內部與外部評估所獲得的結果，再行判斷其是否需要教學設計。如果是，接著，就要決定教學的目標。

第二節　釐清教學目標

　　從表現分析、需求分析以及工作分析所得到的結果，確定學生或是員工在表現上的缺失。如果這些缺失的矯正必須透過教學，而教學也是唯一、可能的途徑時，那麼教學的需求就產出了。雖然知道教學的需求是什麼，但是如何敘述目標，把目標敘述得非常清楚而且適當，是一件非常專業的工作。對於要設計教學的人而言，縱使有教學目標，但是，它可能是非常模糊的、或是空泛的語詞所堆砌出來的語文敘述。例如：「社會領域：9-1-2覺察並尊重不同文化間的歧異性」「國語：4-1-5能激發寫字的興趣」這兩個目標就是最好的例證。「察覺」、「激發」等目標的動詞無法讓人判斷學生要做什麼，才可以表示他們達到目標了。如果目標無法指出什麼是成功的表現，那麼就需要進一步的分析或是釐清。

　　另一種情況是目標所敘述的內容太過抽象，讓人無法瞭解它的意義，例如：社會領域的「4-1-1藉由接近自然，進而關懷自然與生命」，這樣的目標對於目標的原創者而言，可能是具有某種的意義。但是，對於許多教師而言，這樣的目標敘述實在太過抽象，無法瞭解它是什麼意思，更遑論要對這個目標去進行教學的設計。對於不清楚的目標敘述，就無法聚焦，那麼教學的設計就無法有效的進行，因此有必要對目標的敘述先做釐清的工作。目標敘述所必須釐清的部分如下：

目標的動詞的撰寫

　　有關目標理論的學者，如，Kilpatrick、Rowntree、Bloom與Gagné等，對於教學目標雖然有其不同的論述，但是都主張教學目標應該以學習者為對象（雖然稱為教學目標，但並非以教師為對象），敘述其完成學習後能表現的技能或能力。因此，專家們建議目標的敘述，特別是動詞部分，應該以行為的方式，具體的敘述。雖然我國過去在推行單元目標的教學時，在許多教師研習會的場所，專家直指大部分教師所寫的目標並不夠具

體，無法得知教學的重點以及評量的方式。是故，專家們呼籲目標必須是「……以學生可觀察、可測量的行為敘寫」（臺灣省國民學校教師研習會，1979）。「可觀察的行為」意指可以讓他人「看到」學習者表現在外的「動作」，這些「動作」是可以讓人判斷是否可以達成目標所要求的證據。

但是，不可諱言的，我們仍然常常看到這樣的目標敘述：「4-1-2會使用字辭典，並養成查字辭典的習慣。」（國語科）。目標裡的動詞為「使用」，就是屬於無法觀察的動作，如果改成：「利用字辭典，用注音和部首查生字」，是不是可以從這樣的敘述中，觀察到學生是不是能做這樣的事，如此一來，教師就可以針對學生的行為作出評量。

以社會指標「2-1-1瞭解住家及學校附近環境的變遷」為例，「瞭解」是要表現出什麼能力，才能評斷學生是「瞭解」。如果，學生將過去的環境資料和現在的環境資料對比後，寫出一篇相關的文章或報告，是否可以讓教師覺得他是瞭解了？如果是，那麼「寫出」顯然就是能夠讓人觀察到的動作。

又，如數學的分年細目：「1-n-01能認識100以內的數及『個位』、『十位』的位名，並進行位值單位的換算。」，該細目的動詞為「認識」，因此無法看出學生要做什麼可以讓教師評量。但是，如果改成「能聽、唸、寫100以內的數字」，就能看出學生要做什麼而讓教師可以評量了。

總而言之，無法說明學生到底要表現什麼的目標，顯然是一種沒有功能的目標，因為它既不能作為評量的依據，也無法看出其設計的活動，只能算是聊備一格的目標罷了。撰寫這樣不清楚的目標，會讓很多教師覺得寫不寫目標，其實對他們的教學或是學生的學習，沒有太大的影響，而且這些目標因為不夠清楚，就會失去它們原有的作用或功能，更讓教師覺得目標不重要。但是，沒有了目標，許多事情就會變得沒有重點，缺乏重點的教學就成為缺乏效率的教學與學習，這一點是值得教師們再深思的。

當然，一開始許多教師因為過去很多年都習慣這樣書寫目標，一時之間要把表現目標的動作寫出來也有困難。Mager（1997）在這個部分提供

了一個很好的建議，那就是，把你想到學生在表現目標時，可能做的哪些動作寫下來。所以，一開始思考的時候，盡可能的寫下學生所有的動作，然後從中揀選出最能夠代表達成目標的動作（可能不只一個），並且把它們綜合以後，寫進目標的敘述中。最後，再檢視一次目標，看看目標敘述裡所寫的動作，是不是可以讓你同意當學生做出這些動作時，他們就可以算是達成教學目標了？例如：「4-3-5能欣賞楷書名家碑帖，並辨識各種書體（篆、隸、楷、行）的特色」（國語），如果能改寫為「學生能說出各家碑帖的作者與特色」，是不是能表現出學生能夠分辨出碑帖的書體與作者，如果再詳細說明這些碑帖的特色，就算是沒有達到「欣賞」的境界，但也相去不遠矣。

　　因此，教學目標最佳的產出方式是來自對學生表現的分析。透過表現分析，可以獲得解決學生表現缺失的指引。初步決定的教學目標，有時候還要進一步對課程或是工作分析裡的脈絡再進行檢查。最後才能獲得精緻而準確的目標敘述。所謂精緻準確的目標敘述，是指從目標敘述當中，可以看出學生要做什麼，以及在什麼樣的脈絡中表現學到的能力。

 ## 二　目標清晰性的表現

　　目標，對於創造它的人通常是具有意義的，然而，同樣的目標對其他人來說，可能是很混沌的敘述。目標不夠清晰，就無法讓設計教學的人知道到底目標所言何事，當然就無法好好的設計教學，這是必然的結果。但是對於教師而言，學會面對抽象或是混淆的目標敘述，是一件很重要的任務。如同前例指標所敘述，「4-1-1藉由接近自然，進而關懷自然與生命」，便是一項讓人摸不著頭緒的指標。那麼，要如何瞭解這項指標的意義呢？

　　教育部在「國民教育社群網」建置了九年一貫的專業網站，在網站中，除了列有90暫綱、92課綱以及97課綱之各領域能力指標外，最重要的是教育部對各能力指標之說明或是定義，也都列在能力指標的後面或者附錄與說明中，所以必須仔細的閱讀，才能掌握能力指標的意涵。

　　以國語科為例，能力指標「4-2-1能認識常用漢字1,500-1,800字」，如果，只是從指標的本身來看，很難看出要「認識生字」，到底學生要學會什麼？此時，不妨參考各能力指標下方的學習內涵說明。所謂指標的學習內涵說明（編碼為四碼者）是作為教學和教材編選上的參考，如下表所列。其中，4-2-1是國語的能力指標（其編碼為三碼者），但是其下的4-2-1-1、4-2-1-2、4-2-1-3，以及4-2-1-4等（編碼為四碼者），均是它的內涵，用來作為教師教學的參考以及教科書出版商編撰教材的參考。所以，必須能清楚的認識這兩者之間的差別。換句話說，這些內涵的說明是教師可以在教「生字」時參考，所謂的「認識漢字」在教學上可以進行「部首」的教學、「六書」的原理、「生字造詞」、以及「新詞造句」等。但是，是不是要全教，則沒有強迫性，只是「參考」而已。但是，它們足以讓教師在檢視國語能力指標時，獲得重要相關的資訊。

能力指標	4-2-1能認識常用漢字1,500-1,800字。
指標內涵說明（參考用）	4-2-1-1能認識常用漢字1,500-1,800字。 4-2-1-2能利用部首或簡單造字原理，輔助識字。 4-2-1-3能利用生字造詞。 4-2-1-4能利用新詞造句。

　　而在數學領域中，類似的能力指標／分年細目的說明，則出現在「分年細目詮釋」當中。「分年細目詮釋」除了有說明，教育部更貼心的將細目裡的目標以範例的方式再加以說明與示範，是教授數學領域時，必須詳讀的資料。例如：以分年細目「1-n-01能認識100以內的數及「個位」、「十位」的位名，並進行位值單位的換算」為例，分年細目詮釋即提供相當詳細的說明與教學的重點：

說明：

□ 非負整數的認識是學童最早接觸的數學教材，教學時宜讓兒童能初步掌握整數數詞序列的規律，並能以具體的量、聲音、圖像、數字，進行說、讀、聽、寫、做的活動，表徵100以內的數。

□ 數數活動較熟練後，可配合其他課程，做各式各樣的活動。例如：分類數數與記錄活動（參見1-s-02）、第幾個的活動（參見1-n-03）、簡單買賣活動（參見1-n-02）。

□ 數字「87」是指8個「十」和7個「一」，其中8所在的位置即為「十位」，其位值單位為「十」；7所在的位置即為「個位」，其位值單位為「一」。

□ 位值單位的換算，宜先引導學童用教具，如：數學積木、花片，做十個一堆的點數活動。其中錢幣由於日常生活常用，更是適合位值換算的教學（參見1-n-02）。例：「小真有4個『十』元與16個『一』元，是多少元？」，先理解16個「一」元，可以換成1個「十」元與6個「一」元；再和4個「十」元合起來是5個「十」元與6個「一」元，記成「56」，小真有56元。

　　如果教師沒有參考細目的詮釋，會僅就細目所寫的1-100的數和位值單位的概念進行教學，除了讓小朋友唸讀1到100以外，大概就是認識「個位」、「十位」位值的單位。但是經過仔細閱讀細目的詮釋以後，就可以發現，本細目中除了要唸讀數字外，也要認識數字排列的「數序規則」，除了數字的位值單元的意義外，還要進行數值與位值的換算。至此，教學的目標才算完成。如果沒有仔細閱讀詮釋的話，會過分簡化了目標的意義，無法達成目標所要求的能力。

　　至於社會領域之能力指標，其相關的說明必須參考每頁能力指標的「注釋」以及在「附錄二 部分能力指標的補充說明」中的說明，方可一窺指標之意義。例如：「3-2-1 理解並關懷家庭內外環境的變化與調適」，乍看之下，很難說出學生要表現什麼，才能評斷他是達到目標，恐怕就連教師也很難一時說出到底要教什麼？但是從能力指標的「注釋」中（如下圖）就可以一窺其意義。原來家庭內外環境的變化指的是家庭人口、住居、以及經濟狀況的改變，以及社會的變遷對家庭的影響。因此，教師要確定自己教學的目標，以及要求學生要表現的能力，必須參考教育部對這些指標的說明，否則不清楚目標的意義，根本無法設計教學，當然也談不上學生要表現什麼能力。

3-2-1 理解並關懷家庭內外環境的變化與調適
　　此處所謂的「家庭內外環境的變化」，意指家庭人口的增減（生育、死亡、嫁娶）、住
　　居的改變（舉家搬遷、家庭成員既有空間的重新分配）、家庭經濟狀況的改變、整體社
　　會環境的變遷對於家庭的衝擊等。

　　綜上所述，能力指標的敘述方式，各領域不盡相同，有的詳細，有的抽象，而教師要將能力指標作為自己教學的焦點，勢必要先瞭解指標的意涵，才能夠進行後續的設計工作。然而，詮釋各領域指標有關的意義或內涵的部分均有不同的名稱，例如：說明、補充、注釋和附錄等，而其所在的位置亦各有不同。不論如何，在教師從事能力指標的教學設計之前，都應該將教育部的「國民教育社群網站」納入教學重要的資源，熟悉各領域的說明作為設計的準備。唯有瞭解能力指標的意涵後，才能進一步思考如何將它們釐清成為更具體的教學目標。

 三　目標敘述的內容

　　透過釐清「能力指標」的動詞，確定學生要表現的行為是什麼，以及釐清「能力指標」的範圍，確定學生要表現哪些能力，還要考慮學生會在哪種脈絡中，運用這些能力，以及他們是否需要有「工具」。因此，一個完整、定義清楚的目標，其敘述的內容應該要包含：㈠學習者，㈡做什麼，㈢在什麼脈絡中表現，㈣用什麼工具。這些目標述句的內容愈詳細愈好，才能讓設計者清楚的知道該如何進行設計。

　　以社會領域為例，下列的能力指標基本上具有相當清晰的敘述，但是在教學過程中，是否就只要讓小朋友說出還是寫出自己家庭遷徙的過程嗎？如果我們希望這樣的指標能夠遷移到真實的世界中去敘述的話，那麼可能就要考慮是不是要用一些輔助的工具（例如：地圖），然後把遷徙的路線畫出來，再用口頭的方式說明。目標的敘述中包含動作、脈絡、工具與成果，就可以知道要有什麼樣的教學活動，以及學生必須能表現什麼，才是有效的目標。

1-1-2 描述家庭定居與遷移的經過
　　修改為：小朋友能上臺在地圖上畫出家庭遷移的路線，並說出定居的原因

　　修改後的目標述句就更符合上述的四個項目的要求：學習者、表現脈絡、使用工具和能做什麼。

　　當然，有時候目標所敘述的內容並不是那麼清楚時，就可以利用下列五個步驟去釐清目標：（Dick, Carey & Carey, 2009, p. 28）

　　㈠把目標寫在紙上；

　　㈡進行腦力激盪，找出學生可以用哪些行為表示他們達到目標；

　　㈢整理這些行為，選出最能代表目標的行為；

　　㈣把選出的行為融入一句目標的述句當中；

　　㈤評估目標述句的清晰性，以及它和原來模糊目標的關係。

　　透過這五個步驟，所獲得的結果—最終的目標述句要和原來模糊不清的目標相比較，看看是否達到上述四個目標的要求。

　　前置分析的工作是利用表現分析、需求分析、以及工作分析，將目前的狀況予以分析，以便確定有教學設計的需要。此外，在前置分析的階段中，也要將一些定義不清或是模糊的目標予以澄清，並且依照撰寫目標述句的四個標準，將目標敘述出來，以便作為下一個步驟—教學分析的基礎。

討論問題 ....

1. 試任選一種前置分析方法，擬定教學設計的理由。

2. 試選某一學習領域，將能力指標釐清成為清楚、確定的學校本位課程目標。

參考書目

中國視聽教育學會（1998）。**系統化教學設計**（第四版）。臺北市：師大書苑。

臺灣省國民學校教師研習會（主編）（1979）。**國民小學課程標準研習：教師手冊**。臺北市：編者。

Dick, W., Carey, L. & Carey, J. (2009). *The systematic design of instruction* (7th ed.). London : Pearson.

Gagné, R. M. (1965). *The conditions of learning and theory of instruction.* New York: Holt, Rinehart and Winston.

Gagné, R. M. (1985). *The conditions of learning and theory of instruction* (4th ed.). New York: Holt, Rinehart and Winston.

Gagné, R. M., Briggs, L. J., & Wager, W. W. (1988). *Principles of instructional design* (3rd ed.). New York: Holt, Rinehart and Winston.

Kemp, J. E. (1985). *The instructional design process.* New York: Harper & Row.

Mager, R. F. (1997). *Goal analysis* (3rd ed.). Atlanta, GA: CEP Press.

Rossett, A. (1987). *Training needs assessment.* Englewood Cliffs, NJ: Educational Technology Publications.

第九章

教學分析

　　能力指標依據學校的政策以及相關的說明釐清後，就確定了教學目標。將這些教學目標依目標的標準格式清楚的敘述之後，就要開始思考教學分析的問題了。「教學分析」是指透過目標分析，找出學習目標時應該包含的元素，其中包括學習者要表現的步驟，以及達到目標所需要的下屬能力的整個過程。要如何進行這些目標的教學設計呢？教師首先要思考的問題是：「如果一位學生表示他已經成功的學完目標，他到底會表現出什麼樣的動作呢？」這個問題就是引出教學分析歷程中最主要的源頭。簡單的來說，教學分析（instructional analysis）的目的是透過已經具有該項能力的學習者找出：㈠他必須要做些什麼動作來表現（perform）學習目標（goal），以及㈡表現這些動作所必須的知識與下屬的能力（subordinate skills）是什麼。

　　教學設計（ID）的方式和過去先決定教學的主題，再從主題中找出內容的學科專家取向（SME）的教學設計是截然不同的。因為從學科專家的角度去設計的教學，大部分會強調「認識××」（knowing）這樣的行為，而不是「做××」（doing）的表現。試著比較這兩者目標的敘述

會有什麼不同的意義：「認識Word」和「用Word編輯一份文件」。前者的教學可能會從Office的軟體類型開始介紹，瞭解Word的功能、操作、常用功能表中的項目、插入的功能表、版面配置的功能等；但是，後者的教學就直接教如何從Word輸入文字、修改、段落設定到列印和存檔。前者瞭解Word的知識，後者解決使用Word的問題。哪一種是表現的能力呢？

第一節　教學分析的範圍

　　教學分析指的是找出表現學習目標動作步驟的過程，以及為了要表現這些動作所需要的技能與知識。所以，教學分析的歷程包含：㈠目標分析（goal analysis），與㈡下屬能力或先備能力（subordinate skills/ prerequisite skills analysis）的分析。目標分析指的是，根據已經精熟的學習者在表現目標時，會表現出哪些重要的動作或可見的行為，以及它們出現的順序，它是以學習者的表現步驟為分析的重點；而所謂下屬能力，則是指學習者要學習較高層次的表現步驟時，必須先備的知識與概念，透過它們才能表現出學習者學習高層次的能力。

　　在「課程標準」時代的教學是以「教材綱要」的內容為主，教師在進行教學時，通常會先思考在這些教材綱要中，要包含的是什麼樣的主題／內容，也許根本不必思考主題／內容的問題，因為國編版的教科書已經決定一切的內容與主題了。所以，從「教材綱要」中，我們常見到的敘述是「認識立方公分的意義」、「透過操作活動，認識線對稱圖形」或者「認識臺灣的自然資源」等這樣的敘述。從以上這些的敘述當中，我們看不到學生要作什麼才能表示他們已經達成目標了，縱使這些目標是主題與內容。

　　那麼，教學設計（ID）的觀點又有什麼不同呢？透過目標分析後，同樣的敘述可能指向：「用立方公分的單位教具算出物體的大小」、「從給定的圖形中，找出線對稱圖形」以及「在地圖上指出三種臺灣自然資源的分布區」。這樣的敘述，可以說已經不再是對學習內容作簡單的敘述，

而是從敘述當中可以看出當學生學完這些目標時，他們能做什麼？

　　基本上，教學分析主要是分析學生在達成學習目標時，他們要做什麼來表示這樣的成就。「目標」是分析的主體，不像過去的教學分析是以「內容」為分析的主體，這是兩者之間最大的差別。根據Mager，教師要進行目標的分析，必須先決定目標所敘述的學習是屬於哪一種類別後，才可以進行教學分析。因此，要使用Gagné的學習成果目標或者是Bloom的目標分類的理論作為目標的歸屬，則可由教師任選其中一種理論就可以了。

第二節　決定目標的類別

　　在目標分析的工作中，必須先決定要設計的目標是屬於哪一種類型的學習，不同性質的目標，其所使用的分析方式，並不相同。因此教師對於目標的領域和類別，必須有一定程度的熟悉。在教學領域裡，學者對於目標的類別有不同的觀點，例如：克伯區（W. H. Kilpatrick）將目標分成主學習目標、副學習目標以及附學習目標，龍渠（Rowntree）將目標分成求生技巧目標、方法目標、以及內容目標（黃政傑，1991，頁194-198）。不過目前最常見，也最為大家所引用的目標理論，則為Gagné的學習成果目標與Bloom的教育目標（educational objectives）。以下針對這兩者分別說明之：

一　Gagné的學習成果目標

Gagné（1988）將學習的成果分成五大類目標：（pp. 43-49）

㈠ 語文資料（verbal information）

　　指獲得類別名稱、事實、或是有組織的知識。當學習的內容是屬於這種類別時，學生通常會被要求將記憶中的資料說出來。例如：說出木蘭詩

的作者。這種答案是唯一的，也沒運用其他的智識能力。另一個例子是：
「說出臺灣最長河流的名稱」也是同樣的情形，它只有一個答案，而且只
要用背誦的方式，就可以回答。

㈡ 智識能力（intellectual skills）

指運用某種心智去學習「如何做某種智識類別的事情」。一般而言，
這種所習得的知識，Gagné（1988）將它稱之為「過程知識」（procedural
knowledge）（p. 44）。相對於智識能力，語文資料就是學習物體存在或
是擁有某些的特性。例如：根據排列的字數、押韻方式等，可以辨認出
「五言絕句」，這是智識能力的表現；但是，詩中涵義的學習就屬於語文
資料。Gagné將智識能力分成四個等級：

1. **分辨（discriminations）**：這是四個智識能力等級中，是最簡單也
   是最低的一級。它是指學習者能分辨出物體是否相同。此種分辨特
   別是由物體的實質的或是具體的特徵，例如：物體的顏色、形狀、
   材質、構造、功能、組織等。主要是分辨出現有物品彼此之間是否
   相同或相異。雖然它是最簡單的智識能力，但是卻是其他智識能力
   的基礎。

2. **形成概念（forming concepts）**：這是指根據物體的特徵，決定物
   品是否屬於某種類別。當學生能分辨物體是否相同後，在相同的物
   體中找出共同的、必要的特徵。這些共同的特徵成為物體納入同一
   個類別中的標準，這些標準或特徵就稱為「概念」。當學生能依據
   類別的特徵，將物體分入某一個類別時，就表示他們具有「概念」
   的能力了。

3. **應用原則（applying rules）**：這是指運用兩個以上的概念來解決問
   題。例如：學生能做四則混合計算。四則運算包含了四種運算的優
   先次序，以及同等級計算之順序，這就是最佳的例子。

4. **解決問題（solving problems）**：這是指運用多種的概念與原則去
   解決問題。許多屬於數學的幾何或代數問題，都是屬於這類型的問
   題。另外，學生在創作作文時，也因為應用了許多語文的概念、修

辭的概念、記敘文的格式、層次布局的原則等，都是屬於這類的成果目標。

㈢ 心理動作能力（psychomotor skills）

指學習者執行身體的動作以達成某種目的，有時也稱為「動作技能」。雖然在執行這些骨骼肌肉的動作時，會伴隨著許多「心理」方面的技能，但是這些動作必須經過不斷的練習後，才能具有動作的精準，這些就是心理動作技能。以體育領域中，投籃的動作為例，雖然知道球要以物理學中拋物線的方式投出，但是以拋物線方式丟擲的動作，必須經過許多肌肉與骨骼協調的練習，才能達成目標。

但是，另一種常見的情形是，在數學課裡要畫一個正三角形，雖然是要用手畫（技能），但是，不用一直練習畫才能畫出正三角形，反而是要知道，將三個邊畫成等長來得更重要，這種動作就要歸入智識能力的成果。另外，也可以利用觀察某些動作使用肌肉的情形來判斷，是屬於智識能力還是動作技能的領域。凡是動作只使用小肌肉的部分，就分入智識能力的領域中；而必須使用大肌肉的動作則分入心理動作技能領域。

㈣ 態度（attitudes）

指個體選擇或是決定的趨向，但是並沒有實際的動作發生，它只停留在決定或選擇的層次上，例如：學生會選擇閱讀中國的文學作品。態度的目標通常不會在教學完成的時候就可以表現出來，因為它常常是一種長期的目標。不可諱言的是，態度的目標是非常的重要，但是也最難在短時間內去表現。雖然如此，我們在評量它的時候，還是會要求學生做出某些動作，這些動作也許是智識能力、語文資料、亦或是心理動作技能以表示他們達成目標。例如：學生能在生活中選擇節能減碳的方式進行活動。所以，學生至少要先知道什麼是節能省碳，才有可能在生活中選擇這樣的方式去實施。因為在生活中選擇這樣的方式，恐怕還需要結合個人的良知、社會的氛圍和道德觀等社會的因素才能有所表現。但是，我們卻無法於日常學生的生活中去評量他們是否有貫徹節能省碳的態度，因此，基於教學評量的需要，通常只能針對學生是否瞭解節能省碳的概念，以及觀察平時

學生是否有隨手關燈、水龍頭，還是使用低碳用品等行為傾向，作為評量的標準。

㈤ 認知策略（cognitive strategies）

指的是學習者用什麼方法去思考以及管理自己的學習，也稱為「後設認知」。認知策略可以從最簡單的「用什麼方法去記住臺灣最長的河流名稱」到非常複雜的組織、集合、記憶與應用新的資訊去形成解決問題的策略等，例如：教學設計。換句話說，個人在解決問題的過程中，必須應用到管理內在的思考以解決問題，因此Dick與Carey將認知策略與解決問題同時置於智識能力階層中的最頂端，形成一體。

二 Bloom的教學目標

在教學領域中，最為人所熟知的目標分類莫過於Bloom所主張的教育目標分類理論（the taxonomy of educational objectives）。它是Bloom從1949年開始在美國芝加哥大學評量委員會（the Board of Examinations of the University of Chicago）中擔任副主任（associate director）時為了能夠客觀的實施評量，所提出的想法。教育目標的分類於1956年第一次出版，書名為*"Taxonomy of Educational Objectives: The Classification of Educational Goals. Handbook I: Cognitive Domain"*（認知領域）。其主要的作者有M. D. Engelhart、E. J. Furst與D. R. Krathwohl。同系列的另一本出版為*"Handbook II: Affective Domain"*（情意領域），其主要作者為D. R. Krathwohl、B. S. Bloom與B. S. Masia。由於Bloom是這兩本書籍的主編，因此後世均將這些目標分類的理論概稱為Bloom的目標分類，並且沿用至今（本書也是如此的稱呼）。2001年，也就是四十五年後，由L. W. Anderson與D. R. Krathwohl擔任編輯，並結合P. W. Airasian、K. A. Cruikshank、R. E. Mayer、P. R. Pintrich、Raths, J.與M. C. Wittrock等人共同修訂了Bloom的目標分類 （Krathwohl, 2002）。而現今所稱的Bloom目標分類乃指其2001年之修訂版。

Bloom將教學目標分成三大領域：

㈠ 認知領域（cognitive domain）

指有關知識、思考和其他智識方面的目標。Bloom將此領域的目標以二維的向度表示之，如下表：（Krathwohl, 2002）

認知 知識	記憶	理解	應用	分析	評鑑	創造
事實						
概念						
程序						
後設						

1. **認知技能的向度**：依序分為記憶、理解、應用、分析、評鑑與創造等六個層次，由低層次的記憶，漸進到高層次的創造。
2. **知識類型的向度**：依序分為事實知識、概念知識、程序知識以及後設認知的知識，由簡單的事實，漸進到複雜的程序。

Bloom將認知領域目標的認知技能分成六個階層，加上知識的類別─事實、概念、程序的三種組合。因此，認知目標從最簡單、最低的記憶開始 ─ 包含了記憶事實知識、記憶概念知識與記憶程序知識等，這三種記憶是有層級之別的。理解、應用、分析、評鑑與創造的層次也是相同的。總而言之，認知的向度與知識的向度彼此交互形成十八種認知目標以及後設認知。

㈡ 情意領域（affective domain）

凡是教學中有關態度、感情、欣賞等的目標都是屬於情意領域的目標。Krathwohl（1965）將情意領域分成五個層次：1. 接受（receiving）：學習者接受或注意特定的事物或活動；2. 反應（responding）：經由某種參與的形式，表示對特定事物的積極注意或是接受；3. 價值的判定（valuing）：對特定的事物、活動表示贊成或反對的意向；4. 價值的組織（organization）：建立價值概念以及將新的價值概念納入原有的價值體系，統整後形成個人的信念；5. 形成品格（characterization by a value or value complex）：將新的價值體系表現於外在的行為，並且以穩定、一致性的方式成為個人的哲學或世界觀（p.35）。

(三) 動作技能領域（psychomotor domain）

凡是運用到骨骼與肌肉協調能力之體能方面的活動目標，都屬於動作技能領域的目標。例如：表演、製作、建造、投籃、跳繩等。Harrow將動作技能分成六個層次：1. 反射動作，這是指不需要經過學習，即與生俱來的動作。例如：肢體的伸展、手臂的彎曲等；2. 身體的基本動作：由許多的反射動作組合而成，通常由幼兒時期所發展的身體動作，例如：跑、跳、伸手、抓物等動作；3. 知覺能力：利用對肌肉動作的意識，改變身體或是基本動作，其中也包括眼手的協調。例如：踢球、接物、彎身、轉頭等；4. 體能：利用身體的耐力、體力、彈性、靈敏性做出的動作。例如：跑100公尺、跳遠、跨欄等；5. 具有技巧的動作：以身體的基本動作為基礎，透過知覺能力與體能，加以練習後所表現的動作，例如：演奏樂器、使用手工具、駕駛交通工具；6. 表達的動作：用表情來表示情緒的動作，包括身體的姿態、手勢、臉部的表情等演出的動作，例如：跳國標舞、演話劇等（Kemp, 1985, pp. 80-81）。

雖然Gagné和Bloom都提出目標不同的分類，但是兩者之間具有其共通性，以下列出它們的比較：

Gagné學習的成果	Bloom目標分類
動作技能	動作技能領域
語文資料	認知領域：知識
態度	態度領域
智識能力：具體概念	認知領域：理解
智識能力：原則與解決問題	認知領域：分析
智識能力：解決問題與認知策略	認知領域：應用
智識能力：解決問題與認知策略	認知領域：評鑑
智識能力：解決問題與認知策略	認知領域：創作

　　Gagné將Bloom的教育目標分類中認知領域的階層（除知識與理解層次外）均包含於其智識能力的層級當中，形成學習的階層。而Gagné將Bloom認知領域中的知識與理解層次歸為「語文資料」。其餘者，如動作技能與態度均和Bloom的動作技能與態度領域相同。因此，雖然兩者分類的方式有別，但是其意卻是相近。

　　以上這兩種目標理論都可以使用，選擇自己熟悉的理論就可以了。由於瞭解目標的類型有助於目標分析的首要工作—那就是將學習目標所代表的學習分入上述這兩種目標理論中的層次裡。

第三節　分析表現目標的步驟

　　決定教學目標所敘述的學習是屬於哪一類型的學習領域後，接著就要找出學習者要表現教學目標的主要步驟以及它們的順序。這兩個步驟是目標分析中重要的焦點。學習目標所代表的學習類型不同時，分析的結果會是截然的不同。以下就語文資料、智識能力、態度、以及動作技能之成果目標，分析加以說明：

一　語文資料成果目標分析

　　如果，學習目標是語文資料的話，那麼我們要問自己：「學生要做什麼才能表現目標？」我想答案大概是：「我要學生指出植物的構造」或是「我要學生說出五種常見的地形」。此處學生要表現的，只是從他們的記憶中把資訊說出來，或是寫出來，而這種表現的方式不牽扯到其他智識能力的運用。所以分析語文資料的目標，就要列出一個群集（cluster）的資料，就好像我們在列出學習目標中的主題一樣。但是，不用箭頭聯結它們，也不標示順序號碼。因為學生在表現這樣的目標時，先說哪一個群集的資訊，其先後順序，並沒有嚴格的邏輯要求，如圖9-1。

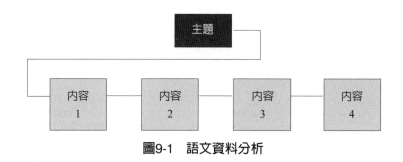

圖9-1　語文資料分析

雖然如此，語文資料還是會依照某種習慣作順序的安排，就好像歷史，它的內容通常都是從黃帝、堯、舜、禹等時代的先後，排列其內容。但是，如果找不到這樣的順序，那麼就依其他的順序排列，例如：空間的順序（上下、前後、左右等）、從容易到複雜、從熟悉到陌生、從具體到抽象等。像圖9-2的分析，其順序依次為根、莖和葉，顯示其是由下往上的順序，當然，反之亦可；其最主要原因是這三個順序並沒有嚴格的邏輯順序要求。雖然是語文資料的目標分析，但是特別注意在圖9-2的方塊的敘述，還是以動詞作為開始，表示學生還是要表現出來他能不能「指出」這些語文的資訊。

雖然圖9-2的目標是列在語文資料的領域中，但是仍然可以要求學生必須表現三個動作，來證明他們具有這樣的能力。這三個動作是：(一) 指出植物的根，(二) 指出植物的莖，以及 (三) 指出植物的葉。所以，學生必須用口頭或指示的方式，分別指出這三項構造名稱，才能代表他們具有目標的「能力」。「指出」或「說出」是學生要表現的動作。所以，語文資料在分析的時候，不能只分析它們含有什麼概念或事實，如果學生沒辦法用口語或書寫的方式表示出來，那麼就代表知道「概念」和「事實」，並不會等同於具有「能力」。有可能學生只是大概知道植物是長什麼樣子，但是對它可區分為哪幾個部分的構造，卻無法說出個所以然，就代表他們對這樣的知識是不清楚的。因此，我們便無法確定他們是否具有真正的「能力」。所以，在教學分析的時候，一定要將學生的「動作」寫出來，有這些「動作」就表示有「能力」。至於先說哪一項資訊，下圖中並沒有箭頭的指示，理論上，它們的順序沒有嚴謹的邏輯次序依循，可以隨意調換。

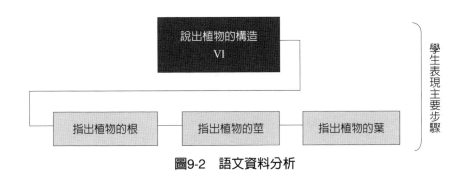

圖9-2 語文資料分析

二 智識能力成果目標分析

在分析目標時，根據Gagné的理論，是以方塊的圖示來表示動作，再用有箭頭的線條來呈現它們的順序。其中學習目標置於最頂端，然後以折線的方式引導到第二個層次—表現的步驟，並且以箭頭的線條，依照由左至右的順序依次表現，如圖9-3。

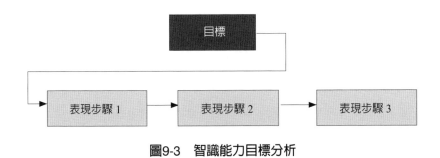

圖9-3 智識能力目標分析

以圖9-4為例，最頂端的方塊代表學習目標：「根據題意做加法，並寫成橫式與直式算式」；其下編號1到4分別代表學生要表現學習目標的步驟。這些步驟的寫法是必須以動詞作為開始，而且是可以讓人看到的或觀察到的；但是有時候，學習目標的表現好像無法看到或是觀察到，例如：聆聽或是默讀，就沒有什麼動作可以表現。在這種情況下，就要寫出動作的結果，例如：學生聆聽到什麼重點或是確認什麼事情。總而言之，每個步驟都要有可以觀察到的成果。

　　以圖9-4為例，教師在分析這個目標時，首先要決定學生要做哪些動作來表現他們已經具有目標所敘述的能力？為了表示學生能具有「根據題意做加法並寫成橫式與直式算式」這樣的「能力」，學生應該要做出下列的動作來證明：

(一) 學生能確認是合成的題目；

(二) 學生能根據題目，用合成的方式做加法；

(三) 學生將合成的過程與結果，寫成橫式的算式；

(四) 學生將合成的過程與結果，寫成直式的算式。

　　此外，教師同時還要思考，如果學生可以表現以上這四個主要的「動作」，那麼，是不是可以說，學生就具有這個目標的能力了？如果答案為「是」，那麼這四個動作就是，代表學生必須要表現的目標能力了。

　　然而，更重要的問題是，如何產出這四個主要的步驟呢？專家們建議先找已經學過並且確認具備該目標能力的學生，要求他們表現，在他們表現的過程中，探討他們所顯示的表現步驟，然後選出以及確定其中最關鍵的行為，作為目標分析中，主要步驟的依據。

　　圖9-4中之方塊1顯示，學生在表現目標時，是因為他做了某些確認的決定後才開始表現目標。但是，我們無法觀察到學生作某些「確認」或「決定」的行為。這些「確認」或「決定」是在學生的腦海中形成的，在做這些決定時，學生也可能有一些標準或是條件要考慮，雖然無法被觀察

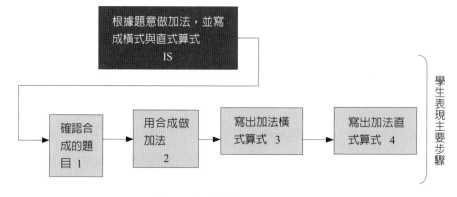

圖9-4　智識能力目標之分析

到，但是卻是學習者在他表現目標時，會做的步驟之一。因此，在主要步驟中，仍然需要寫出學習者確認了「什麼事」。總而言之，縱使沒有明顯的外顯行為，但是仍然有其行為的「結果」，因此必須納入步驟當中。教學分析是來自學習者認知的過程，是以學習者表現為分析的焦點。

在表現目標時，作這些決定其實是很重要的，也是經常會發生的情況。以圖9-4為例，雖然方塊1是學生先「確認」是合成的題目後；換句話說，學習者必須先「決定」題意必須符合加法的意涵後，才繼續表現方塊2、3和4的行為，但是卻沒有說明如果不是合成的題目時，會做什麼，那是因為該目標僅為表現「做加法」的能力。

但是比較圖9-5中菱形1，是先決定題意是否為合成，如果決定為「是」（Yes），則按照指示的路徑繼續表現方塊2、3和4的目標動作，但是如果為「否」（No），則按照路徑箭頭的指示，進行方塊5、6和7的減法的動作。在此例當中，菱形的圖形是代表學習者要做「決定」。但是很顯然，當學習者在做「決定」的時候，其實是無法「看到」他的行為，但是卻有其結果，雖然僅是發生在學習者的腦海中，但卻是必要的步驟，因此必須寫出決定的「事項」是什麼。

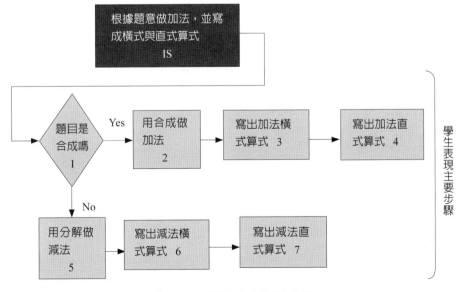

圖9-5 智識能力目標之分析

　　圖9-5和圖9-4不同，是因為當「決定」的結果不同時，菱形圖就指示不同的路徑前進，其代表學生要表現的能力是不同的。在此種情況下，才能用菱形圖的方式表示決定的步驟。但是，有時候雖然有「決定」要做，但是表現的能力是一樣的，就不可用菱形圖來表示，反而要用方塊圖來表示，例如圖9-4的例子。注意菱形圖內編寫的「決定」的方式，要用適當的問題來寫。

　　至於表現目標的主要步驟要有多少、粗略或精細，其實是沒有什麼固定的標準可言。但是可以考慮：㈠ 學習者的年齡：年齡愈小的，表現步驟愈要精細，因為有些動作對成年人可能是基本就會的，但對於幼小的學童而言，這些動作可能就非常的困難；㈡ 目標的難易度：愈困難的目標愈要精細的步驟，愈簡單的目標就可以粗略一些；㈢ 教學的時間：如果以兩個小時的課程而言，作者的經驗是5以上到10以下個步驟來表現目標較適當，當然也要看現場的學習者對目標的熟稔度而定。

三　態度成果目標分析

　　如果學習目標是態度或是情意時，還是必須表現出某些動作或是行為，以為態度形成的表徵。換句話說，當我們要表現對某一件事情的態度之前，必須對事情能有所認識，才能做價值的判斷。因此，態度目標之分析經常結合智識能力或是語文資料，作為達成態度目標的先備能力。圖9-6即是態度目標的分析，利用Ⓐ與智識能力聯結，表示該態度目標將透過智識能力目標的表現，以形成態度的養成。而智識能力的目標又以折線下列之表現步驟作為表現智識能力的方式與順序。但是，要記得在教學的過程中，必須要設計一個統整的活動，讓學生可以表現他們的態度或是情意。

　　以飲食為例，要求一個人能夠選擇均衡的食物前，他應該要能夠分辨出六大營養素和食物的種類，計算食物的熱量，以及指出個人對營養與食物的特殊需求等。當我們具備這些能力之後，才有可能進一步在生活中選擇適當、適量的食物，致力於保持均衡的飲食習慣，並且珍視這樣的健康價值。Mager指出能夠表現這些能力，也就可以表示學習者對此態度

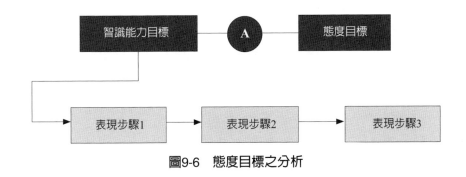

圖9-6 態度目標之分析

目標具有正面的傾向，因此可視為態度目標之先備能力（中國視聽教育學會，1998，頁75）。

所以，表現態度目標的前提是必須先具有相關的智識能力、語文資料等能力後，才能再談態度的表現。這些能力是智識能力還是語文資料，就要用流程圖來分析；但是，如果是語文資料的話，那麼目標分析就要列出一連串的資訊。以圖9-7為例，「選擇均衡的飲食」是屬於態度之目標。雖然為態度，學生要表現這樣的態度，必須藉由智識能力的表現，可以看出學生是否具有這樣的知識，因為，唯有先具備相關的知識或概念，行為與態度才有可能產生。

圖中的Ⓐ即表示此小圓為「態度」的目標，此目標的表現必須具備左邊方塊中的智識能力，意即要學生有朝向選擇均衡飲食的傾向，至少他們須要知道什麼是「均衡飲食的原則」。如果，學生都不知道什麼叫做均衡食物的話，那要選擇均衡飲食的機會或傾向，就微乎其微。

圖9-7的上半部左邊方塊中目標所代表的是智識能力，其下的三個「動作」則是用來表示智識能力目標的「先備能力」。因此，如果學習者能夠：(一)認出「六大類營養素的食物」；(二)計算食物的熱量；(三)說出個人對營養素的需求的話，那麼表現學生對於「均衡飲食」是瞭解的，就極有可能形成態度的傾向。

如果，教師認為學生能用「動作」說出這三項訊息，可以判斷學生應該有「能力」選擇「均衡的飲食」，那麼這三項動作就代表學生要表現的「步驟」。

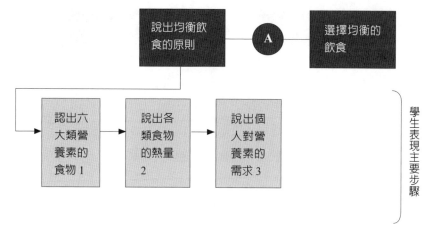

圖9-7 以智識能力為先備之態度目標分析

 動作技能成果目標分析

　　一項動作技能通常會包含許多細部的分解技能，這些細部的技能必須要分別的練習，最後再將這些技能串聯在一起，產出最好的成果。對於最終的技能而言，這些細部的技能被視為是最後目標技能的先備技能（Gagné, 1988, p. 154）。動作技能目標通常包含心理的決定與身體的執行兩種，缺一不可。圖9-8即為動作技能目標之分析，動作1至動作3皆是表現該動作技能目標最重要的表現與順序。

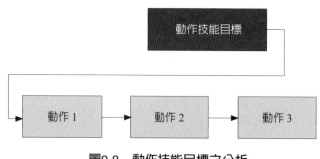

圖9-8 動作技能目標之分析

以打保齡球為例，說明動作技能目標的分析方式，如圖9-9：

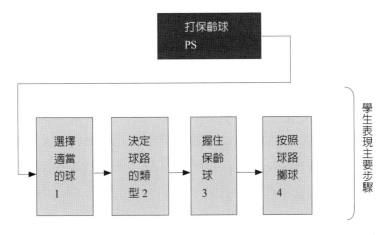

圖9-9　動作技能目標分析

圖9-9是表現運動的動作技能，但是，仔細分析其結果會發現它們具有智識能力的部分。動作技能的每一個步驟都用方塊來表示，而且是以水平的方式依照順序排列。如果其中某一個動作還可以分析成次要步驟（substeps）的話，也是以水平的方式排列。

看起來，除了步驟3和4是屬於身體的步驟以外，步驟1和2都是屬於心理的動作層次。雖然如此，步驟3和4其實也隱含有其他的智識能力。因此，動作技能的目標其實包含了許多心理的計畫活動，在心理的活動之後，才有身體的動作發生。等到進入教學分析的階段時，就要找出學習這些步驟，不論是心理的或是身體的動作，須要先備哪些能力了。

如果，你無法從學習目標中敘述學生要表現的步驟，有可能是學習目標不夠清晰或定義不明，亦或是目標的敘述沒有按照標準的格式，所以有必要回頭去檢視你的學習目標。一開始，你很難順利的列出這些步驟，因為你從來不曾從學生表現的角度去想：「我要如何表現這個目標？」但是，把自己想成是學生，自己試著表現一下目標，並且從心理和身體的層面去感受。特別注意自己在這個過程中，是以什麼樣的方式表現？以及，它們的順序是什麼？有沒有在哪一個表現的點上要決定什麼事？把它們都

仔細的，記錄下來。你也許會發現有的步驟很簡單，好像不值得記錄，但是，記住那是因為你是學科專家，但是你的學生可不是。

　　為了要確定你自己表現目標的步驟，再找一個你認為具有這項學習目標的人，可能是以前教過的學生或是已經升上更高年級的學生，甚至是你的同儕，要他們表現一下這個目標，並且記錄他的每個步驟。然後，把他的步驟和你自己的步驟相互比較一下，你會發現哪些步驟是不同的，亦或是相同的，也許從中就可以發現要如何適當的呈現這個目標的主要步驟了。另外，也可以參考一下教科書、指引、或是手冊等資料，瞭解它們是怎樣描述這個學習目標的能力。這樣，也許會找到一些有關表現目標步驟的線索。然後，將這些步驟加以整理，問自己：「如果學生用這種步驟和方式表現目標，我能不能認為或判斷他已經達成目標了？」

第四節　分析下屬的能力

　　所謂下屬能力是指學生為了能夠表現目標的能力，必須先學會和能力有關的語文、事實、概念或原則。舉凡學生能表現這些語文、事實、概念或原則的能力，就稱為「下屬能力」。因為它們是表現目標主要動作的先備能力，而且位在表現目標之動作的下層，故稱為下屬能力（subordinate skills）。根據已經精熟目標的學習者的表現，確定教學分析中，目標的主要步驟與動作，接著針對各個步驟進行相關的下屬能力分析。這些下屬能力的分析就必須依據Gagné的學習階層（hierarchy of learning）或是Bloom認知領域中，認知與知識的向度而進行。

　　Gagné將學習的成果分為五大類（語文資料、智識能力、認知策略、動作技能、態度），但是智識能力（intellectual skills）無疑的是學校教育中，普遍被認為是最重要的學習。由於智識能力是個體以語言或符號與環境互動或回應；而在個人環境中，物體、事件以及它們之間關係的溝通，也是用語言和符號等作為表徵。當個人和他人溝通這些物體、事件以及和自己經驗的關係時，都是使用這些智識能力的表徵，可見智識能力在教育

上的重要。

　　學習是有階層的。Gagné根據資訊處理的複雜性（complexity），將智識學習的階層分為：(一) 分辨（discriminations），(二) 具體概念（concrete concepts），(三) 定義概念（defined concepts），(四) 原則（rules），(五)解決問題（problem solving）（Gagné, 1988, pp. 57-65）。圖9-10即顯示學習階層之間的關係。大部分的教學，其理想的目的都是為了要培育學生解決問題的能力。為了要學習解決問題，學生必須先學習過一些更簡單的原則與定義概念；然而，為了學習這些原則，學生必須先學過一些相關的具體概念。為了學習概念，學生必須先學過分辨相關的物體或事項。這種層層的學習是構成Gagné「學習階層」（hierarchy of learning）的基本概念。智識能力的複雜性，可依圖9-10所示，從最複雜的解決問題到最低的分辨事實，其間形成的每一個階層，都要依賴較低層次的學習經驗，以成就較高層次的學習（Gagné, 1988, p.56）。換句話說，如果要教學習者應用某項原則，那麼就要先教他概念和分辨後，再教應用原則，就會比較容易；如果要教學習者具有某項概念，那麼教學就要先教他如何辨別屬於概念類別中的事物，這樣教概念時就比較容易。這種「學習階層」的分析就是教學分析中，分析下屬能力最主要的基礎和依據。對於表現目標的主要步驟中的動作運用這種階層分析（hierarchical analysis）找出學習該項動作之前，學生必須先學的原則、定義概念、具體概念和辨別等能力，就是下屬能力之分析。

　　Gagné（1988）把下屬能力（subordinate skills）定義為「學習新的目標之前，必須要學習的先備能力（prerequisite skills）」（p. 145）。以智識能力目標而言，它們通常包含有兩個以上更簡單的能力（simpler skills）和概念（concepts）。這些更簡單的能力和概念就稱為「先備的能力」，它不但有助於學習者學習更高階的目標，也可以讓學習者對高階目標的學習更容易。如果，學習者已經擁有這些先備能力的話，那麼教師就可以用最少的教學，讓學生完成目標的學習。

　　那麼如何決定目標步驟的下屬能力呢？Gagné（1988）建議用下列的問題作為決定下屬能力的基礎：「為了學習這個步驟，有哪些更簡單的能

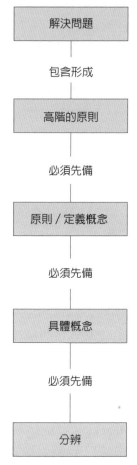

圖9-10　智識能力的階層

力是學習者必須要先擁有的？」持續不斷的以這個問題往下層探詢，直到學習者已經不用再學，就已經具備學習該項目標最基本、最簡單的能力為止（p.55）。而這個最基本、最簡單的先備能力就稱為「起點能力」（entry skills）。所以，起點能力其實也是先備能力的一種。此種從高層的能力，一直分析到最簡單最低的層次，形成所謂的「學習階層」，而其分析的方法則稱為「階層分析」（hierarchical analysis）（p.148）。教學分析的結果已經確定學生一定要表現的「動作」，那麼，學生要表現這樣的「動作」，須要先知道什麼「原則」嗎？那麼，要知道這個「原則」，學

生要先知道什麼「概念」嗎？同樣的，學生要有這樣的「概念」之前，他要能「分辨」什麼嗎？如此，一層一層的往下探詢，就形成所謂的「學習階層」。而每一階層的學習，都有其先備的能力，這就是Gagné學習階層理論對教學的意義，也是系統化教學設計中，教學分析的重要基礎理論。

利用上面的問題去找到每個步驟的先備能力（下屬能力）的用意，是避免教了太多跟表現目標沒有直接關係的能力。這些能力有可能只是「知道也好」的類型，但是實際上跟表現目標並無直接的關係。在Gagné（1988）學習與記憶的觀點中，教學如果傳達太多無關的資料，會干擾到學生的學習，不但會讓教學變得更冗長，更使得學生在短期記憶的負荷變重，無法專注在學習目標這件事上面（p.10）。因此，要學生表現目標，就要將焦點專注在教導學生直接有關的學習。

語文資料之群集分析

國小的課程裡，經常要求學生能夠記住一些基本的資訊，例如：植物的構造、臺灣的節慶或是歷史事件與人物等，而這些資訊只須要學習者利用回憶就可以說出來。凡是語文資料其所牽涉到的，都是以記憶為主的學習，要學會這資料，基本上只用到學生的記憶能力就可以了。

語文資料的分析方法與其他成果目標的分析略有不同，由於語文資料是成果目標中最基本的目標，可以說它沒有所謂的下屬能力的分析。但是，一般都會將語文資料進行分類，形成群集（clusters），以簡化語文資料的記憶，也減輕其認知的負擔（cognitive load）。這種將語文資料予以分類的方式，類似內容大綱的作法，有人稱它為「群集分析」（cluster analysis）。它是語文資料的基本分析法。

圖9-11顯示語文資料和其群集的例子。這是國小社會學習領域經常有的主題：「節慶」。由於節慶非常的多，因此將它們按照類別分成兩大類，即傳統和現代節慶。在這些類別中，又再按照其特性，細分成更小的類別。除了按照日期一一的說出來各種節慶的名稱與習俗以外，更有意義的是將它們按照傳統與現代節慶分類，傳統節慶有可以分為漢人與原住

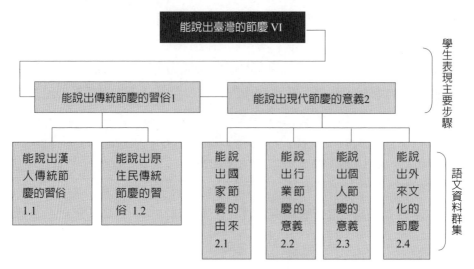

圖9-11　語文資料之群集分析

民節慶；現代節慶則可以依照分類分為國家節慶、職業節慶、個人節慶，以及外來節慶等。如此一來，資料就可以有類別或者稱為「群集」（clusters）。更重要的是，因為有類別或是群集，所以只要記住類別或群集，就可以從記憶中搜索出屬於該類別的節慶。對於學習者而言，用群集的方式記憶，其所需要的能量與精力可以節省許多，而記憶的量或質就比較佳，也就是說，用這種群集的方式記憶語文資料會更省時、省事和省力。因此在分析語文資料時，特別注意資料的類別或群集，是分析語文資料時重要的技巧。

 ## 二　智識能力目標之下屬能力分析

　　如果目標是解決問題的話，那麼教師就要找出學生如果具備有哪些原則的觀念，就能夠讓解決問題的教學更容易一些？又，如果學生擁有哪些概念，就能夠讓原則的教學更容易些？學生如果能辨認出哪些事實會讓概念的教學更容易呢？如此持續不斷的往下層更簡單的能力去探尋，直到起點能力為止，這就是智識能力分析的目的。這種階層分析的基本概念，如圖9-12所示。

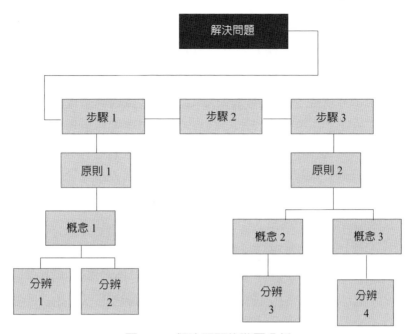

圖9-12 解決問題的階層分析

　　圖9-12的階層分析是以理論上智識能力之問題解決為目標時，它所形成的分析圖示（Gagné, 1988, p.155）。根據圖形，學習目標置於階層分析的頂端，折線之下為表現目標的主要步驟。每一個步驟之下即為其下屬之能力，它們的排列是由上而下，考慮每個下屬能力的先備能力，這些下屬的能力乃是由學習階層中推論出來的。因此，Gagné的「學習階層」理論成為發展下屬能力最佳的指引。

　　圖9-12說明學生要能夠表現他已經會解決問題，必須表現三項主要的步驟。為了學習表現第一項的步驟，學生必須先學會第一項的原則後，再學習表現第一個步驟是比較容易的；而要學會第一項原則，要先學會第一個概念，才能讓第一項原則的學習比較容易。為了學習第一個概念，必須要先會兩種事實的分辨後，才能讓第一個概念的學習變得比較容易。如此的類推，就構成了學習的階層。

　　但是，在實際的狀況中，每一項目標的分析不可能完全是屬於單一的學習領域的範圍。舉例而言，智識能力通常會與另一種成果目標──語文

資料結合在一起，由於它們是屬於不同的成果目標，因此會以 △VI（三角形中間有英文字母VI）作為語文資料的表徵。以圖9-13為例，學習目標為「根據題意做加法，並寫成橫式與直式算式」。其表現的步驟有四：分別為方塊1、2、3和4。它們排列的方式並沒有直接的線索可以作為排序的依據，但是教育部在數學細目詮釋中，說明此分年細目是要學生透過合成的活動做加法後，再記錄成橫式與直式之算式，且這些算式不具有計算的意涵。因此根據這樣的說明，將這些動作安排如圖9-13。學生為了要表現方塊1的動作或步驟，他們必須會認出題目是具有合成的意涵。為了學會判斷題目是屬於合成的性質，學生就必須先瞭解合成的定義（事實），所以學習「定義」的部分是屬於「語文資料」的範疇。

　　由於語文資料並不屬於智識能力，因此用 △VI（三角形中間有英文字母VI）作其代表，由三角形所指的方向代表它是該項能力的語文資

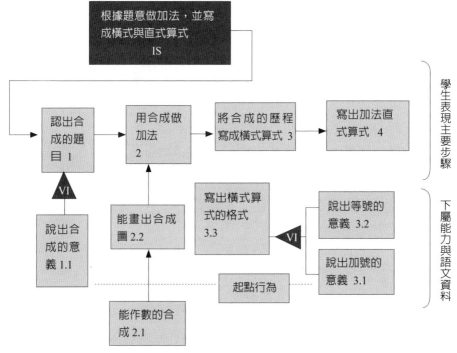

圖9-13　智識能力之下屬能力分析

料，在學習的順序上要先於該項能力。此順序亦可用其標號之先後看出順序。例如：方塊1.1是方塊1的語文資料，教學時或學習時，必須先教1.1的語文資料後才進行步驟1的教學，會比較容易。同樣的，方塊3.1和3.2均為方塊3的語文資料；學習時要先學會3.1和3.2的語文資料之後，才能讓步驟3的教學更容易。此外，圖中虛線以下的能力為「起點能力」（entry skills）。方塊2.1「能作數的合成」即是起點能力，所以，第二個步驟與其下的階層學習，代表學生要先會作數的合成後，接著畫出合成的圖，然後解決加法的問題，最後才是將這些歷程寫成橫式的算式和直式的算式。

 ## 三　態度目標之下屬能力分析

　　態度目標很難用可觀察及可評量的詞句詳細的寫出來。通常這類的目標都是間接的，是以教學者所能看到的學習者的行為所推論出來的。因此，Mager提出兩種行為作為表現態度目標的方式：親近傾向的行為目標和規避傾向的行為目標（中國視聽教育學會，1998，頁75）。親近傾向的行為目標則可由智識能力或語文資料的目標表現出來。所以，態度目標的下屬能力分析，主要是依據該目標是以智識能力或語文資料作為學生要表現的動作而定。以圖9-14為例，如果以「選擇均衡的飲食」為學習的目標，那麼以智識能力的目標作為該態度目標的傾向行為，圓形中的A是態度目標的標示。意即，能夠選擇均衡的飲食，必須具有對均衡飲食的原則有所瞭解之後，才有可能形成這樣的態度。主要的步驟1、2、3和4，主要就是在表現智識能力的主要步驟，而每步驟之下，即為其語文資料。

　　其中，1.1和1.2即為步驟1的語文資料，2.1為步驟2之語文資料。意即，如果學生先學會認出各種食物的名稱，以及六大類食物類別的資料，那麼在教導分辨食物是屬於哪一類時，就會比較容易。雖然此例中的智識能力的層次大都屬於「分辨」的層次，而且下屬的能力也僅止於語文資料，但是不必太過擔憂其層次似乎不高，其原因乃在於國小所要學習的，大都是屬於此類比較基礎的目標。

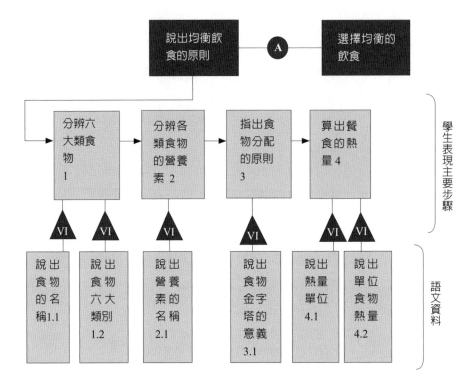

圖9-14　態度目標和語文資料之分析

四　動作技能目標之下屬能力分析

　　藉由肌肉一連串整體的順序所形成的動作技能（motor skills）其實是非常的複雜，因為它包了對動作本身順序的認知，以及肌肉骨骼的協調，有時候它也被稱為知覺動作（perceptual-motor skills）或是心理動作技能（psychomotor skills）（Gagné, 1988, p. 90）。不論是哪一種稱呼，它都包含智識能力和動作技能兩者，意即包含了感覺以及頭腦和肌肉。動作技能的具體表現是在身體肌肉的活動中，呈現動作的順序，就這個部分而言，它是屬於智識的能力（過程），而這些身體所表現的動作，必須符合對速度、正確性、力道或順暢性的要求。學習動作技能需要不斷的練習，才能達到完美，特別是在運動、音樂演奏以及體操等項目。因此，在執行身體

動作前，智識能力通常先於身體的動作；換句話說，智識能力顯然是動作技能的先備能力。

　　以圖9-15為例，除非學習者已經學會體重與球重的關係，以及年齡與球重的關係（1.1和1.2），否則要教導學習者選擇適合自己的保齡球是很困難的（步驟1）。但是，這些變數與球重的關係無法由肌肉動作中，觀察到或是表現出來，但是它卻是教導學生選球時，必須的知識概念，是隱含的一種能力。步驟4則是往下再細分為次級步驟（substeps），這些次級步驟須以水平的方式列出，分別為步驟4.1、4.2、4.3、4.4以及4.5等。如果教導這些次級步驟之前，還有智識能力要具備的話，那麼就要對該次級步驟再進行階層分析。

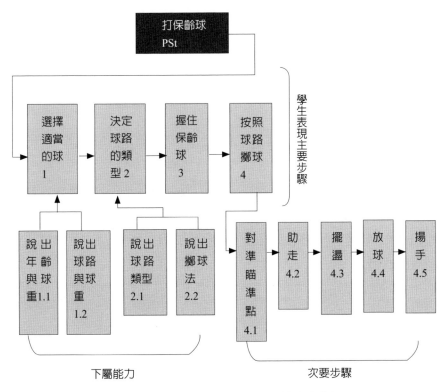

圖9-15　動作技能目標之下屬能力分析

下屬能力的分析依目標之特性有所不同，針對此種特性Dick, Carey和Carey（2009）建議其原則如表9-1：

表9-1　目標／主要步驟與下屬能力分析之形式

目標或主要步驟之類型	採用下屬能力分析之形式
智識能力	階層分析*
動作技能	階層分析*
語文資料	群集分析
態度	階層分析*／群集分析

＊階層分析包含過程步驟的順序。

＊資料來源：譯自*"The systematic design of instruction,"* by W. Dick, L. Carey, and J. O. Carey, 2009, p. 68.

表9-1所顯示的內容，是給予教師在進行教學分析與下屬能力分析時，選擇分析法的原則。因此，在進行教學分析時，依序先要將學習的目標歸類，然後再分析學生要表現目標的行為步驟，再依各步驟進行其下屬能力之分析。

以圖示的方式繪製教學分析，並且依照不同的目標類型進一步分析其下屬能力，是一種很有用的方法。對於這樣的圖示，有人說它是電腦流程（algorithm），也有人說它是「決定樹」（decision trees）。不論它被稱為何者，用它來說明表現某一種能力以及所需的知識時，顯然是一種很有效率的方法。特別的是，整個分析的過程依據了Gagné教學設計的理論以及學習階層的概念，可以說是一種是非常科學化的歷程。表現目標的步驟，讓教學者開始注意到學生是如何表現目標，以及它們的順序是什麼，從這個出發點來省視自己的教學是否合宜，是一種以學生為本位的教學思考方式。

值得注意的是，每一位教學者著眼的重點在分析中可能會造成不同的結果，但是只要是從學習的階層理論中，不斷的推論與修正，終究會找到最合乎邏輯與最適當的分析結果。何況，每次教學的學習者都是不同的群體，其特性自然有差異，因此分析的結果稍有不同，自屬意料中的事。

　　初次做教學分析其實是很困難的，甚至是對研究所的學生們（許多是現職教師）也是艱難的任務，更遑論對其他尚未接觸到相關理論的教師們。剛開始要學生們分析這些目標，其實也是困難重重，因為他們很少會去思考Gagné或其他的教學理論究竟能做什麼（除了考試以外）。所以，要將理論化為實際可行的實務，其實是需要不斷的練習和思考的。而這些，正是我們教導教學設計的教師們責無旁貸的任務。

　　九年一貫強調的是「能力指標」的課程與教學，因此，「能力」成為所有教學最重要的關鍵。因此，這些「能力指標」要如何轉化成為教學可用的目標成為教學設計的首要任務。雖然國內許多學者都提出他們的理論與見解，但是卻無法形成共識。再者，師培機構也沒有開設相關的課程，以培訓國中、小學的教師而教育部更缺乏配套措施，無法說清楚到底要如何轉化？這種莫衷一是的現象，讓教學基層的教師們陷入難以抉擇、莫衷一是的困境。

　　「能力」要如何顯現呢？如果能做某些「動作」或是某一件事是代表「有能力」的話，那麼能力指標的教學就是要求學生能表現出一連串的動作來表徵某項「能力」。將學生要表現的動作按照階層分析，找出教導這些「動作」之前，須要教導學生的先備原則、概念、和分辨等。這種分析的方式，讓教師能一目瞭然要教導學生做哪些「動作」才能算是表現「能力」，在教導這些「動作」之前，必須先教導哪些學習階層的事件，可以讓教導「動作」這件事變得容易些。這，就是教學分析最重要的價值所在。

　　Mager所主張的教學分析是一種目標分析法（objective analysis），其中融入Gagné的「學習階層」而形成所謂的「目標階層分析」方式（hier-archical analysis approach），能夠以系統化的步驟進行「能力指標」的轉化。它不僅轉化為「能力」，也轉化為「智識能力」——分辨、概念、原理原則、解決問題。換句話說，此種轉化「能力指標」的方式，可以包含國內許多不同學者對轉化的想法，不但包含「能力」，更包含「智識能力」，可以說是相當適合作為我國「能力指標」教學設計的基礎。

討論問題 ·······································

1. 試將釐清後的能力指標，歸入Gagné的成果目標類型。

2. 試和同儕比較對能力指標所列出的主要表現步驟有什麼差異？這些步驟和你實際表現這些步驟有差異嗎？

3. 試從能力指標主要表現的步驟中，開始分析下屬能力。你可以辨認它們是Gagné學習階層中的哪一種能力？有沒有包含語文資料呢？

參考書目

中國視聽教育學會（1978）。能力本位行為目標。臺北市：作者。

中國視聽教育學會（1998）。系統化教學設計（第四版）。臺北市：師大書苑。

林進材（1999）。教學理論與方法。臺北市：五南。

教育部（1993）。國民小學課程標準。臺北市：教育部。

黃政傑（1991）。課程設計。臺北市：東華。

Dick, W. & Carey, L. (1996). *The systematic design of instruction* (4th ed.). New York: HarperCollins.

Dick, W., Carey, L., Carey, J. O. (2009). *The systematic design of instruction* (7th ed.). London: Pearson Education.

Gagné, R. M., Briggs, L. J., & Wager, W. W. (1988). *Principles of instructional design* (3rd ed.). New York: Holt, Rinehart and Winston.

Heer, R. (2012, January 27). A model of learning objectives 【Iowa State University, Center for Excellence in Learning and Teaching】 Retrieved from http://www.celt.iastate.edu/teaching/RevisedBlooms1.html.

Kemp, J. E. (1985). *The instructional design process*. New York: Harper & Row.

Krathwohl, D. R. (2002). A revision of Bloom's taxonomy: An overview. *Theory into Practice, 41*, (4), 212-264.

Mager, R. F. (1983). *Goal analysis: How to clarify your goals so you can actually achieve them* (3rd. ed.). Atlanta, GA: the Center for Effective Performance.

第十章

學習者分析

　　學習者、教學法、目標以及評量並列為教學最重要的四個基本的因素。意即,教學在設計發展的階段,必須考慮該項計畫會用在哪一種學習者的身上。教學計畫成功與否,往往是以學習者是否積極的參與學習,並以其最終的成效作為衡量的標準。所謂學習者,其範圍可從小學到中學、大學甚至是工業、企業、政府、軍事等各種訓練課程的學習者。因此,在策劃初期,將學習者的特性、能力、經驗等列入考慮是有其必要。雖然,教學設計的對象,可能是針對特定的學生,例如:國小的學生,雖然是國小學生,但是仍然不能輕忽對學習者個別差異的瞭解。

　　學習者在學校所學的知識或是能力,是否會在其他的場合(除了在教室或學校)中使用或應用,是教學上一直思考的重要問題。在今天講求「能力」的時代裡,不能以考試為學習的最終表現。相反的,思考學生在教室課堂上所學的能力如何運用在其他地方,成為最重要的教學任務之一。換言之,學生要在哪裡運用學校所學的能力,就是教學者要去思考的問題。舉一個最簡單的例子,我經常會問學生:「為什麼我們要學植物的葉形?」(針葉、闊葉等)。意即,我們在什麼時候或是情況下,會用到

這些知識，或是需要辨認的能力呢？所以，分析學習者可以表現能力的脈絡，是學習者分析的要素之一。

　　此外，學習者學習目標的過程中，是否要藉助一些設備或是工具，例如：地圖、顯微鏡、電腦以及計算機等，也是教學設計中，必須考慮的要素。為了要達成目標，學校是否提供了良好的學習環境？因此，瞭解這些環境裡的學習脈絡，是在學習者分析的範圍內的工作。

第一節　學習者特性分析

　　教學設計時，要瞭解學習者的哪些特性，各家說法不一。Kemp（1985）建議對學習者特性的瞭解必須包括：㈠學業方面的資料：前一學年或學期學生的程度、成績、讀算寫的基本能力等；㈡個人及社會特性：年齡與成熟度、對教學內容所持的動機、態度和期望；㈢特殊學習者的特性：如少數民族（原住民）的學習者其語文能力，失能學習者之生理和身體的殘障或學習能力的障礙等；及㈣學習型態（learning styles）：有關學習者的腦部功能（左右腦功能）、學習情境以及認知學習型態等（中國視聽教育學會，1998，頁36-46）。這些因素都會直接或間接的影響教學計畫的結果。

　　Dunn和Dunn（1978）曾經針對學習型態提出影響學習者的因素，作為設計教學時的參考（pp. 17-19）：

　　㈠即時的外在環境因素：有關聲音、光線、家具等選擇與安排；

　　㈡個人的情緒：有關動機、責任感、對學習任務的持續性；

　　㈢個人的社會性需求：有關自我調適、同儕或團體的適應等；

　　㈣個人的生理需求：有關知覺的喜好、變動性的需求、時間的安排等。

　　瞭解學生的學習形態，可以提供學習者較佳的環境，以及不同的學習方式，適應個別的歧異性。此部分的資料可以由Dunn和Dunn（1978）

所設計的學習型態清單（Learning Styles Inventory）可以獲得相關的資料（pp. 17-19）。

此外，學習者的腦部功能，也會對其學習的方式產生不同的效果，值得教學者的注意。根據大部分的研究指出左右腦在學習的過程中，具有不同的功能。對於使用右腦的學習者而言，統整式的教學內容有助於其學習，分析式的教學內容則對慣用左腦的學習者有較佳的效果。此外，右腦學習者善於解決問題、具有創意；左腦學習者對語言有較佳的理解力和表達（Gregorc, 1982, p.6）。因此，掌握學習者的學習趨勢給予學習的指引或提供不同的活動，都有助於其學習。此部分的特徵可以藉由觀察學生是否（本能的）使用左右手的習慣加以判斷。

另外，Dick、Carey和Carey（2009）建議，對學習者的瞭解，應該就下列項目進行資料的蒐集：（pp. 93-94）

㈠起點能力（entry skills）：在教學分析中，最直接影響的因素莫過於起點能力。教學設計時，如果對起點能力沒有準確的掌握，所設計出來的教學不是太過簡單，讓學習者失去興趣，就是太難，讓學習者覺得無法達成而感到沮喪。因此，利用前測（pretests）或是訪談學生（interviews），是確定起點能力的方法之一。

㈡對教學主題或內容的先備知識（prior knowledge）：很少學習者對學校所教的內容或是主題是完全陌生的。尤其是小學的課程當中，不乏以螺旋式的方式重複的出現某一個主題或是目標。但是學習者對於這些先備知識，有可能是一種學習的迷失或是誤解，因此，在設計教學時，也要確認學習者先備知識的範圍和本質，利用前測（pretests）或是訪談（interviews）可以獲得相關的資料。

㈢對教學內涵和可能的傳播系統（delivery system）的態度：瞭解教學的內涵和學習者的需求，對於教學的設計會是一種有用的考慮。例如：我們常在偏鄉地區的學校，看到教師們使用Google的地圖作講解的內容，但是對學生而言，能夠自己上網練習使用Google地圖的人是少之又少。在教學的過程中，只有教師操作，學生觀

看而已，自然引不起學習的興趣。但是，如果換成使用傳統的地圖，每一小組成員都能在地圖上看到學習的內容時，其參與學習的情況就會好很多。

㈣學業動機（academic motivation）：學生對學業的動機是教學成功最重要的因素。要如何引起學生的學業動機呢？Keller（1987）建議以ARCS（attention, relevance, confidence and satifaction, ARCS）模式作為基礎，用問題引導學生思考以瞭解其學業的動機：1. 學習的目標跟你有多大的關聯性？2. 你最感興趣的是目標的哪一個層面？3. 你如果能表現這個目標，你會有多大的滿足感？4. 你有信心可以學會這個目標嗎？從這些問題的答案，作為設計教學時，對學生的瞭解和可能面對的問題。

㈤教育和能力的水準（educational and ability levels）：瞭解學生的成就情形以及一般性能力的水準。這些相關的資訊可以提供教學設計時，有關學生經驗的瞭解，以及他們對新的教學方式接受的程度。

㈥一般性的學習傾向（general learning preferences）：調查學生是否比較喜歡固定的學習方式，例如：傳統的講述方式，還是可以接受解決問題之小組學習、獨立學習或是網路學習。

㈦對於學校的態度（attitudes toward training organization）：研究顯示學生對學校和同儕的態度愈正向，其學習成果亦較佳。

㈧團體特性（group characteristics）：團體中的異質性的程度會影響學生對彼此歧異性的適應。因此，必須在教學設計中予以解決和調適。對團體的整體印象，例如：他們知道什麼以及感覺是什麼，都可以透過和學生的互動，獲得相關的資訊。

以上的因素 ㈠ 和 ㈡，可以用測驗獲得相關資料；而因素 ㈢～㈧ 建議可以訪談學生或是提供相關的問卷調查，獲得相關的資訊。這些資訊可以提供教學目標的選擇和發展，教學策略的安排，並且找出引起學生學習動機的活動類型，以及使用媒體的型式和教學的方法。因此，盡可能透過

各種調查，蒐集上述因素的資料，作為教學設計的參考。

　　不論是透過前測或是訪談、問卷調查所獲得的資料，都要將結果予以摘要和記錄，作為後續設計教學活動的重要參考。記錄時，可以將調查的項目、資料來源以及學習者的特性（結果）用表格的方式呈現，如表10-1。

表10-1　學習數學之學習者分析資料之記錄方式

項目	資料來源	學習者特性描述
1.起點行為	前測	90%學生能數數到50
2.先備知識	前測	90%學生做過10以內數的合成，但是沒有解題的經驗
3.對內容態度	問卷	大部分學生表示害怕數學
4.對教學方式	問卷	大部分學生喜歡數學的操作活動
5.對數學的動機	問卷	大部分學生表示數學是很重要的學科
6.對學習喜好	問卷	大部分學生表示喜歡小組式的學習
7.班級整體特性	觀察	數學能力差異性不大 喜愛活動式的學習 對小組的競爭有信心

　　將調查的資料作成摘要來記錄，是一件很重要的工作，藉由摘要的過程，教師可以具體的掌握學生的特性，不可將自己的刻板印象套在學生身上，或是認為自己已經教了許多年，就根據自己的經驗，把學生都看做是如出一轍的學習者，而忽略了他們所具備的特性。

　　此外，學習者的分析除了上述的特性需要澄清外，還要針對與學習者有關的脈絡進行分析。脈絡分析分成兩大部分：(一) 表現環境之脈絡分析（context analysis of performance setting），以及 (二)學習環境之脈絡分析（context analysis of learning setting）。

第二節　表現環境之脈絡分析

　　設計教學時，能力是在哪一種環境中可以表現出來，是一個非常重要的考量，亦即，當學生表現目標時，他所處的環境中，是否具備其所需要的設備與設施呢？例如：學生要表現投籃的技巧，那麼表現的場地中至少要有籃球場和一個籃球架可以讓學生表現，或是當學生表現在地圖上找到學校的所在區域、座標、以及方位時，他們是否能夠隨手可得一份地圖。當學生表現某項樂器的吹奏技巧時，是自己準備一項樂器，還是需要表演的單位提供其樂器。表現目標所需要的設備或設施，就是表現環境的脈絡所要考慮的要素。換句話說，教學必須提供能夠滿足學習者在表現能力時的環境需求。

　　一般而言，在課程中所學習的知識和能力，可以在學校或教室的環境中百分之百的表現出來，亦即，學校提供表現的環境脈絡，大都依照教科書裡的情境提供相關的設備、設施、工具以及其他的資源。但是，也要考慮這些設備和設施，是否和學校以外的環境中是否一致。如果，除了學校以外，這些設備和設施都沒有在其他任何場域出現或被使用，就代表了學校教育和社會的脫節，而這正是學校教育被批評最多的地方。所以，在設計教學時，應該要對學生表現的脈絡（performance context）加以考慮，以便讓學習的情境更符合真實的社會情況。如果所學習的能力可以應用在真實的情境裡，學生必定會增強其學習動機，而且能感受到學習和生活的關聯性，當然也加速了學習的遷移（learning transfer）。因此，評估學習環境的物理條件是否有利於學生表現能力，是很重要的。設備、工具、設施或是其他資源的提供，是否足以讓學生可以學習或練習？它們是否具有足夠的新穎性？這些都是在表現脈絡（performance context）分析中，重要的元素。

　　除了環境脈絡外，社會脈絡（social context）也是考慮的元素。學習者需要以單獨的方式表現，還是以小組的方式表現？學習者需要自行獨立的表現嗎？還是要在其他人面前表現？

　　表現環境的脈絡，必須在教學分析時一併考慮，經過調查所獲得的資料必須能夠描述學校是否能夠提供足夠有利的條件，讓學生表現能力。一般而言，能力表現的環境會對教學設計產生重要的影響，例如：學校沒有游泳池的設施，但是教育部要求國小學生畢業前要有游50公尺的能力。此時，教學的設計，顯然必須考慮其他替代的環境因素，例如：向民間的業者租用游泳池場地，或是協調附近其他學校共同使用游泳池設備，讓學生可以充分的表現他所學的技能。這樣的做法，是符合教學設計中一項重要的觀念，那就是學校對於目標的教學必須盡力提供學習的資源，不能因沒有設備或人員，就不提供學生學習的機會。

　　對於表現環境的脈絡分析結果，可以利用下列表10-2予以記錄：

表10-2　表現環境脈絡分析之範例表格

資料類型	資料來源	表現環境之特徵
物理條件	訪談： 觀察：	設備： 資源： 設施： 時間：
社會性	訪談： 觀察：	獨立： 小組： 表現方式：
技能的相關性	訪談： 觀察：	符合的需求： 目前的運用： 未來的運用：

資料來源：譯自"The systematic design of instruction", by W. Dick, L. Carey, & J. O. Carey, 2009, p. 101.

第三節　學習環境的脈絡分析

　　學習環境的理想狀況和現況，永遠是有差距的。Dick和Carey（1996）建議必須對下列的脈絡作分析，才能將兩者的距離拉近：（pp. 94-95）

㈠ 教學環境與教學規定的一致性

教學環境中是否有教學目標所規定的工具或是其他支持性的教具。因為在釐清目標的步驟中，已經提到要考慮學生在表現目標時，是否須要用這些工具或是教具？例如：學生能用教具以合成的方式作加法。在此目標的敘述當中，可以看到學生在學習這樣的能力時，必須要有教具給學生操作練習，最後才能表現目標所要求的能力。這些教具可能是花片，也可能是小立方體；總之，一定要有教具，才能學習該項能力。

㈡ 教學環境與真實世界之間的相容性

將學習環境模仿成真實的世界，是學習脈絡中，極為重要的工作任務。例如：將學校的音樂教室設計成類似小型的音樂廳，其中有小舞臺、簡單的音響設備、以及觀眾席位等。當學生在這樣環境中，學習合唱或是樂器演奏時，是否會比在教室內，坐在自己的位置上吹奏樂器來得更起勁、更真實呢？這幾年，我走訪許多偏鄉地區的學校，發現他們比都市的學校在這一方面做得更好。在南投縣中寮鄉（所謂的教育優先區）的一所國中，在該校的繪畫教室中，每位學生配有一個畫架，整間教室內，利用吊掛的普通燈泡，營造出畫廊的感覺，沒有豪華的燈光設備，但學校依然用克難的方式去營造類似專業畫室的環境，提供學生作品的公開展示機會。學生在這樣的環境中學習，自然會感受到環境氛圍的影響，進而促進其對學習的投入。因此，如何讓學習環境相容於真實的環境脈絡，是教學設計中非常重要的一環。

㈢ 教學傳播方式的相容性

從目標的敘述中，可以察覺其「應該」具備的表現的脈絡，這些脈絡同時也是學習的脈絡。但是有時候，學校會因為原來的環境設備限制了教學傳播的方式。我們經常會看到的場景是在書法課，教師把九宮格的稿紙貼在黑板上，然後轉過身寫書法。教師努力的一邊寫、一邊講解，但是，學生還是只能遠遠的看到教師的背影。如果，教室中沒有電腦或是單槍的放映機，就要考慮以小組的方式進行學習。換句話說，就是以小組輪流的方式，近距離看教師的示範，作為教學的方式。但是，如果教室有電腦和

放映機的設備，那麼教學的方式就可以用自拍的影片或是立即傳輸的方式進行示範與講解。所以，教學傳播的方式在進行教學設計時，必須予以適當的分析後，再作調整。

　　總而言之，瞭解學校或教室內的設備情況，以及學生在學習以及表現目標時需要的脈絡和資源，是教學分析中必須考慮的問題。更重要的是，當環境缺乏適當的條件時，雖然對教學以及學習會造成限制，但是，如何從現有的環境狀況，調整成為對學習者有利的學習或表現的脈絡，是設計教學時必須努力的方向。另外，教學傳播的方式也是在脈絡分析中重要的元素之一，因為它是直接影響教學的效果。因此，在教學設計時，特別是在教學策略的步驟中，必須加以考慮。

　　教師必須把上述的脈絡加以分析後，將其結果記錄如表10-3。

表10-3　學習環境脈絡分析之範例表格

資料類型	資料來源	學習環境特徵
環境與教學需求的相容性	訪談： 現場觀察： 觀察：	教學策略： 傳播方式： 時間： 人員： 其他：
環境與學習者需求的相容性	訪談： 現場觀察： 觀察：	地點： 便利性： 空間： 設備： 其他：
模仿真實情境的可行性	訪談： 現場觀察： 觀察：	物理特徵： 社會性特徵： 其他：

資料來源：譯自*The systematic design of instruction*, by W. Dick, L. Carey, & J. O. Carey, 2009, p. 101.

　　學習者的特性分析是學習者分析的首要工作，表現脈絡或是環境，以

及學習脈絡分析，則是其次的工作。找出這些脈絡中，對學習的限制或是相容性，讓教學的環境儘量趨近於表現目標的真實情境，是整個學習者分析的重要目的。不論是全班級或是小組的教學，瞭解學生一般性的學術性或社會性的特徵，例如：起點能力、先備能力、動機等，有助於對目標的深度或是廣度作決定，對活動的計畫、資源的需求或是傳播方式，產生重大的影響。

討論問題 ....

1. 在分析學習者特性時，你喜歡用哪一種理論呢？你會得到什麼樣的分析結果？這些結果如何影響你的設計？

2. 比較不同的國小教學現場，其學習環境脈絡有何特殊性？

3. 從能力指標中，陳述其學習環境脈絡與表現脈絡的差異性？如何能將兩者的差距縮小？

參考書目

Dick, W., Carey, L., & Carey, J. O. (2009). *The systematic design of instruction* (7th ed.). London, Pearson.

Dunn, R. & Dunn, K. (1978) *Teaching students through their individual learning styles: A practical approach*. Englewood Cliffs, VA: Reston Division of Prentice-Hall.

Gagné, R. M. (1965). *The conditions of learning and theory of instruction.* New York: Holt, Rinehart and Winston.

Gagné, R. M. (1985). *The conditions of learning and theory of instruction* (4th ed.). New York: Holt, Rinehart and Winston.

Gagné, R. M., Briggs, L. J., & Wager, W. W. (1988). *Principles of instructional design* (3rd ed.). New York: Holt, Rinehart and Winston.

Gregorc, A. F. (1982). Learning style/brain research: Harbinger of an emerging psychology. In National Association of Secondary School Principals (Ed.), *Student learning styles and brain behavior: Programs, instrumentation, research* (pp. 3-10). Reston, VA: the editor.

Kemp, J. E. (1985). *The instructional design process*. New York: Harper & Row.

第十一章

撰寫目標

　　如果沒有進行教學分析與學習者分析的工作，那麼要求教師從能力指標中產出目標，實在是一件很困難的事。雖然表面上，教師可以掌握編寫目標的格式與內涵，但是當其缺乏編寫目標正確的概念與知識時，就無法產出專業而有效的目標。因此，常常有教師為了要編寫目標，把原本應該要從能力指標產出目標的這個過程，翻轉成從課本的單元或主題中產出目標，然後再把能力指標套入作對應。因為有教材或單元，這樣編寫目標的過程比較容易，而許多教師也認為它是編寫能力指標成為教學目標的正確方式（因為過去也都是這樣寫的）。然而，用這種方式所編寫的目標，仍然是以教科書的內容或主題為基礎所產出的，並不是由能力指標產出的，兩者之間存在著相當大的差異。

　　然而，編寫完目標，專家們會告訴你，把它們融入到你的教學裡，能力指標的教學就完成了。但是，實際的情況是，許多教師在研習會中，學會了寫目標，或者學會了轉換能力指標為目標的方法，隨著會議或課程結束後，這些寫完了之後的目標，卻還是擱在抽屜裡或是檔案中，完全沒發揮作用。換句話說，這些辛苦轉化的目標對教學設計的過程，完全沒有

發生任何的影響與作用。那麼，如何從能力指標中產出目標？目標的依據是什麼？寫完目標，其後續的工作或任務又是什麼？如何編寫有用的目標呢？這些問題一直困擾著教師。

Mager（1997）將教學目標（instructional objective）定義為「一群字詞和／或是圖像和圖示，用來讓他人知道什麼是你想要學生達成的。」（p.3）。依照Mager的觀點，目標具有三項特徵：

㈠教學目標與想要的成果有關，而不是和達成成果的歷程有關；

㈡教學目標是特定的而且可以測量的，而不是廣泛的和模糊不清的；

㈢教學目標關注的是學生，而不是教師。

目標是一種工具，用來說明學生在學習完成以後的改變，而這些改變必須符合教學設計所設定的方向。有了明確的目標，教學者就可以運用其智慧、創造力、經驗、以及聰明才智去設計教學的活動。換句話說，有了目標，教學的過程或是活動，就可以無限的變化，只要是有助於學生能達成目標的，就是好的教學。因此，不必拘泥所有的教師在同一堂課、同一個時間進行同樣的活動。就像是打籃球，控球的球員可以因時因地，自行決定當時最佳的隊形和進攻的策略，只要他們的目標都是針對如何在比賽中獲得高分就可以了。有清楚的目標，教師就可以針對自己學生的特質，進行最適當的教學與活動。

除此之外，目標還有許多的重要性，例如：目標提供選擇教材的基礎，就像外科醫師一樣，他不會先選擇手術的工具，除非他知道要完成的是身體哪一個部分的手術。同樣的，教師應該先具體而清楚的瞭解目標，才能選擇適當的教科書或教材。

目標對教學的效率也有影響，例如：學生對表現某一些目標的能力，有可能並不是因為缺乏相關的知識而表現不佳，而是沒有足夠的練習或是設備。因此，教導學生已經會的知識顯然是多餘的。在此種情形下，多提供一些練習，或是多提供一些設備、空間，反而有可能讓學生表現得更好。然而，可評量的（measurable）目標，就是找出學生能夠做的，和學生知道怎麼做之間差異的最好工具。

　　目標除了作為教學活動的準則以外，更可以作為測驗設計的原則。有了清楚的目標，對於選擇評量的方式是很重要的。敘述不清楚的目標，讓教師與學生無法確定要評量的重點是什麼，這種情況下，學生常常會感到評量與課堂的學習活動沒有太大的關係，同時，也感受到評量是不公平的、無益的，沒有測量到真正重要的能力。因此，總結的說，目標的功能為：

　　㈠ 目標提供選擇教材的基礎；

　　㈡ 目標提供教師發揮創造力與智慧的空間；

　　㈢ 目標評量教學的結果；

　　㈣ 目標指引學生努力的方向；

　　㈤ 目標是實現教學效率的基礎。

　　所以，目標對教學和學習或者教師和學生，各具有其特殊的意義，為了達成上述的功能，目標應該具有下列這些特質，才能算是有用的目標：（Mager, 1997, p.51）

　　㈠ 表現（performance）：描述學習者要「做」什麼；

　　㈡ 情境（conditions）：描述在什麼情境下，發生期望的表現；

　　㈢ 標準（criterion）：描述必須達到或優於能力的層次，諸如：速度、正確性與品質。

　　在文獻中，很多時候把「行為目標」（behavioral objective）和「表現目標」（performance objective）、「學習目標」（learning objective）、以及「教學目標」（instructional objective）視為可以平行交互使用的名詞。這些目標的語詞，不論怎麼稱呼，都有一個共同點，那就是描述「學習者」要學習的知識、技能或是態度，並不是描述「教學者」的行為。

　　Mager於1975年第一次使用「行為目標」（behavioral objective）於著作中，並且把它定義為「一種敘述學生能做什麼的句子」（引自Dick, Carey, & Carey, 2009, p.113）。Gagné（1988）則是將表現目標（performance objectives）定義為「對具有可觀察到行為的能力，作精簡的敘

述」（p.121）。Dick、Carey和Carey（2009）將教學目標（instructional goal）、表現目標（performance objective）以及終點目標（terminal objective）作了清楚的區分（p.113）。他們認為「教學目標」是描述學習者在完成一系列教材之後，能做什麼，描述的是在真實世界的脈絡中，學習者能夠「做什麼」；意即學生能在教學情境以外的地方（通常是教室或學校以外的地方），運用所學到的知識和能力。當教學目標轉化為表現目標（performance objective）時，就是所謂的終點目標（terminal objective），描述的是學習者完成一個單位（unit）的學習後能做什麼。終點目標的情境是建立在學習的情境中（通常指教室或學校以及模擬的情境），並不是真實的世界。因此，表現目標所描述的是在教學與學習的環境脈絡裡，學習者學完教學（instruction）後能做什麼。

「教學目標」（instructional goal）是指在真實的脈絡中，學生能夠表現的目標；而「表現目標」（performance objective）則是指學生在學習的脈絡中，能夠表現的目標。最常見教學目標的描述如：「在生活情境中，能解決加減的問題」，但是真正在教學的情況中，大都無法在「真正的生活情境中」進行教學，所以要將「教學目標」轉換為「終點目標」（terminal objective），以便能在教室或其他模擬的環境中進行教學。所以，前述的目標就可能改為「在模擬的情境中，解決加減的問題」。Mager也強調，教學目標和終點目標的脈絡，如果能夠彼此接近，未來能形成「學習遷移」的可能性就愈高。為了將來能在真正的生活情境中應用，因此「終點目標」就以「表現目標」的方式敘述，是為了「學習遷移」所做的準備。是故，「表現目標」必須指出學生要表現的「能力」，這也是它一再強調的重點。

撰寫「表現目標」（performance objective）被視為教學設計歷程中，最具代表性的任務之一。然而，「表現目標」，在國內比較少用這樣的語詞來形容目標，但是它的同義詞「行為目標」（behavioral objective）卻是經常出現於教育的書籍或文獻中（Gagné, 1988, p.121）。因此，在本書中以不論是用「行為目標」（behavioral objective）或以「表現目標」（performance objective），都是指學生在學完教材後，能「做什麼」的敘述。

　　至於，從分析教學目標所產生的主要步驟（major steps）中，再延伸出所謂的下屬能力（subordinate skills），描述這些下屬能力的目標稱為下屬目標（subordinate objectives）。下屬目標描述的是學習者為達成終點目標所必須精熟的能力，它是依據Gagné的學習階層理論發展而來，並且是以主要步驟的目標為其標的。

　　教學分析裡的每一項主要的步驟，都應該要寫出一個或一個以上的表現目標。一般而言，目標如果是針對「主要的步驟」來撰寫，那些出現在課程大綱、教科書的緒論、以及網頁的首頁裡的目標，通常就是屬於這類型的目標。對於下屬能力也應該要寫一個或一個以上的下屬目標，甚至對於不包括在教學範圍裡的起點能力（entry skills），有時候也要寫成下屬目標，如此一來，它就可以作為前測測驗題目的基礎，確定學習者在學習之前，是真的具有課程所要求的先備能力。

　　但是，實際的情況是，通常在教學計畫的文件中（例如：教案或教學大綱）很少把下屬能力（subordinate skills）的目標顯示在其中，大部分都只把主要步驟（major steps）所編寫的目標列在其中，其原因之一是希望和學習者溝通時，目標的數目能少一些，以免嚇跑學習者。由於目標的數目較少，能夠讓學習者很容易將注意力集中在主要的目標上，所以給學生的教學大綱裡，大都只是將主要步驟的目標寫在上面，至於更詳細的下屬目標則通常被省略。

　　至於要不要在教學過程中，告訴學生有關要達成的目標，有研究指出開始教學時，告訴學生目標是什麼，對學生的學習結果是有正面而顯著的影響，但是也有研究顯示是沒有顯著影響。Dick與Carey（2009）在檢視了許多相關的研究後，總結的指出，在教學前提供學生有關要達成的目標，對學生的學習成就是具有些微而正面的影響（p. 112）。雖然如此，由於目標是教師在設計教學的許多活動的基礎，在教學設計的過程中，它影響了許多教學設計的決定。因此，要如何編寫出有用的目標，則是下一個要解決的問題。

第一節　表現目標的組成及格式

　　在許多能力指標的敘述中，會看到，例如：「在生活中，能解決……」這樣的敘述。Mager把它稱為「教學目標」（instructional objectives）。它所敘述的是在真實的生活情境中，學生能表現什麼樣的能力。然而，在實際的教室教學中，就要將它轉換為「表現目標」（performance objectives），意即，在完成某一個單元或指標的教學時，學生在學校或教室環境中能表現什麼能力。而這個「表現目標」就是所謂的「終點目標」（termainal objectives）。那麼，要如何將終點目標所敘述的能力，在生活情境中應用，這就是「學習遷移」的主要任務。Mager建議在教學的歷程中，教師應該要設計一些活動或情境，讓學生有練習遷移學習的機會。真實的例子有：將教室設計成一個超市，讓學生模仿購物的行為，進行數學加、減、以及使用錢幣的活動；或是將音樂教室設計成表演場，有舞臺、燈光、音響以及觀眾席，可以進行一次音樂的展演活動。這些都是利用模仿的情境，讓學生可以進行能力的表現。如果教師可以重視學習的遷移，那麼這些活動，都算是在接近於真實的環境內進行學習遷移的練習。

　　在教學分析的過程中，每一個終點目標要如何描述，Mager（1997）認為有三個主要的元素，必須包含在其目標敘述當中：（p.51）

(一) 描述教學分析所指出的能力（skills）：描述學習者能做（do）什麼。這個元素包含動作。例如：「學生能用合成的方式做加法」，「做加法」就是學生要做的表現。對於表現目標，如：「說出家庭遷徙的原因」，「說出」亦是學生要做的動作。因此，表現目標，就是要非常清楚的描述學生要用什麼方式來表現他的能力。

　　雖然表現目標的形成是依據教學分析而來，但是難免有時候還是會碰到一些不適當的動詞，專家建議對於這些動詞還是要以清楚的「動作」代替之。例如：「知道」，雖然它通常指的是語文資料；「瞭解」指的是智識能力；以及「欣賞」指的是態度，但是在

轉換為「動作」的用語時，不妨問自己：「我能看見學生在做這樣的動作嗎？」，如果無法看見它們，就進一步去思考到底要看到學生做什麼，才能確定他們是知道、瞭解，甚至是欣賞了。

　　目標敘述中的動詞，固然來自教學分析裡的動詞，但是仍然必須避免使用一些沒有明顯動作的動詞，例如：知道、學會、回憶等。最好，教師要問自己：「我能不能看到學生這樣做？」，「知道」不如「說出」更能看到學生的動作；「學會」不如「算出」來得具體。

(二)描述讓學習者表現任務時需要的情境（conditions）：學習者在表現目標時，是否可以使用工具，例如：「他能夠在地圖上畫出家庭遷徙的路線」。「地圖」是學生在表現這個能力的情境中，要必備的工具。另外，目標為「用教具以合成的方式做加法」，其中「教具」是學生在表現目標時要用的工具。

　　在表現目標內加註情境，有時可以作為學生在回憶資料的線索（clues）。常見的例子是：「給定勾股定律的公式，學生可以算出座標上任何一條斜線的長度。」那麼，從目標的敘述當中，可想而知的是，當評量這樣的目標時，教師會先給學生勾股定律的公式，然後學生只要依照提供的公式去計算斜線的長度。這樣的情境是有助於學生搜尋記憶的線索。同樣的，「給定植物的圖片，學生可以說出植物的構造」，這些提供的「圖片」，就是有意義的線索。

　　另一種常見的情境是無法作為學生回憶線索的目標，例如：「從回憶中，寫出勾股定律的公式」。但是，這種例子卻常常在教學的過程中遇見，沒有提供線索的回憶是加重學生對認知的負荷，會消耗他們大量的精力與能量去回憶，會導致學生對學習感到疲累與厭倦，應該儘量避免。

(三)描述用來評量學習者表現的標準（criteria）：這個標準通常陳述的是對學生表現的容忍度，包括限制、範圍、可接受的答案或反應。例如：目標敘述中「在水深2公尺的游泳池內，學生能用蛙式游完50公尺」，此時「游完50公尺」敘述目標的範圍，「蛙式」

說明游泳的形式，是達成該目標的一種標準。所謂表現的標準是指學生表現的可接受性與範圍。

另外，表現的目標常與精熟的程度混淆。例如：「給學生10題加法題目，學生能答對80%的題目」，這個「80%」並不是目標的標準，它是指目標精熟的程度，會這樣寫，是因為教師已經發展好測驗題目，期望在測驗中，學生有這樣的精熟，但它並不是目標的標準。

再看另一個例子，「給學生草本植物的定義，學生能說出至少三種植物的名稱」，其中「至少三種」即是目標的標準。這樣的標準也限制了目標的複雜性，因此學生不必說十種，只說三種即可。

對於目標的內容，除了必須編寫包含上述三個部分的元素之外，更重要的是它必須依據教學分析來寫。換句話說，目標必須直接從教學分析而來，還要表示出教學分析所要求的行為或動作，再加上評量的標準與表現目標時的情境。唯有如此，編寫的目標的工作才有意義與效率。

撰寫包含三元素的表現目標

每一個終點目標之下，按照教學分析的結果，都要將每一個重要的步驟編寫為表現目標。而表現目標的敘述必須包含上述的三元素，因此撰寫這樣的目標本身，就是一種解決問題的任務（a problem-solving task）。然而，要撰寫表現目標，Gagné建議先決定目標是屬於哪一種類型的成果目標，然後再針對每一種成果的目標撰寫表現目標。以下先就智識能力的各個階層說明之。

 智識能力目標

㈠ 分辨（discrimination）
分辨是指學習者用感官（看、聽、聞、觸摸等）來分辨不同的刺激是

否相同還是相異。「指出」是此學習階層中最常用的動詞。因此，撰寫的
方式如下：

(二) 具體概念（concrete concept）

具體概念是指學習者必須能找出屬於某一類物體的例子。例如：問
學生「什麼是三角形？」，請其描述三角形的特徵。如果學生能說出來三
角形的細節或特徵，那麼我們可以說，他知道這個概念。或者，讓學生在
一堆圖形當中「指出哪個是三角形」，或許他無法去描述這樣的概念，但
是卻能辨認出來，也可以代表學生是具有三角形的概念。這些表現的方式
都是可以被視為具有三角形的概念。因此，在寫這類的目標時，就可以寫
成：

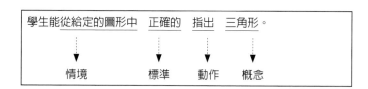

(三) 定義概念（defined concept）

定義概念所指的是分類物體或事項的原則，而其分類的原則是屬於事
物定義的部分。因此，在寫這類的目標時，就可以寫成：

㈣ 原則（rule）

原則是指利用兩個或兩個以上的概念，找出其間的關係。以下面的目標敘述為例，在此目標中，學習者必須具備什麼是「短除法」的概念與算法，也要有什麼是「最大公因數」與「最小公倍數」的概念，才能表現這個目標。因此，這類的目標的寫法分析為：

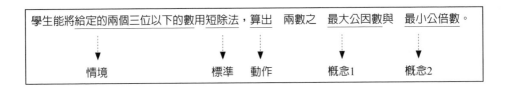

㈤ 解決問題（problem solving）

Gagné（1985）把解決問題定義成「學習者選擇以及運用原則，在新的情境中找到解決的方法」（p. 178）。學生在解決問題的過程中，就可以習得高層次（higher-order）的原則。這項高層次原則是綜合其他的原則以及概念，可以讓學生解決其他形式的問題。在下面的例子當中，學生必須選擇適當的教學方法，設計能力指標的教學計畫，意指學生在許多的教學理論中，選擇一個較佳的理論來解決問題，但是卻不限定是哪一項理論。因此，這樣的目標是屬於「定義不清」的（ill-defined）目標；換言之，在評量的時候，就不只一種可能的解決辦法。然而，目標敘述當中「完整的」也是屬於定義不清的標準，它可能意謂著有許多不同的層面。在這種情形下，學生所寫的「教學計畫」可能依其所選的教學理論而有不同的意義，因此，在評量的時候，通常就會以「規準評量」（rubric evaluation）作為工具，進行對學生作品的評鑑。

但是，如果目標改為：「學生能以系統化教學模式 設計出 社會領域能力指標之教學計畫」，那麼僅能說，它只是運用「系統化教學模式」的原則而已，不宜稱為解決問題。

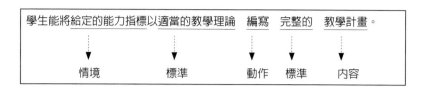

 語文資料目標

　　語文資料是指以語言的方式表達資訊（名稱、事實、命題），也稱為表達的知識（Gagné, 1988, p.130）。為了減輕學生認知的負荷，在評量此項目標時，教師提供植物的圖片，作為回憶的線索，學生根據該圖片中的線索，搜尋記憶，說出內容。如果目標改為「從回憶中」的話，學生就缺乏搜索記憶的線索，變成要硬背該項答案，無形當中就增加認知負擔。所以，提供適當的情境是可以幫助學生搜索記憶的。

 態度目標

　　態度目標是指學習者在未被告知的情境下，藉由觀察其採取的行動，是否符合期望的表現。然而，態度目標在評量的時候，會面臨兩個很重要的問題，那就是個人的隱私和權益的問題。因為跟蹤學生在真實的環境中，觀察他們是否採取符合表現目標的行為作為評量的方式，其實是一個很大的問題，因為它牽涉到個人隱私的部分，因此妥協是經常被採取的可能解決之道。所以，在實務中，對態度目標的評量，大部分都以學習者一旦選擇某種決定時，他「知道」要採取何種的行動，作為評量的焦點。以

下列態度目標為例，如果能在真實的速食店中，在沒有告知學生狀況下，他們將會被觀察，他們點餐的內容是作為目標的評量重點，是一種最有效的評量。但是，事實上，我們可想而知的是，教師通常無法進行這樣的現場評量，因此，往往退而求其次，以發展相關的智識能力或語文資料的測驗去評量學生的態度，作為替代的方案。所以，測驗題目可能就是讓學生選擇哪一樣食物會比較符合健康的原則，如，選炸雞或漢堡，牛奶或可樂，薯條或沙拉。意思即，一旦學生要遵守均衡健康飲食的原則時，其在速食店中，依據他們對食物的知識，應該盡可能的選取可以替代的、健康一點的食物。

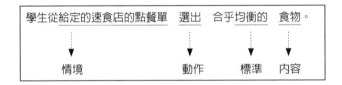

 四　動作技能目標

　　有些行為的表現必須用肌肉與骨骼協調而精準的動作表示，例如：體育或藝術表演方面的技能。下列動作技能目標的範例指出評量游泳的能力是在水深1.5公尺的游泳池內進行，是以蛙式的方式游完50公尺，時間的限制是5分鐘。這些目標的敘述很清楚的說明了平常上游泳課時，學生應該要努力的方向以及要達成的目標。如果，平時的練習和評量都在學校內設的游泳池的話，目標就可以直接描述「學生能在學校的游泳池內，用蛙式……。」如果是租用校外的游泳池就要指定出水池的深度，因為不同深度的泳池會造成水壓有差異，因為學生平時自己練習時，就會特別注意深度，以免評量的時候因為嗆水而失常。

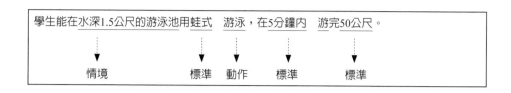

學生能在水深1.5公尺的游泳池用蛙式　游泳，在5分鐘內　游完50公尺。

　　情境　　　　　　標準　動作　標準　　　　標準

　　以上各類成果目標中，評量表現目標時，均要考慮情境的問題。最理想的狀況是學習情境和表現情境是一樣的。但是，居於現實的考量，兩者也可能是不一樣的。

　　Mager認為將教學目標轉化為終點目標後，編寫成表現目標，主要是因為表現目標是評量學生在學完單元或教材後表現能力的依據。表現目標指明學生表現的情境、行為、內容或概念以及標準，是編製測驗最重要的依據。

　　在進行確認能力指標後，也做了教學分析與學習者分析，就要編寫各種目標。整個的歷程可以簡要的描述如下：

㈠將能力指標／教學目標的內容釐清；

㈡將釐清後的能力指標／教學目標，轉化為終點目標；

㈢終點目標的情境反應學習脈絡，以表現目標方式編寫；

㈣將終點目標進行教學分析；

㈤針對教學分析中的主要步驟（如果沒有下屬的步驟），撰寫目標；

㈥針對整體的下屬步驟（sub-steps）以下屬目標的方式，撰寫下屬目標；

㈦針對所有的下屬能力撰寫下屬目標；

㈧如果不是全部的學生都具備的起點能力，就要針對起點能力撰寫起點目標。

第二節　撰寫下屬目標的歷程與方式

　　如果，能力指標已經轉化完成，並且進行教學分析與學習者分析，就可以依照教學分析圖示中的主要步驟，加上情境與標準，撰寫成表現目標。至於主要步驟之下的學習階層，則可依下屬能力之分析，進行撰寫下屬目標。以下範例，即是依照教學分析圖示的學習階層，來撰寫其下屬目標。

㈠ 撰寫語文資料之下屬目標

　　撰寫語文資料的表現目標是要根據圖11-1的教學分析而為之。在圖11-1中，包含兩個主要的步驟。

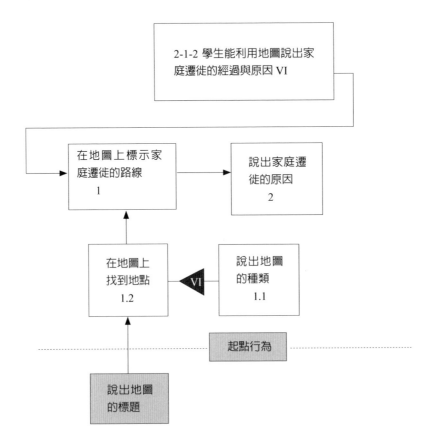

圖11-1　語文資料之分析

在圖11-1中的例子是設定為語文資料的目標，它的敘述已經將該能力指標轉化為終點目標，亦即已經成為教學情境中的目標。但是，由於這個指標的內涵具有個別化的特殊性（因為每個學生的情況都不一樣），意即學習者必須能根據自己的情況，說出或寫出目標所要求的內容。撰寫表現目標時，「地圖」就成為其表現目標所需要的工具，故列入情境的敘述當中。藉由學生回憶向家人詢問所獲得的資訊，在地圖上標示並「說出」以表現這個目標。因此，從教學分析圖裡所轉化的下屬目標，如表11-1。

表11-1　語文資料之表現目標與下屬目標

| 1. 學生可以在地圖上標示家庭遷徙的路線 |
| 1.1 學生從給定的地圖中，說出地圖的種類 |
| 1.2 學生能從選定的地圖中，找出遷徙的地點 |
| 2. 利用家庭調查表，學生能說出家庭遷徙的原因 |

㈡ 撰寫智識能力之下屬目標

撰寫智識能力的下屬目標，要根據教學分析圖中的階層撰寫。雖然原則上是每一項智識能力都要寫一項或一項以上的目標，但是也要考慮一個問題，那就是，如果教學目標中包含太多目標時，可能對於學習者產生溝通上的問題，而學習者面對這麼多的目標，可能會缺乏完成的信心。因此，如果可以統整成較少的目標，也是不錯可行的方式。但是，如果智識能力目標中尚包含有語文資料者，除了撰寫智識能力的表現目標外，應就語文資料另寫表現目標，因為這兩者是屬於不同的成果目標。

以數學為例，其原來的能力指標（細目1-n-02）已經轉為圖11-2中之終點目標。

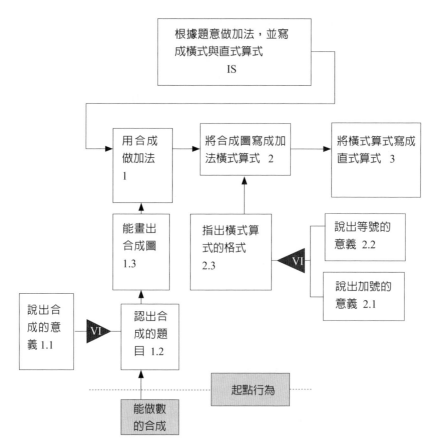

圖11-2　智識能力之教學分析

　　針對圖11-2中之主要步驟（方塊1至3），以及其下的下屬能力（方塊1.1至1.3；以及方塊2.1至2.3等）均須編寫下屬目標，以便教學完成時，可以進行目標之評量。在轉化教學分析時，注意要儘量將情境和標準列入表現目標中，以便未來可以作為評量的依據。目標敘述中，「用合成的方式」被視為目標的標準，「做對」、「正確的」亦是另一種目標的標準。此外，目標敘述中加註「給定的題目」則被視為情境，亦即，在評量該項目標時，教師會提供題目。

表11-2　智識能力與語文資料之表現目標與下屬目標

學生能用合成的方式做加法，並寫成橫式與直式的算式
1 學生能對給定的題目用合成的方式做加法
1.1 學生能從數合成活動中，正確的說出合成的意義
1.2 學生能認出合成的題目
1.3 學生能畫出合成圖
2 學生能從合成圖寫出橫式的加法算式
2.1 & 2.2學生能正確的說出「+」號和「=」號的意義
2.3 學生能正確的說出橫式之加法算式格式

㈢ 撰寫動作技能之表現目標

　　由於動作技能目標均包含有語文資料或是智識能力，因此在撰寫動作技能成果之目標時，必須包含這些成果的下屬目標。同樣的，學生能夠打保齡球這樣的教學目標轉化為圖11-3中之「學生能於社區的球館打保齡球」，這樣的目標就會暗示學生未來的評量是在社區的球館環境中進行，如果學習的情境也是相同的話，那麼教師和學生都很確定教學和練習都應該要在社區的球館內。所以，社區球館的球道、長度與環境中的因素，是在學習情境中要克服的變數。表11-3中的表現目標是以對應圖11-3的教學分析而編寫的。其中1.1和1.2所轉化的表現目標中，均加上對情境的描述，「提供不同磅數與材質的球」、「給予年齡與球重的公式」、以及「給予球路與球重的參考表」等。這些情境就代表了未來在評量學生的表現時，會提供給學生保齡球、公式和參考表等作為工具，進行評量。換句話說，學生不必在考試的時候，要將這些公式背下來，只要在考試時，會正確的運用這些提供的公式，作相關計算或選擇，就可以了。

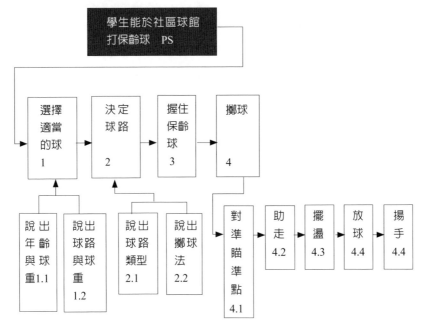

圖11-3　動作技能目標之教學分析

表11-3　動作技能目標之表現目標與下屬目標

學生在社區球館能夠打保齡球
1. 提供不同磅數與材質的球，學生能正確的選出適當的保齡球
1.1 學生可以從給定的保齡球與年齡的公式，算出適合的球重
1.2 學生可以從給定的球路與球重的參考表中，選出適合的球種
2. 學生能正確的選出適當的球路
2.1 學生可以從三張握球圖片中，指出球路的類型
2.2 學生可以從三張擲球的圖片中，說出其擲球法的名稱
3. 選擇擲球法，學生能正確的握住保齡球
4. 學生能按照選定的球路，正確的擲球
4.1 學生能根據擲球法，正確的對準瞄準點
4.2 學生能根據擲球法，正確的計算起點，開始助走
4.3 學生能根據擲球法，在助走時，將手臂正確的擺盪到身體後方
4.4 學生能根據擲球法，在助走的終點，能正確的將球擲出
4.5 學生能根據擲球法，在擲球後，將手臂正確的上揚收尾

(四) 撰寫態度成果之下屬目標

發展態度成果的表現目標其實是比較複雜的，主要原因是態度是學習者的內在感受，常常無法直接由觀察的方式看到行為的表現。因此態度成果基本上都是藉由語文資料或是智識能力的方式表示其行為的傾向。以圖11-4為例，說明態度之成果是由智識能力來表示其行為之傾向。因此表現的目標，就要由智識能力的表現目標來代表。從表現目標的情境中，可以看出學習的時候，學生必須對所謂的「均衡食物」的原則有所瞭解以後，才能進一步選擇去實施這樣的態度。所以，從情境可以看出學習的活動以及學生要表現的動作。那麼，教學的意義是除了要教導「均衡飲食的原則」外，還要記得設計一個「統整的活動」，讓學生有機會去運用所學到的知識「選擇」均衡飲食的情境。

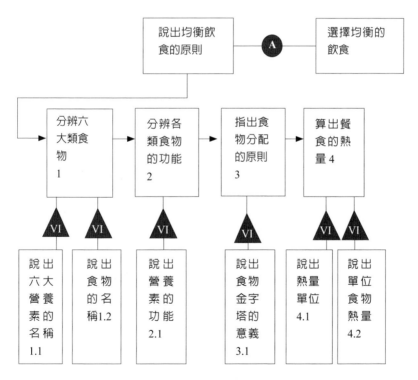

圖11-4　態度目標之教學分析

在轉化圖11-4之教學分析裡的表現步驟，以及其下屬能力時，就要將其加上情境與標準後，寫成下屬目標，如表11-4。從下屬目標來看，這樣的能力指標經過分析，學生的學習表現一覽無疑，可以說已經跳脫知識層面的學習，進入到能力的表現。甚至，從這些表現目標也可以看出教學應該要進行的方式，可以說它們符合Ornstein、Pajak與Ornstein（2007）對目標的要求，那就是一個好的目標，可以顯示教學活動的寓意。

表11-4 態度成果之表現目標與下屬目標

學生能從給定的速食店選餐單，選擇比較均衡的飲食
1. 學生能根據給定的六大營養素表以及食物圖片，辨認出六大類食物
1.1. 從回憶中，學生能說出六大營養素的名稱
1.2 學生能從給定的食物圖片，說出其名稱
2. 學生能從給定的食物圖片，說出其對人體的功能
2.1 學生能依照營養素的表格，說出其對人體的功能
3. 學生可以從給定的菜單中，算出餐食的熱量
3.1 學生能從回憶中，說出熱量的意義和單位
3.2 學生能從給定的食物卡路里的表格和食物重量，算出餐食的熱量

以上之範例是從不同學習成果的教學分析示範它們的轉化，編寫成下屬目標的方式。所以，每個能力指標經過適當的轉化為終點目標後，再行分析，確定其表現的步驟以及下屬的能力。將這些步驟與下屬能力轉化為下屬目標，是建構出教學的順序與內涵。換句話說，從能力指標所產出的表現目標（performance objective）或是行為目標（behavioral objective）都必須依賴教學分析的結果。這些結果不但指出學習者要表現的能力，也指出與能力有關之學習階層（hierarchy of learning）中的知識與概念。如果，「能力」是代表個體能夠「做某件事」的話，那麼，當能力指標轉化成動作或步驟，就是代表它必須以「能力」來呈現該指標，而指標之下的動作或步驟所必須先備的下屬能力，是以Gagné的「事實」、「概念」、「原

理原則」的階層逐步推演出來的，這些「學習階層」即是代表這些表現步驟所須要的「知識」。如此一來，當指標的分析既包含「能力」也包含「知識」，然後又以語文資料、智識能力、態度、動作技能等不同領域分別進行分析。那麼，以這種方式處理能力指標的轉化，就可以融合許多學者對能力指標到底要轉化成「能力」，還是「知識和概念」，亦或是「目標」的爭議。

　　值得注意的是，在編寫下屬目標之前，必須要有完整的教學分析，同時也要完成對學習與情境的分析。因此，教學分析中的下屬能力在轉寫成為下屬目標時，必須加上情境的情境與標準。這些「情境」能夠暗示表現目標和學習目標的活動、範圍、輔助工具、場地等；而「標準」則說明了表現的範圍、限制與程度。這些情境和標準，會在後續的步驟中，成為學習的評量方式和教學策略決定的基礎。

討論問題 ....

1. 目標有什麼重要性？

2. 試說明教學目標、終點目標、表現目標、行為目標之間的差異。

3. 試將能力指標的主要表現步驟轉寫成表現目標，並且討論這些表現目標的脈絡是什麼？它們與能力有什麼關係？

參考書目

吳享叡（2011）。看圖寫作。

Dick, W., Carey, L., & Carey, J. O. (2009). *The systematic design of instruction* (7th ed.). London: Pearson.

Gagné, R. M. (1985). *The conditions of learning* (4th ed.). New York: Holt, Rinehart and Winston.

Gagné, R. M., Briggs, L. J., & Wager, W. W. (1988). *Principles of instructional design* (3rd ed.). New York: Holt, Rinehart and Winston.

Kemp, J. E. (1985). *The instructional design process*. New York: Harper & Row.

Mager, R. F. (1997). *Preparing instructional objectives: A critical tool in the development of effective instruction* (3rd ed.). Atlanta, GA: CEP Press.

Ornstein, A. C., Pajak, E. F. & Ornstein, S. B. (2007). *Contemporary issues in curriculum* (4th ed.). Boston : Pearson.

第十二章

學習評量設計

「這次的考試，怎麼都考些很偏僻的問題呢？重要的，都沒考到？」
「這些考題，怎麼都不是上課時，老師說的重點呢？」
「這次的考試，重點的地方根本都沒有考到，不知道在測什麼？」

　　我想，過去不論當我們還是學生的時候，或者是我們現在的學生，對學校考試的題目最常抱怨的就是，測驗好像沒有測到應該要測的重點。為什麼測驗的題目和上課的重點或是表現的要求不一致呢？到底測驗是測學生不懂的地方，還是測他懂的部分？我想是教師們在設計考題時，一種矛盾的心理。其原因很可能在於我們教師的習慣是等教學完了之後，才開始想從教材中產出測驗的題目。但是，往往一不小心，我們就會在一些不重要的地方或是針對學生容易錯的概念上去出題目。有時候，我們忘了在教學之初所設定的目標是什麼？題目沒有和目標緊扣在一起，是造成學生對測驗的主要抱怨。因此，在教學設計的過程中，一旦表現目標確定以後，緊接著就要從目標中產出題目，以避免上述的情況發生。

　　雖然在教學分析中，學習是依據其先後的步驟以及上下階層的方式進

行，但是在進行學習評量之前，教師必須提供學習者足夠的時間，將教學分析中所有的步驟和學習階層統整在一起練習的機會。決定要評量之前，應該考慮下列三個問題：

㈠ 評量的是成果、過程，還是兩者都要？

當學習者表現目標時，在過程中，他的自信、仔細的程度與正確性是非常的重要。這個部分就是「過程評量」所關注的焦點，其具體的評量因素有：表現正確的順序和動作、表現細節的控制、正確的使用工具、以及在既定的時間內完成。

然而，「成果評量」卻是聚焦於最後的結果或是努力的成果，特別是對成果的品質或是成果的數量，以及對應用特定過程的最終動作或行為的評量。教師在教學設計中，應該要仔細的考慮清楚評量的目的。

㈡ 計畫表現的評量中，有無限制或約束的考慮？

在發展評量之前，表現的情境應該列入考慮，特別是有關表現的複雜性、需要的材料、安全的因素，以及時間等。至於評量的方法則要考慮：施測的地點、特殊的器材，以及其他參與的人員等因素。

㈢ 評量的情境是模擬的，還是真實的？

除了學習情境和表現情境要相近以外，評量的情境也須要相同的考慮。因此，真實的情境如果不可能的話，那麼應該要考慮模擬的情境，才能真正讓學習者表現目標或能力。如果有必要，利用錄影的方式記錄，然後在方便的時間內，再進行評量也是可以的，此種評量方式也能讓學習者有機會共同參與，一起檢視或評量自己的表現。

第一節　評量參照的標準與時機

學習者學習的成就，依照評量的標準不同，其所詮釋的意義就不一樣。基本上，用來衡量評量的標準可分成兩種：㈠ 相對標準（relative standard），與 (二)絕對標準（absolute standard），這兩種評量各具有其不同的意義。當我們以相對的標準來解釋學習者的成就，即是將個別學習者的成就和班級其他的學習者相比較，說明其是否學得比其他學習者更好或更多。此種的結果無法說明個別的學習者對學習的目標是否達到流利或是精熟的情況。由於採用相對標準，所有學生的分數以常態分配的方式分成五種等級。因此不論學生的分數表現如何，永遠都會有學生落入F級區，或者是A級區。落入F級區的學生，也許在目標表現上是精熟的，但是和其他學生比較，因其差距小的關係，所以落入F級區，這種情況會發生在全班都考到90分以上，但是得到80分的學生可能會落入F級區。相對的，也有可能A級區的學生並沒有在目標上表現精熟，但是因為和全班其他學生相比，他得到比較高的分數而已。這種情況經常發生在全班都考不及格，但是得到59分的學生會進入A級區。但是，嚴格來說，這種情況是表示雖然分配到A級區，學生在表現目標上並未達到精熟的標準，這是相對標準評量的缺點。所以，相對的評量標準無法正確的顯示學生對目標精熟的真正情況。

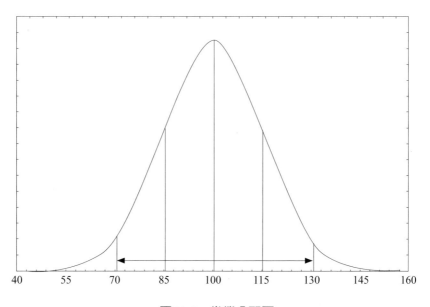

圖12-1　常態分配圖

當我們以絕對標準來檢視學習者的成就時，就是以特定的標準衡量個別學生的成就，其所獲得的資料，通常是顯示個別學生在某一個目標表現得精熟還是未臻理想。因此，絕對標準的評量是評量在目標的學習上，其表現的程度。當學習者的成就符合絕對評量所設定的標準時，那麼精熟學習的理想就可以達到了。因為它和目標息息相關，因此有時候評量表現目標的測驗，也稱為「目標參照測驗」（objective-referenced tests）。

評量的時候採用絕對的標準，是以個別學習者為中心的評量，符合學習者中心評量（learner-center assessment）的定義。學習者的評量不僅僅是評量學習者學習進步的情況，也評量教學的品質，是教學設計中一項重要的因素。

在教學設計的過程中，什麼時候該發展評量？當表現目標已經確定，並且將相關的脈絡或標準加諸在其中時，就要發展評量（assessment），而不是在教學發展與教材選擇之後，再發展評量。主要的原因是，以絕對標準所設計的測驗題目（test items）必須和表現目標具有直接的關聯。如此一來，當測驗題目是從目標產出時，其與目標是息息相關的，那麼，測驗本身就具有所謂的「效度」（validity）。而效度（validity）與信度（reliability）是測驗的必要條件。效度是指學習目標與評鑑題目直接關聯時，就合乎「效度」的要求；信度則是指測驗不論在什麼時候使用，都可以得到一致性的結果。一般而言，具有效度的測驗，基本上就具有信度；反之，則不必然。此時，因為尚未選擇教材或媒體，根據目標所發展的評量，就可不受教材的影響，而專注在目標的評量。

Kemp（1985）認為目標必須引導出題的方向，更具體的說，測驗題目的類型必須和表現目標的情境和動作相符（p.161）。這樣的觀點說明了在確認表現目標後，下一步緊接著就是要準備評量的工具程序。如此一來，所編出的測驗或是其他的評量都是直接從目標而來，此與教育部一再宣稱「考綱不考本」的意義是一致的。

第二節　認知評量的工具

在教學設計的過程中，由教學分析所產出的表現目標，就成為評量發展的依據。評量的型式有許多種，對於語文資料或是智識能力目標中的概念和知識部分，亦即認知領域的評量，大都使用紙筆評量的方式，至於牽涉到心理（mental skills）和動作（physical skills）能力的表現部分，就會以其他非紙筆的評量方式實施，例如：檢核表、評分量表、問卷等。

一般而言，紙筆評量分為：

一、客觀式測驗：測驗題目中，具有唯一的標準答案。又細分為：

　㈠選擇題：包括一個題幹和數個選項，其中一個為標準答案。

　㈡是非題：只有題幹，而且選項只有兩個「是」和「否」。因為只有兩個選項，猜對的機率為二分之一。

　㈢配合題：是選擇題的另一種形式，學習者必須辨認出一段前題的項目，以及旁邊的一段配合選項。

二、寫答測驗：由於對於答案可以由簡單的寫幾個字到詳細回答複雜的問題，故而分成：

　㈠簡答題：學習者用簡單的句子來回答問題，它也可以是要學習者填答未完成句子的型式。

　　例如：巴爾幹半島素來糾紛不斷，直至今日仍常有摩擦狀況發生，是因為＿＿＿＿的原因。

　㈡申論題：學習者組織並表達其想法，描述關係等。一般的問答題均屬於這一類型的題目。

那麼，根據目標的動詞，要出什麼樣的題型呢？Kemp（1985）認為目標中的動詞即指出測驗題目的性質（p.161）。常見的目標動詞或能力和測驗題目的相關性，列於下表中：

表12-1　目標行為動詞與測驗型態

目標動詞	簡答題	配對題	選擇題	問答題	作品	現場表演
說出	√					
定義	√	√	√			
找出	√	√	√			
分辨出	√	√	√			
選擇	√	√	√			
找到	√	√	√			
判斷	√	√	√			
解決	√	√	√	√	√	√
討論				√		√
發展				√	√	√
建構				√	√	√
產出				√	√	√
操作						√
選擇						√

　　由上述表中，可以顯示出目標的動詞和題型的關係。由此可知，在撰寫表現目標時，動詞的選擇會影響後續的測驗題型，所以在撰寫目標時，要相當的謹慎。一般而言，在習慣上，當表現目標的動詞為「說出」時，它和表現成「寫出」是具有同樣的意思。因為它要求學習者以口頭的方式說出來，或是用文字書寫的方式陳述，因此，採用完成題或是簡答題的方式評量較為適當，例如：說出（寫出）長方形面積的公式。而目標的動詞為「分辨」，則可以用簡答題或是配對題來測量，例如：副熱帶與亞熱帶之氣候特徵有何不同？也可以用選擇題來測量學習者。判斷、解決等目標的動詞可以用選擇題來評量，例如：

解決數學四則運算問題
（　　）$15 \times 3 \div 3 + 3 =$　①15　②18　③9　④5

或是：

判斷原因
（　　）西亞地區多數的房屋，牆很厚，門窗小，這種景觀和下列哪一個因素最有關？
　　　　① 地形　② 政策　③ 氣候　④ 產業。

至於，目標動詞為「發展」、「產出」等，可以用學習者所創造出來的作品來評量，例如：設計發展國語科單元的教案。此時，學生必須能夠呈現教案作為評量。最後，如果目標的動詞為「操作」，可能就會要求學習者當場操作線路的連接，或是現場投籃等。

從以上的說明，可見目標的動詞和測驗題目的相關性，因此，編寫目標時，亦應注意最能代表目標或能力表現的是什麼動作與行為，用什麼樣的動詞最能顯示它，應該要小心謹慎的使用它們，因為不同的動詞就代表著使用不同類型的測驗。

第三節　表現評量的工具

評量工具的多元化，本是教學設計中應該要注意的問題。其實「多元評量」的政策，早在九年一貫課程以前就開始，並不是此次教育改革的新創。評量本來就應該多元，只是大部分教師都採用紙筆測驗的形式作為學習的評鑑。一來，簡單快速；二來，比較沒有爭議，因此造就紙筆測驗成為學校現行最主要的評量方式。但是，面對「能力」的評量，紙筆測驗似乎無法獲得令人滿意的結果。基本上，紙筆測驗都是針對智識能力和語文的領域，或是認知領域目標的評量。然則，對於動作領域或是態度成果目標的評量，如果用紙筆測驗的形式就不適合，反而使用下列方式的評量，可以獲得更適當的結果：

一　檢核表（checklists）

　　評量表的設計，是以評量學習者在評量的項目中，是否表現該項目所要求的動作或是能力。通常以「有」、「無」或「是」、「否」等兩種方式表示之。在記錄時，以打勾的方式註記學習者有沒有表現項目中所列的動作，如表12-2和表12-3。它的好處是快速、簡便、記分容易。只要將評量的動作列出於表格內，只檢視其是否出現於學生表現的行為中。其缺點為無法判斷該項行為出現的頻率或是程度。

表12-2　聆聽表現之檢核表

姓名	保持安靜	舉手發問	記下重點	眼睛注視說話者	坐姿端正	表情專注	會重述
林大偉	√		√	√	√	√	√
王國翔		√		√			
陳明亮							
張良三		√		√	√	√	
孫中文	√						

表12-3　保齡球之動作技能檢核表

動　作　項　目	有	無
1. 眼睛瞄準中間的球瓶	√	
2. 助走	√	
3. 手臂前後擺盪		√
4. 收尾時，手臂抬高	√	

二　評分量表（rating scales）

　　評量表的設計是以評量學習者在評量的項目中表現的程度。先決定要評量的表現項目，其次是其表現的層次，通常由低到高的標準，作為評

鑑學習者表現的程度，因此，至少要有三種以上不同的層次（例如：優、良、可、劣）。為計分方便起見，各種程度分別給予0到3分。評量時，以勾選適當的欄位即可，如表12-4。最後將每項分配的分數加總，如果有需要的話，就可以將總分再轉換為百分制之分數。

表12-4 說話表現之評分量表

項目	優3	良2	可1	劣0
重點清楚				
時間控制				
完整語句				
音量適當				
說話速度				
眼神				
手勢				
身體				
得分				

三 記述性記錄（anecdotal records）

　　以敘述性的方式記錄學習者的表現，或稱為「軼事性記錄」，是一種開放目的式的評量方法。它是教師以敘事的方式，對學生的目標表現進行評量。其特色為，在評量的過程中，教師觀察學生的表現，以敘事的方寫下觀察的細節，然後，必須對學生為何有如此的表現，要推論其可能的原因。最後，必須提出教師欲採取的補救措施或是協助的計畫，是一種非常個人化的評量。

　　在設計的實務中，以類似大綱的方式，將欲評量的行為列在表格的最左邊欄位中，其右邊的欄位描述學生在該項行為的表現特性，然後緊接的欄位是評量者對學習者反應原因的推測，最右邊的欄位中，則寫出其對學

習者改進的建議。為了要順利完成這樣的記錄評量，教師必須在學習者表現的當下，立即做一些簡單的記錄，事後再將這些簡單的記錄擴大，成為完整的評量報告。雖然記述性評量是很浪費時間，也不適合應用在學生人數眾多的班級中，也有可能落入主觀窠臼的缺點，但是只要細心的準備，時間久了，自然會累積許多對學生的表現非常有用的觀察與建議。對於需要改進的表現或行為，就有非常精準的評斷，再加上改進的建議，使得記述性記錄的評量極具教育的價值。

另外，記述性評量也是常被教師採用作為親師溝通的工具，因為它最能代表教師對個別學生親身的觀察。同時，在它的記錄當中，還包含教師對學生表現的解釋以及建議，除了可以讓家長瞭解他們的兒女在學習的情況外，也是向家長說明教師對學生的學習採取了哪些措施以幫助他們。

表12-5　英語會話之記述性評量表

評量項目	行為描述	解釋表現	建議
英語發音	發音時，無法唸清母音e/æ/ɛ，但子音的發音，雖然小聲，但很清楚	在課程跟唸時，沒有注意母音的不同	把音節放慢練習唸生字嘴形加強
會話	能正確的回答How與What為首之問句，但是學生要求重述問句3次	可能太緊張，忘了注意問句的開始	練習寫下問句的第一個疑問詞加強變換練習問句之聽力
替代生字	能正確的將字卡的生字套用至句型中，但是反應時間很久	對句型的流暢度不夠	練習視線不離開句型，然後換字練習用同儕的練習方式，避免緊張

四　成品評量（rating products）

對於許多學生作品的評量，除了評量過程中的能力因素以外，通常也會對作品的本身進行評量，特別是作品的品質和數量。那麼，作品的評量因素包括：(一) 作品一般性的整體外觀，(二) 精準的細節（形狀、體積、和潤飾），(三) 作品各部分或因素之間的關係（大小、合宜、潤飾、顏

色），以及 ㈣ 在期限內作品的數量。

表12-6　學生作品之能力評量表（拓印葉子）

能　力　表　現	表現Yes/No
1. 在卡片上先畫草圖	
2. 選擇大小適當的葉子	
3. 用鉛筆描繪葉形	
4. 將葉子內緣部分塗上水彩	
5. 將葉子壓印在卡片上	
6. 寫上祝福的話語	
最　後　成　品	低　　　高
1. 一般性外觀（構圖、配色、圖文配合）	0　1　2　3
2. 細節部分（水分控制、邊緣整潔、圖形完整）	0　1　2　3

　　作品評量的應用範圍非常的廣，最常應用於作文、體育動作、藝術作品等。

五 規準評量（rubric evaluation）

　　規準評量類似於評分量表，評量時列出欲評量的項目，判斷學生表現的程度。兩者最大的不同之處，在於評分量表僅以分數代表學生表現的程度或層次，而規準評量則將這些程度或層次以語意的方式替代之。關於規準評量（rubric evaluation）的名稱，常見的有「評量準則」、「評量規準」與「評量尺規」等。它是根據教師或評量人員所訂定的「規準」，對學習者的成品或作品進行評量，因為它是評量的一種，故本書將其譯為「規準評量」。Huba與Freed（2000）將規準評量定義為「一種權威式的原則，……是一種解釋或是詮釋」，當它運用於評量的時候，是對學生解釋評量的「原則」（principles）（p.155）。換句話說，它是教師向學生解釋他們的作品被評量的標準，更重要的是，它成為一種公開評量的關鍵，

讓學生在發展、修訂與評斷他們自己的作品時使用。規準評量主要是應用在大學裡，用來評量大學學生與研究生報告或作品的一種方式。

　　評量從過去以教師為中心的方式轉為以學生為中心，主要是對1980年代中期以後，許多相關的大學學會之機構，例如：美國大學學會（the American Association for Higher Education, AAHE）以及美國國立學生人事學會（the American College Personnel Association, ACPA），以及國家學生人事行政人員學會（the National Association of Student Personnel Administrators）等，呼籲大學生的學習應該由教師中心轉為學生中心，其中當然也包括學習的評量。

　　規準評量是以學習者為中心的評量（learner-centered assessment），是以矩陣的方式（matrix）列出評量的原則（如表12-7）。這些項目代表教師認為在學生表現的能力中或是成品中，必須具備要的要素，它們是讓學生的表現或成品成為高品質的重要因素。這些項目要分成幾個層次，以及每個層次應該如何描述學生的表現，都呈現在評量表中。

表12-7　規準評量（作文表現）

標準＼項目	滿意4-5分	尚可2-3分	待改進0-1分
字詞使用	完全正確的使用字詞	有1-2個字詞使用不當	有3個以上字詞使用不當
句子完整性	句子全部完整	有1-2句不完整	有3句以上不完整
句型應用	使用3個以上句型	只使用1-2個句型	沒有使用句型
修辭應用	使用3個以上修辭	使用1-2個修辭	完全沒有使用修辭
標點符號應用	完全正確	有1-2個錯誤	有3個以上錯誤
分段	所有分段都適當	有少數段落分段不適當	多數段落分段不適當
段落連繫	所有段落都有連繫	有少數段落缺乏連繫	多數段落無法連繫
起頭結尾	前後呼應一致	結尾太弱	起頭結尾缺乏呼應
內容創新	內容具有創意讓人驚喜	內容穩健，中規中矩	內容平鋪直述，新意較少
得分			

　　規準評量在實施之前，應該就評量的規準，告知學生，使其瞭解評鑑中的重點。規準評量的好處是，學習者可以就教師評鑑的重點中，清楚而明顯的瞭解自己的優點與缺點，而且是公開的、公平的評鑑，而評鑑的結果就是一種非常有建設性的回饋。這種回饋就可以當作學生下一次改進學習表現的參考。一份評鑑，如果能夠讓學生瞭解自己的表現程度，以及作品缺失的原因，而使得下一次能針對不好的地方改進而表現得更好，這才是對學習者最好的評鑑。因此，規準評量近年來被大量的應用於各級學校中，也包括小學，是評量的一大改革。

六　檔案評量（portfolio assessments）

　　Shores與Grace（1998）定義所謂的檔案評量是「對個別學生事物的蒐集，以顯示他們在一段時間內，不同層面的成長和發展」（p.39）。Dick與Carey（2009）則將其定義為：「為了可觀察到的改變與發展，對蒐集的作品樣本進行後設評量的過程。」（p.146）。從前測到後測，評量學生學習的改變和發展，並且從追蹤作品和表現當中，獲得學習者進步的證據。總而言之，檔案評量是依據目標有系統的觀察與記錄個別學生的表現。根據目標，大量的蒐集學生的作品，例如：學生的美術作品、作文、寫字等，學習日誌、活動照片、記述性記錄、客觀式測驗結果、以及錄音、錄影的記錄，同時在每一項作品中，都加註教師對它的評語，這就是檔案評量的特色。為了避免它成為堆積無用文件的檔案，在進行檔案評量之前，教師必須確認評量的目標，並以此目標為基礎，進行學生作品的蒐集。切勿胡亂蒐集學生的資料把它們堆積成冊。

　　對每一件蒐集到的作品或文件，按照時間排列，教師必須寫下敘事的評論。最後，教師再以「規準評量」（rubric evaluation）的方式，對其進步的情形進行評分。在評分的過程裡，可以邀請學生一同檢視檔案，並且共同評量。下圖即為學生在畫圖說故事的作品，如果，把目標放在學生寫故事的作文能力上，那麼，藉由這兩篇短文，可以看出寫作的句型和標點符號都有進步。同時，注意到每一篇短文，教師均以敘事的方式，寫下他

對學生作品的正向評論。

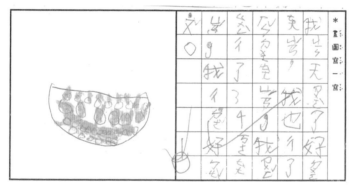

小騰今天表現得很好！記得把標點符號寫進去呦！
圖畫的表達很有意像。

小騰用了「……，也……」的句型，很棒喔！標點符號也沒有忘記！

資料來源：吳享叡（2011）。看圖寫作。

　　檔案評量的實施並不適合人數眾多的班級，其原因乃在於時間的花費以及成本太高。另外，在教學上也要將學習的時間作延伸，以便讓學生能有機會去改進或精緻化他的技巧，同時也要產出所需要的成品，以便作為再一次的評量。如此一來，才能有比較的效果，也才能看出學生是否能夠從前一次的評量中獲益，而改進。

七　問卷（questionnaire）

問卷有兩種形式，一種為封閉式問卷，另一種為開放式問卷。封閉式問卷是有多個固定的答案讓填答者選擇。常見的封閉式問卷中會提供選項或是號碼，然後由學生自行選擇。學習者從中選擇一個最能符合情況的答案；但是開放式問卷則是要學習者自己寫答案。至於要選擇哪一種問卷，或者是兩者混合式的問卷，則視將答案做成列表所需要的時間是否足夠。因為，要整理或摘要開放式問卷的答案，是非常浪費時間的一件事，但是，處理封閉式的問卷答案，顯然就比較快速，但是有可能限制學習者提供有用資訊的機會。

表12-8　封閉式之表現問卷（小組討論過程）

問　　　題	小組成員姓名
1、通常是誰給予最好的意見？	S1 S2 S3 S4
2、通常誰最能夠聆聽別人的意見？	S1 S2 S3 S4
3、誰對小組的工作最有貢獻？	S1 S2 S3 S4
4、誰最能夠在預定的時間內完成自己的工作？	S1 S2 S3 S4
5、通常誰最先開始工作的？	S1 S2 S3 S4
6、通常是由誰計畫小組的工作進行？	S1 S2 S3 S4
7、誰最喜歡幫助其他成員？	S1 S2 S3 S4
* S1 S2 S3 S4（學生代號）	

表12-9　開放式問卷（參與活動態度）

我在這個活動中，
1. 我最喜歡的是 _____
2. 我達到的目標是 _____
3. 我最不喜歡的是 _____
4. 我對 _____改變我原來的想法
5. 我覺得遺憾的是 _____
6. 我覺得可以改進的是 _____
7. 我覺得對我學習最大的幫助是 _____

第四節　評量的階段及測驗類型

　　教學的過程中，在不同的時間點，會對學習者進行評量，以瞭解其學習的程度以及表現的能力，這樣的做法，不僅對教學者，而且對學習者都具有其重要性。一般而言，在一個教學完整的歷程中，進行評量的階段分成三個階段：㈠ 教學前、㈡ 教學中、以及 ㈢ 教學後。在教學前的評量則有：㈠ 起點能力測驗（entry skill tests）以及 ㈡ 前測（pretests）兩種，除此之外，另有四種測驗分別在教學前、教學中、以及教學後等三個階段實施。以下分別說明之。

一　教學前實施的測驗

㈠ 起點能力測驗（entry skill tests）

　　起點能力測驗是在教學前實施的測驗，是用來測試學習者是否已經精熟先備能力的評量。在教學分析的圖中，位於虛線以下的能力就是屬於起

點能力。如果教學分析的結果顯示學習目標必須具備特定的起點能力才能夠學習教學的內容的話，那麼就需要針對這些起點能力發展出測驗。而這些測驗也應該在進行形成性評鑑時使用。當然，在許多情況下，起點能力並不是特別具有意義時，那麼起點能力測驗就不一定要實施。

(二) 前測（pretests）

前測是在教學前實施的另一種測驗。前測的目的是評估學習者是否已精熟教學所包含的能力、能力的程度或是錯誤的想法。前測的題目主要是針對教學分析中的重要能力來出的，每一種能力大概出個一題或以上的題目就可以了。從前測的結果就可以判斷教學的內容是否太過簡單。如果測驗的結果發現學習者已經精熟，那麼重複的教學就顯得不必要；如果測驗結果顯示只有精熟部分的能力，那麼藉由前測把學習者不精熟的部分找出來，然後教學只針對這些尚未精熟的部分進行即可。至於學生已經精熟的部分，教師只要提供一些提醒、範例或是複習就可以了。這是讓教學成為最有效率的方法之一。在實際作法上，雖然常將起點能力和前測併入同一項測驗當中，對學生施測，可是卻不代表它們兩者是具有相同的意義。

所有的教學都要進行前測嗎？如果你知道要教的單元或是概念，對於學生是完全陌生或是全新的經驗時，就不建議實施它。只有當學生對教學的內涵具有部分的知識或概念時，實施前測才具有其價值。

二　教學中實施的測驗

(一) 練習測驗（practice tests）

這是在教學中實施的測驗。練習測驗的目的是讓學習者在教學的過程中有主動參與的機會。藉由練習的測驗，可以讓學習者瞭解自己學習的程度和掌握的狀況，檢視自己應用新知識和概念的情況；而教師則可以透過它具體掌握教學的成效，以及控管教學的進度。

三　教學後實施的測驗

㈠ 後測（posttests）

這是在教學完成時所實施的測驗，通常把它和前測相比較，來瞭解教學的效率。所有在教學分析中的終點目標或是能力，都要在後測的題目中出現。一般而言，它的題目會較前測多，而且不包括起點能力。雖然後測是學生獲得學習成就的結果（分數），但是對於教師而言，它是讓教師瞭解教學當中的問題。如果學生在後測的成績不理想，後測的實施就應該可以指出來從哪一個地方學生開始不瞭解，這就是為什麼所有在教學分析當中的每一項能力或是目標，都要編有測驗題的緣故。所以，把學生答對或答錯的題目對應回教學分析當中，就可以很清楚的掌握學生在哪一個階段裡發生問題。

以上四種測驗分別於教學前、教學中、以及教學後實施，但是，只要教學設計的過程中，應用形成性評鑑後調整教學的各種因素之後，就有可能省略起點能力測驗和前測。利用形成性評鑑修正後測，只針對終點目標進行評量，就可省下許多測驗的時間和精力。

第五節　編寫測驗題目的標準

不論測驗的種類或是測驗的學習領域為何，教師都應該注重編寫測驗題目的技巧。那麼，在起草測驗題目時，應該考慮下列四種測驗題目的標準能夠顯示在題目的結構上：

一　以目標為中心的標準

所謂以目標為中心的標準，是指測驗題目應該符合終點目標或是表現目標的要求。意即，測驗題目應該符合目標敘述當中的動作與概念／知

識。特別注意目標敘述當中的動作，如果是學生能「指出」臺中市的地形，那麼就應該提供選項讓學生選擇，就不宜要學生解釋臺中市的地形特徵。換言之，測驗題目的性質應該與目標敘述中的動詞和概念一致，如果目標是要求學生表現「說出」、「指出」、「算出」或是「選擇」等，那麼與它們對應的測驗題目的題型就各自不同。因此，測驗題目中要有簡答題或問答題，才可以讓學生「說出」；題目中要有選項的選擇題，才能讓學生「指出」；題目中要有計算的數字，才能讓學生「算出」。總而言之，測驗題目的題型要和目標中的動作一致。

 ## 以學習者為中心的標準

測驗題目必須符合學習者的語詞能力、語言水準、需求、認知的複雜性、動機、興趣的水平、經驗與背景、以及免於偏見的自由（例如：種族、文化、和性別）。測驗題中或是測驗說明中所使用的語詞必須符合學習者的語詞能力，特別是對於比較年幼的學習者。舉例來說，在一、二年級的數學題目中，常見的語詞是「一共」或是「共有」，如果測驗題目中使用「總共」這個語詞，其結果可能導致全班的小朋友錯誤的比率非常高，事後發現是因為小朋友不認得「總共」的「總」，因為不知道是什麼「共」，所以大部分的人都沒有答題，這是真實的案例，也是最佳的例證。

另一個考量是避免在測驗題目中出現學習者感到非常陌生的題型。不論是問題的形式、寫答的方式（打√、或是○×）都應該是學習者熟悉的方式，避免讓學習者因為不熟悉題目的作答方法而讓目標的表現不成功。題目中所引用的範例也應該符合學習者的經驗，而為其所熟悉者。

最後，應該避免對特定的文化、種族、或是性別的偏見發生在測驗題目中，尤其是避免使用不適當的稱呼用語。特別是過去舊有的用語，比如說，「山胞」、「番仔」、「福佬」、以及「客佬」等具有輕蔑的稱呼。另外，對性別的刻板印象也應該注意避免。

以脈絡為中心的標準

　　測驗題目應該和表現目標當中的情境一致，而這些情境盡可能接近於真實的世界。在編寫表現目標時，就要考慮未來實施測驗時，情境與脈絡的可行性。以「給予三張圖片，學生能指出平行葉脈的植物」為例，在編寫測驗題目時，就應該出示三張植物的圖片，讓學習者指認。或者，以「給予勾股定律的公式，學生能算出座標上斜線的長度」為例，那麼，測驗的題目就應該列出「勾股定律的公式」給學生，而不是要求學生從回憶中背出公式，再計算。

 以評量為中心的標準

　　學生在測驗時，都免不了緊張，而字跡明顯，格式簡單易懂、印刷清楚整齊的試卷，可能會稍稍減低應考的焦慮。如果，答題的說明很清楚，可以讓學習者回答問題前，獲得所有的訊息，不至於因誤解而表現不好。題目的寫法也要避免一些「陷阱」式的說法，例如：「針葉樹無法生存於不是高溫的氣候中」。這種雙重否定式的題目只會讓學生感到疑惑，結果評量的重點是學生的語法分析能力而不是植物的概念，這是編寫測驗題時，值得注意的原則。

五　精熟的標準

　　出測驗題時，最常擾人的問題之一是，每項能力或目標究竟要出幾題才適當？或者，學習者要答對幾題才能算是對目標或能力精熟？通常建議是對語文資料的能力或目標，大概一題就可以了。而以智識能力的目標而言，每一個目標或能力就要出到三題以上才足夠。至於動作技能的部分，則是要求學習者面對教師表現其動作技能就可以了。

　　編寫測驗的技巧是教師責無旁貸的任務，雖然今天教師可以運用的

資源非常多，但是能夠讓評量和測驗符合自己的教學和學生的特性，唯有自編測驗才能做得到。因此，鼓勵教師依據自己的教學歷程和目標，產出合適的評量。在評量正式實施之前，必須先進行預試。預試時，從學習者的小組中抽樣2至3人，並且檢視：㈠ 學習者清楚的瞭解測驗的過程，㈡ 測驗工具的每個部分的效率，以及 ㈢ 每個學習者所需要的測驗時間。如果測驗的評量人員不只一人，那麼測驗的過程就要標準化，以便每一位評量人員的判斷可以一致，給分才能夠公平。

討論問題 ·······························

1. 討論每一項能力指標的評量方式。檢視它們是否有運用到紙筆以外的評量方式？

2. 在教學現場中，學生有哪些行為可以編製成記述性紀錄？

3. 試用表12-7評量國小學生的作文，是否很容易使用？有哪些項目可以再增加的？

4. 依據表現目標與下屬目標，發展出有信、效度的測驗。

參考書目

任慶儀（2012）。**教案設計：教學法之運用**。臺北市：鼎茂圖書。

Dick, W., Carey, L. & Carey, J. C. (2009). *The systematic design of instruction* (7th ed.). London: Pearson.

Huba, M. E. & Freed, J. E. (2000). *Learner-centered assessment on college campuses: Shifting the focus from teaching to learning*. Boston: Allyn and Bacon.

Kemp, J. E. (1985). *The instructional design process*. New York: Harper & Row.

Shores, E. F. & Grace, C. (1998). *The portfolio book: A step-by-step guide for teachers*. Beltsville, MD: Gryphon House.

第十三章

教學策略

　　當教學的分析已經完成，表現目標也編寫妥當，就要開始思考教學的策略。教學策略（instructional strategy）所描述的是教學歷程中，教材以及教學的方法。傳統上，舉凡教學與學習的活動，例如：小組討論、獨立閱讀、案例研究、講述、電腦模擬等活動，或是學習單等都是屬於教學策略的一部分。然而，真正的教學策略還不止這些。完整的教學策略包括：定義教學的目標、編寫教案、設計測驗、引起學生動機、呈現教學內容、吸引學生在學習的過程裡，成為一位主動的學習者、以及實施測驗和評定分數等都是教學策略的內涵。前者稱為「微縮策略」（micro-strategies），而後者稱為「鉅觀策略」（macro-strategies）。在系統化教學理論中，把教學策略的定義為鉅觀策略，其包含的因素有：選擇傳播系統、安排教學內容的順序、組織教學內容群集、安排學習要素、學生分組、以及選擇媒體（Dick, Carey & Carey, 2009, p.166）。

第一節　確認教學內容的順序與群集

　　教學策略的第一個步驟是決定教學的順序（teaching sequence）以及安排內容的群集（content clusters）。教學的順序與內容群集是依據教學分析的結果所決定的。以下圖為例，目標的分析結果指出確定的步驟1、2、和3；而下屬能力分析則指出要學會步驟1，必須先學會1.2和1.3的能力。至於虛線以下為起點的能力1.1。

　　根據圖13-1的教學分析，教學的順序由下而上，且由左至右的方式進行。換句話說，下屬能力1.2和1.3要先教，然後才教步驟1；接著，教下屬能力2.1，再教步驟2，然後步驟3。等所有的步驟都教完之後，還要進行統整所有步驟的教學。這樣做的目的，是讓學生有一個機會，將所有的步驟統整在一起，練習所學到的能力。

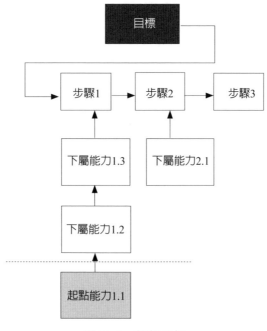

圖13-1　教學分析

　　教學內容的群集（content clusters），有時候也稱為教學區塊（chunks），是指在教學中呈現教材的量。意即，將某個指標的教學分成幾節或幾個段落／活動來完成。由於現行國小的制度，每日的課表安排大都是國語一節，一星期有五節。那麼就要規劃，在每節課當中，要完成幾個表現目標？亦或是每一個能力指標要分成幾節課來完成。如果從編序教學的觀點來看，教材會細分成為非常小的單位進行教學，但是如果用傳統的教科書教學來看，要呈現的教材可能就是其中的一個段落。

　　教學的歷程中，也許有的時候會按照目標的順序呈現教材，然後會穿插一些活動；或者一次呈現所有的教材，然後才進行其他的活動。因此，要採取哪一種方式，端視學生的年齡、教材的難易度、學習的型態、活動的變化以及教學的時間等，作最適當的決定。

　　要不要精準的預估教學的群集大小？事實上，它也受傳播系統的影響。如果，教材是以網路或是e化教學系統的型式呈現，那麼就比較不受到時間的約束，學習者可以隨意、隨時的使用教材；但是，如果是教師主導的教學、小組討論、或是使用電視頻道節目的教學，就要精準的預估教學所需要的時間。要預估教學的時間其實是很困難的，建議教師先試教一部分段落，找出需要的時間，然後去推估整節課會教多大的群集。

　　以圖13-1為例，依照學生、教材的難易度以及時間，把內容的群集規劃如表13-1，代表該目標的教學會以兩個群集的方式教完，而每個群集預定是40分鐘。換句話說，該目標會以兩節課的時間教完。但是，要注意的是，除了呈現教材的部分，還要包括所有學習要素的活動。

表13-1　教學內容的群集與順序

群集1	步驟1
	下屬能力1.1
	下屬能力1.2
群集2	步驟2
	下屬能力2.1
	步驟3

（第二節）　組織學習要素

　　組織學習要素（learning components）是指將影響學習的因素排列其順序，形成學習歷程中的重要活動。有關學習的要素在不同的理論中，或許有一些差異，但是，其中最能完整包含學習的要素理論是植基於Gagné對學習歷程（learning process）與教學事件（instructional events）所發表的論述。Gagné（1985）的訊息處理模式（information-processing model），指出學習者在環境中接收刺激後，會啟動感應器（receptors），將刺激轉換為神經的訊息（neural information），進入感應記錄器（sensory register），並且做短暫的停留。在感應記錄器中所記錄的整個「圖像」（picture）並不持續存留，而是透過選擇性知覺（selective perception）轉換為刺激的型式（patterns of stimulation）。選擇性知覺於是根據學習者的能力，注意到感應記錄器內容的某些特徵，只有對這些特徵的知覺，可以形成對短期記憶的的輸入，其餘的則會被個體所忽略（pp.71-73）。

　　這些特徵的知覺大約存在短期記憶中的時間約有20秒，短期記憶大概可以儲存七個（或加減二個）的訊息。如果個體能夠利用複習的過程，可以增加短期記憶儲存的時間與數量，也有助於將其編碼後，儲存於長期記憶中。這些長期記憶中編碼的訊息是可以經由線索（cues）進行搜索，而進入工作記憶（working memory）或是意識記憶（conscious memory）中，再執行其他的工作。這時，長期記憶的編碼訊息可以透過檢索進入工作記憶，Gagné（1985）稱為習得（learned）（p.73）。

　　藉由這個訊息處理模式的流程，Gagné（1985）將學習的歷程編為八個階段（phases），並將其對應於外在之教學事件，如表13-2所示（p.304）。

表13-2　Gagné**學習階層與教學事件之關係**

學習歷程（learning process）	教學事件（instructional event）
1. 注意（attention）	1. 獲得注意（gaining attention）
2.期望（expectancy）	2.告知學習者目標：引起動機（informing learner of the objective: activating motivation）
3.檢索工作記憶（retrieval to working memeory）	3.刺激回憶先備知識（stimulating recall of prior knowledge）
4.選擇性知覺（selective perception）	4.呈現刺激教材（presenting the stimulus material）
5.編碼（encoding: entry to LTM storage）	5.提供學習指引（providing learning guidance）
6.回應（responding）	6.引發表現（eliciting performance）
7.增強（reinforcement）	7.提供回饋（providing feedback） 8. 評量表現（assessing performance）
8.線索搜尋（cueing retrieval）	9.增強保留與遷移（enhancing retention and transfer）

　　表13-2的右欄中所列之教學事件，不但說明教學的步驟，也指出它們在教學事件中的先後順序。Dick和Carey（2009）將這九項教學事件重新組織成五個主要的「學習要素」（learning components）成為：（pp.173-178）

　　㈠教學前的活動（preinstructional activities）：包括引起動機、告知學習者目標、回憶先備能力等三項；

　　㈡內容呈現（content presentation）：包括教材內容呈現與學習指引；

　　㈢學習者參與（learner participation）：練習與回饋；

　　㈣評量（assessment）；

　　㈤收尾的活動（follow-through activities）。

　　由於Dick和Carey的修訂與重新組合，讓教學事件變得比較簡約，因此被廣泛的使用。為了凸顯其和Gagné的理論不同，因此將名稱由教學事件（instructional events）改稱為學習元素（learning components）。以下就這五項元素說明之：

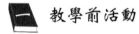

一　教學前活動

㈠ 引起動機

利用Keller（1987）的ARCS模式進行引起學習者的動機。ARCS指注意力（attention）、相關性（relevance）、信心（confidence）和滿足（satisfaction）。茲說明如下：

1. **引起注意（attention）**：利用變化、激發求知的需求、詢問的技巧，吸引學生的興趣和刺激學生的好奇心，提供學生有興趣的範例最能夠達到這種效果。

2. **切身相關（relevance）**：利用引起動機以吸引學生的注意力，通常維持得並不久，然而在學習的過程中，長時間維持注意力才是最重要的。利用聯結學生熟悉事物、學習目標和學生需求的方式，讓教學有相關性，同時配合學生特性，就能滿足學生個人的需求，進而產生積極的學習態度。

3. **建立信心（confidence）**：在教學過程中，經常會碰到沒有自信和過度自信的學生。透過明訂成功的標準及期待、提供自我掌控的機會和成功的機會，幫助學生建立成功的信心，相信自己具有完成的能力。對於過於自信的學生要特別有耐心，說服他們教學中仍然有許多重要的細節，可以讓他們的技巧更精緻，同時也要檢視教學的目標是否符合他們的需求。

4. **感到滿足（satisfaction）**：提供一顯身手的機會、提供回饋與報償、維持公平性與對等轉移，學生能因成就而得到內在和外在的鼓勵和報償。

要能提出滿足上述ARCS動機模式的教學，就必須在前面的歷程中，透過「學習者分析」的部分，瞭解學習者的特性，如：需求、興趣、先備能力等，去推論他們對教學內容和活動的想法。

另外，值得注意的是教學和學習者的期望是否一致，可能是維持學習

注意力的重要因素之一。因此，如果教學的內容、列舉的範例、練習的活動以及測驗的題目之間的關係不一致，就有可能讓學習者喪失注意力。

㈡ 告知學習者目標

根據Gagné的理論，告知學習者有關教學或學習的目標是讓學習者對學習有所期望。有了目標，學習者就能將學習固定於目標上，進而調整其學習計畫與方式，也容易準備其評量。

㈢ 回憶先備能力

刺激學生回憶相關的先備能力，是讓學習者察覺新的教學內容和他們已經學過的知識之間有所關聯，容易將新知識融入原有的認知架構，那麼學習者就很容易統整新舊的知識，成為新的認知架構。提供新舊知識的組織架構、詢問學生問題、以及簡單的測驗都可以瞭解學生的先備能力。

 ## 內容呈現

內容呈現的方式有兩種：演繹法與歸納法。演繹法是以概念或原理作為開始，然後導引至事實，接著進行觀察、應用與問題解決。而歸納法則是由事實或細節開始觀察，然後導引至概念或原理的建立，接著進行應用以及問題解決（Kemp, 1985, p.65）。雖然呈現內容的方式有演繹和歸納兩種方法，看似完全相反的觀點，但是在實際的教學中，教師可以兩者並行運用，並不會有所衝突。

在內容呈現的部分，可以依照教師個人選擇不同的教學法，而讓呈現的內容具有多元的樣式。例如：講述法則將教材內容用綱要的方式呈現，再一一說明與解釋。如果用問題的形式呈現，則可以用單元教學法的形式呈現整個教學的歷程。甚至，可以用直接教學法的方式，將教材做示範、說明以及練習來進行其歷程。因此，由於不同的教學法，其所強調的學習要素自然有所差異。

此外，在內容呈現的階段中，還要包括提供學習者有關教材的架構，以及架構彼此之間的關係的指引。因為在教學中，會將內容分得很細，為

了能獲得教材整體的瞭解，在說明每一個段落的教材時，都要將它們彼此之間的關係提示給學生。常用的方式有：大綱、表格、圖解、流程圖、排列、列表等方式。

為了讓教學內容更容易被學習者記住，教師可以使用許多的方式進行，稱為學習指引（learning guidance）。最常見的學習指引為口頭的指示（verbal directions），利用間接引導的問題或暗示的方式，引導學生獲得概念或原理（Gagné, 1985, p.311）。但是這些問題並不是「教學的內容」。例如：教師要建立學生有關「質數」的概念，教學時，除了要將「質數」的定義與範例解釋很清楚。在學生練習時，再一次詢問學生，什麼是「質數」。如果學生無法完整的給予答案，那麼此時，教師就要利用「學習指引」的方式給予學生回饋。其作法為，要求學生把1到10的數，分別寫出其因素（$8 = 2 \times 4 = 2 \times 2 \times 2 = 8 \times 1, 7 = 7 \times 1, 6 = 2 \times 3 = 6 \times 1$）。然後問學生5和7的數列與8和6的數列，有什麼不同？像這樣的問題，並不是直接給予正確的答案，或是再一次的教學作為回饋，而是用旁敲側擊的方式用問題引導學生，讓他慢慢接近目標的答案，就是一種學習指引。

另外一種學習指引，是將文字的說明以圖解、表格、大綱、圖像等方式列出，幫助學習者瞭解定義或概念。通常，在教完一段課文之後，對於課文的內容用表格或圖形的方式，整理成有系統的資料，對學生的記憶或理解有很大的幫助。

此外，利用「正例」（examples）和「反例」（nonexamples或exemplars）作為學習指引的方式，建立學生的概念。所謂「正例」就是符合定義概念屬性的例子，「反例」則是和正例很像，但是卻不符合定義概念屬性的例子，兩者交互的比較、分類，以釐清概念或事實。透過此種讓學生藉由不斷的比較、分類，能讓學生參與學習的機會增加以外，更能有效的達成概念的教學（Joyce & Weil, 2008）。所以，除了呈現教學的內容外，針對內容當中重要的概念或原理，教師要準備引導的問題以及正、反例作為學習的指引，作為確定學生已經習得概念（任慶儀，2012，頁181-194）。

三 學習者參與

學習的過程中，最有力的元素是練習與回饋。為了強化學習，在學習的過程中，給予學生練習的機會是有必要的。把練習的測驗隱藏在教學當中是可行的方式。學習者不但要練習，也要獲得立即的回饋，否則一直練習錯誤的概念，是會讓學習者感到氣餒與厭倦的。回饋，不僅僅是給學生對的答案，同時也應該針對他錯誤的地方，找出原因。把學生答對或答錯的問題，去對應教學分析的內容，就可以找出是哪一個步驟或是下屬能力出了問題。針對學生錯誤的部分予以釐清，也是讓學習效率提高的一種有效的方法。

四 評量

四種標準參照的評量，必須考慮其實施的時機：起點能力測驗、前測、練習測驗與後測。除了認知的測驗外，事實上，也可以在這些測驗中，將態度的評量嵌入當中，或是要求學生回憶到目前為止，他完成的歷程有哪些。

五 收尾活動

收尾的活動是指檢視整個教學的策略，是否強調了學習者的記憶和學習的遷移。如果需要學習者記住某些資訊，那麼在教學策略中，就要包含語文資料的記憶。如果，目標只是要學習者表現能力，那麼提供一些「工作的小幫手」（像是手冊或是檢核表）之類的協助，就可以減輕學習者記住大量資訊的負擔。另外，學習是否遷移的問題，則要檢視表現目標的脈絡和學習的脈絡之間的差異有多大。當學習脈絡和表現脈絡接近的時候，發生學習遷移的可能性就很高。同時，教師也可以要求學習者列出可能運用新知識或能力的時機或場所、可能遇到的問題以及建議，這些省思都是有助於他們學習遷移的發生。

第三節　選擇傳播系統

　　當教學設計的歷程在發展完成學生學習的評量之後，就要開始設計教學策略。其中，第一個要面對的問題，就是選擇傳播系統。大部分成功的教學與學習活動，經常倚賴教學的資源。也許，一份簡報的影片對於演講者是很重要的輔助，影音的錄影記錄對於小組討論是很重要的資料。選擇有效率的傳播系統是教學策略的一項工作，其對教學的功能為：㈠ 掌握學習者的注意力，並且刺激他們對主題的興趣，可以達到激勵學習者的目的；㈡將學習者置於替代，但是有意義的學習經驗當中；㈢ 有益於學習者態度的形成以及鑑賞力的發展；㈣ 以圖例的方式說明、解釋主題內容和示範表現的能力，以及 ㈤ 提供學習者自我分析個人表現，以及行為的機會。

　　傳播系統除了媒體之外，它也混合了一些教學法在內。可以說，傳播系統是整個教學策略的一部分。常見的傳播系統如下：

1. 講述：這是最古老的傳播系統，通常由一位教師透過講解，將資訊傳達給一群學生。
2. 大班級講述與小組提問與提供回饋。
3. 電化教學：透過廣播、錄影或是互動式的視訊教學。
4. 電腦輔助教學：適用於自學與教師主導的教學，包含簡單的課文練習與複雜的互動式多媒體。
5. 網際／網內網路教學：適用於自學與教師主導的教學，包含簡單的課文練習與複雜的互動式多媒體，或者包含線上e化系統中的大綱、內容、評量、互動。
6. 個別化教學：包含各種結合教師或家教與印刷式或媒體化資料組成的學習。
7. 工作現場的實習與指導。
8. 綜合性媒體以及客製化、獨特的系統。

由於電腦科技的發達，上述中許多的傳播系統漸漸朝向電腦化，因此許多傳統的傳播方式也逐漸被電腦媒體所取代。如何選擇傳播系統呢？理想中的選擇考量是依據：㈠ 教學分析的結果和表現目標，㈡ 教學事件中學習因素的特性，㈢ 學生分組的方式，㈣ 符合經濟效益、耐用、方便的媒體，㈤ 最能配合現有媒體的傳播系統。但是基於教學通常是在學校或機構中進行的，學習情境的設備、系統與設施都會受到限制。因此，一般而言，實際選擇傳播系統的考量是：㈠ 根據現有的資源（因為學校購置電子白板設備，所以我必須使用它），㈡ 根據教師最熟悉或是最慣用的媒體（我最習慣使用線上e化教學系統），以及 ㈢ 根據最普遍使用的媒體（無遠弗界的網際網路）。

除了上述的考量外，傳播系統也必須考慮使用的傳播系統是否會造成學習者的疲乏？例如：目前的學校大都有電腦放映的系統作為教學之用，上課時，學生的注意力只有在螢幕上的文字和圖片上，這種情形下，少了師生眼神的交流，不免失去人際的互動。此時，不妨使用一些傳統的傳播方式，例如：小組討論和印刷資料，可能會得到不錯的效果。

第四節　學生分組

學生分組和選擇媒體在教學策略中是一起考量的，兩者皆對教學的效率有重要的影響。學生的分組型態依據社會互動的需求，而有個別的、配對、小組與大班級等不同的組合方式。要不要分組是根據學習與表現脈絡、目標的敘述、教學策略的計畫中，是否需要有社會互動（social interaction）而定。適當的分組可以帶來學習活動的變化，讓學生感到有趣，也會引起動機。同時，分組也具有教育上的意義，合作學習就是其中一例。

在分組時，應該要決定分組的型式，是否需要用成就區分的異質性分組，還是學生由自由的分組。分組學習時，小組的分數計算應該要包含團體的成就。換句話說，進行小組學習，就要以小組的成就，作為學習評量

的基礎，而不是任由個人在小組工作中，只獲得自己的分數，應該參考合作學習法之計分方式，促使小組成員彼此協助，獲得整組的表現，才是分組的真正意義。

　　此外，學生分組的型態也會影響媒體使用的時機。媒體的屬性是否適用於團體教學，還是自調式的個別化學習或小組的學習。例如：簡報系統（powerpoint）只有綱要的內容，因此就不適用於自調式的個別化教學。然而，印刷式的媒體，如課本或講義，就比較適用於自調式的學習。大部分現今的媒體，都可配合團體或個別使用的時機加以設計和使用。

第五節　媒體的選擇

　　在教學中使用媒體，可以溯源至十六世紀的康米紐斯（J. A. Comenius, 1592-1670），他是第一個將圖畫正式插入教科書的教育家（林玉體，1989，頁261-263）。自此，教育人員開始重視除了文字以外的經驗學習。印刷式的圖片、放映性的圖片、影片、有聲影片等，而近代科技媒體的發展，可以說是從美國參與第二次世界大戰開始的。為了儘速、有效的訓練從軍的青年成為戰場上的軍人，因此，專家們發展許多的教學影片來輔助其訓練。戰後，使用媒體於訓練課程的想法，開始蓬勃發展，學校也逐漸重視它的影響。而媒體的發展也從收音機、電視、幻燈片、投影片等，一路隨著科技的進步，發展為現代的媒體，如，超媒體、電腦模擬、電子資料庫、網際網路、虛擬實境等。雖然科技的發展讓媒體得以更多樣化，但是，許多的研究也顯示，它們對於學習成就的影響並不一致，但是它們確實有助於學習者對學習產生正面的態度，這是毋庸置疑的（Jen, 1990）。

　　選擇媒體不僅考慮教學的需求，更應該考慮提供學生學習回饋時的需求。對於語文資料的教學而言，教材必須呈現的方式可能以靜態的文字與畫面就足夠了。對於學生而言，他們所需要的回饋僅止於答案是否正確，

因此也不需要像電視、錄影帶、CD等具有聲光效果的媒體，反而，印刷式的資料或是教科書這一類的媒體更能符合其需求。

對於智識能力的教學，往往強調解決問題的能力。解決問題的辦法可能不只一項，所以就需要有互動式的回饋。此時，教師、助教和互動式的電腦模擬程式，就比其他的媒體更能夠隨時提供回饋。

動作技能的教學，除了有一部分是屬於智識能力的學習外，大部分還是強調學習者的執行力，此時，電腦模擬或是在真實的環境中，用真正的設備來教學（恐怕是最能符合學習者的需求了）。固然，錄影的媒體或是電腦的模擬，可以提供一些回饋，然而，教師更可以藉由錄影的媒體，對學生所表現的動作技能提出回饋。

態度的教學，基本上是可透過觀察與模仿而習得，因此錄影媒體與電視是最常使用的媒體。態度的教學也如同動作技能一樣，有一部分的教學是屬於語文資料或是智識能力，然而大部分還是得靠戲劇的表演，透過劇中人物的對話與行為，促使觀賞的人投以認同或反射的情緒，獲得個人觀念或價值的澄清，因此媒體的選擇就會更多樣化。

選擇媒體時，要考慮學習者的特性，特別是一些特殊的學習者。如果，學習者為視障、聽障或是閱障者，在選擇媒體時，要考慮其特殊的需求。不過有一種情形是例外，那就是，如果目標是要達成某一種感官的敏感度，那麼就要考慮用綜合性的媒體來測試學習者。例如：要學生能在吵雜的環境中，聽辨出說話者的聲音，那麼就不能只用CD的媒體，反而要用錄影媒體，才能呈現類似現場的音效。

現代的媒體大都脫離不了電腦；換句話說，使用這些電腦軟體的教師或是學生，都必須學會操控電腦。那麼，選擇這些電腦作為傳播系統中的媒體時，也要考慮是否有行政人員可以隨時提供哪些協助？教師是否有能力自行發展相關的教學資料？這些考量在選擇媒體時，是很重要的因素。

最後，媒體的選擇必須符合經濟效益、彈性、耐操性、方便性、環境需求等因素。相關的媒體理論通常建議先選擇媒體，再選擇傳播系統，但是，實際上，教師大都先選傳播系統，再選媒體。原因是，同樣的傳播系統可以選擇另類的媒體作為輔助。因此，只要在學習者分析和脈絡分析

上，做非常仔細的分析，媒體與傳播系統的結合，通常都可以提昇教學的
效果。

討論問題 ....

1. 學習的要素有哪些？它們在教學進行的過程中，其順序為何？

2. 根據能力指標以及它們的主要步驟，試用ARCS的理論，設計在教學前引起動機的活動。

3. 試舉出呈現內容的架構或是概念的正反例？它們將如何呈現在學生面前？

4. 列舉出學習者的參與學習活動。

5. 說明某一項能力指標在教學時最適合的傳播系統？為什麼？

6. 如何判定能力指標教學時最適合的分組？

參考書目

任慶儀（2012）。教案設計：教學法之應用。臺北市：鼎茂。

林玉体（1989）。西洋教育史。臺北市：文景。

林進材（1999）。教學理論與方法。臺北市：五南。

Dick, W., Carey, L. & Carey, J. O. (2009). *The systematic design of instruction* (7th ed.). London, Pearson.

Gagné, R. M. (1985). *The conditions of learning* (4th ed.). New York: Holt, Rinehart and Winston.

Gagné, R. M. (1988). *Principles of instructional design* (3 rd ed.). New York: Holt, Rinehart and Winston.

Jen, C. I. (1985). Does *computer-assisted instruction really help pupils in improving their academic achievement?* (Unpublished master's thesis). Ohio University, Athens, Ohio.

Kemp, J. E. (1985). *The instructional design process*. New York: Harper & Row.

第十四章

單元對應與自編教材

　　在教學設計歷程中，完成決定教學策略中的傳播系統，安排學習的
要素，選擇媒體，將學生分組，排列教學的群集和順序之後，就要根據目
標，選擇適當的教材，以進行教學內容的呈現與講解。選擇教材意味著尋
找適當的教科書與單元內容，以及是否需要自編教學內容等任務的開始。
教材的使用，在教師教學的過程中，扮演的角色有三種層面：

㈠ 完全教材

　　指教學的過程中（除了前測和後測），不需要教師的教學，而學生可
以依據自己的速度，透過教材做自我的學習，教師所扮演的角色，是監控
他們的進度或者提供一些指引給需要的學生。有些教材甚至提供前測與後
測的測驗，當學生完成測驗後，才將它們交給教師。整個學習的過程中，
教師是非常的被動，而學生則是完全依賴教材學習。

㈡ 修訂教材

　　指教學的過程中，教師選擇並且修訂、補充教材以符合教學策略的發
展。教師在傳播教學上的角色顯然加重許多。另外，教師在修訂教材的過
程，還增加了教材管理者的角色。教師依據教學策略所發展的結果，針對

教材的部分進行修刪與保留。

(三) 不使用教材

指教師完全以自行發展的教學策略為基礎，進行教學。教師利用教學策略的結果，創造演講的大綱、小組的討論和練習的活動。

以上三種使用教材的層面，其依賴教材的程度各有不同的層次，雖然各有利弊，但是，這些對教材的角色和教學者之間的關係，必須在選擇教材之前釐清。

第一節　教材的發展與選擇

一般而言，教材取得的方式大致可以分成三種，分別為：(一) 自行研發教材，(二) 使用現有的教材，(三) 修改、補充現有的教材。不過，長期以來，我國的教師都是以教科書作為教材主要的來源。

一　自行研發教材

以我國目前公立的國中小學校而言，傳播系統還是由教師主導的講解為主。因此，教師和教材是目前中小學教學傳播系統的主要型式。由於，我國的中小學甚少由學校或教師發展自己的教材，所謂的「教材」和「教科書」，兩者基本上是同義。

我國過去是由政府單位「國立編譯館」進行教材的研發與印製，現在由教科書出版商發展與設計，甚少由學校或教師個人研發教材。唯一例外的情形是，個別學校中的教師團隊為「彈性課程」或是「特色課程」發展獨一無二的自編教材。通常這些教材也大都以簡易的方式列印而成，很少是正式出版，其性質比較像「講義」。對於學校或教師自行研發的教材，教育部在九年一貫「概要內涵」的「實施要點」規定：

『除……審定之教科圖書外，學校得因應地區特性、學生特質與需求，選擇或自行編輯合適之教材。但全年級或全校且全學期使用之自編自選教材應送「課程發展委員會」審查。』

所以，依現行的規定，如果教材是供給全年級或全校使用，就必須送交各校之「課程發展委員會」審核通過後，方能使用。

對於自行研發的教材，其步驟分別為：

(一) 檢視每一個指標或教學目標所發展的教學策略；

(二) 檢視相關的文獻資料，或者徵詢學科專家有哪些現成的資料；

(三) 考慮如何用這些現成的資料，編製或修改成教材使用；

(四) 考慮呈現教材的最佳媒體；

(五) 根據教學策略中，目標的安排與群集，開始撰寫教材的草稿；

(六) 根據教材的草稿，擬定教材的附帶資料，如：手冊、學生活動與評量；

(七) 進行教材的形成性評鑑；

(八) 修訂教材；

(九) 正式使用自編教材。

使用自編教材的最大好處是，它可以完全符合教師在教學實務現場的教學策略。教材的內容、順序與理念的鋪陳，可以依照教學者的意圖而實施。但是，其所花費的人力、物力、時間與精力卻是相當的龐大。如果，設計出的教材只能用於少數的學生或是班級，那麼它的經濟效益就顯然不足，除非有其他的單位提供經費補助，否則應該仔細考慮。

二　使用現有的教材

使用現有教材，對於教師而言，是最單純而且最符合經濟效益的選擇。再者，自從2001年實施新課程改革後，雖然強調教學要以能力指標為目的，但是根據學者的調查發現，仍然有近90%的國小教師，是以教科書

的單元內容為教學的目的。從教科書（教材）改由民間自行發展與設計以後，提供給教師的是更多樣化的選擇。然而，面對多本的教科書，如何選擇其符合教學策略的結果，則必須考慮下列諸點：

㈠ 教材內容與表現目標的一致性

教師從教學分析所產出的終點目標，以及表現目標，是否和教材內容有一致性？亦或，教材內容是否能達成教學策略所產出的結果？如果一味的使用教科書的單元作為教學之主要依據，將可能導致教科書內容無法充分的提供教師依據能力指標所發展出的教學分析與表現目標所要求之內涵。以第十一章之表11-1為例，社會領域能力指標2-1-2經過教學分析後，轉換為終點目標和表現目標1和2。但是，在目前各版本的教科書內，大都沒有相關的主題或內容，僅有其中一個版本教科書的內容摘要如表14-2。

表11-1　語文資料之表現目標（本書之第十一章）

能力指標	2-1-2 描述家庭定居與遷徙的經過。
表現目標	1. 提供不同種類的地圖，學生可以在地圖上標示家庭遷徙的路線
	1.1 給予不同種類的地圖，學生能根據地圖標題指出地圖的種類
	1.2 給予不同種類的地圖，學生能說出地圖的功能
	2. 利用遷徙路線圖，學生能說出家庭定居的原因

表14-1　教科書單元之內容

你曾經搬過家嗎？ 住在不同的地方，會有什麼不一樣的生活呢？

比較表11-1和表14-1，你會發現內容好像有點關係，但卻無法真正和表現目標接軌；換句話說，教科書的內容和目標會產生不一致的現象。而這種差異的現象，均出現於各版本中，所以在許多的場合中，學者專家一再的提到，教科書在教導能力指標教學中，應該只作為教學的素材之一，而非全部，就是這個意思。能力指標的教學還是要按照本書的前面章節中的作法，將其分析設計後，才能充分掌握教學之重點。所以只使用現有的教科書單元作為教學的主體是不足的。

㈡ 教材內容的完整性

對於每一課的內容是否能完整而充分的包含表現目標，是選擇教科書的另一個重要的考量。教材內容資訊是否包含足夠的資訊、教師手冊、練習題目、回饋、評量等。所謂「足夠」的資訊是指，教材的內容是否有：1. 介紹引言的部分（introduction）、2. 動機的說明（motivation）和3. 先備能力的聯結（linking）、目標說明以及主題資訊的部分。然而，伴隨教材的教師手冊、評量、回饋、活動說明等，也是評鑑教材完整性的標準。

教材內容是否完整，以第十一章之表11-2為例說明之。表11-2的目標是教學分析之後的結果。如果仔細比對這些目標和大部分的教科書的內容，可以發現所有教科書的內容，可以表現大部分的目標，唯獨1.1和1.2的目標除外。然而，加法的「定義」和「辨認」出屬於加法的題目，對於學生未來進行加減混合的解題時，是不可或缺的智識能力。再者，教學分析顯示「定義」和「數學符號」的語文知識對於數學的能力是必須的，但是在教材中卻被忽略，因此，對於教科書之單元看似與目標符合，並不代表其具有完整的資訊。

我國目前的教科書為了要讓單元內容看起來簡單、容易、且圖片精美起見，紛紛將內容圖像化，導致教材內容過分簡化，以致於資訊不夠完整，特別是單元中，常將描述主題介紹的緒論、學習的動機以及與先備的經驗或能力聯結的資訊予以省略。然而，各校在選擇教科書時，也紛紛選擇看起來簡單的版本。這些過於精簡的內容，會讓單元的主題或重要的知識失去焦點，讓教師很難掌握重要的知識與概念。使用現有教材，雖然對於教師可以免去發展自編教材之辛苦，但是，往往其教材不能滿足教學上所須要的資訊，卻也是不爭的事實，補充與修改教材就成為必要的工作。

 ## 三 修改、補充現有的教材

這是以表現目標或教學分析結果作為教學的主體時，將教科書的單元予以對應，檢視單元中不足的部分予以補充或修改，以配合能力指標分析的結果。換句話說，教學是以能力指標分析的結果為主體，將教科書視為

教學的素材，加以利用。對於無法對應的單元，則另外尋找適當的教學素材，將現有之內容予以修改進行教學。

在使用教科書使用現有的教材，其內容往往無法與目標一致，亦或無法滿足來自教學分析的整體目標，因此，選擇修改或補充現有教材，是最可行的方式。然而，補充或修改現有教材，必須以教學分析或教學策略中的目標為基礎，以教師的專業知識以及其他來源的教材資源作為補充。此舉也是傾向於大多數教師所主張「一綱一本」的理念，但是必須具有「一本不足」的認知。

如果，缺乏教學分析與教學策略的規劃，那麼「補充教材」的作法多淪為「補充教材沒有的內容」，這樣的補充就相當於教「一綱多本」的方式，是不適當而且沒有必要的作法。由於，既定的目標已經建立，達成目標方法或內容可以非常多樣化。換句話說，使用不同的教材可以達成同樣的目標，以國語為例，要辨認出「記敘文」，教師可以用「小紅鞋」的課文，也可以用「阿婆的愛心傘」的課文進行，雖然內容不同，但是目標卻是一樣。此時，若要以「內容」作為補充的方式，那麼教師就必須要「教多本」。這種將各版本不同的「內容」作為培養學生「能力」的想法，顯然不是正確的！

總而言之，使用現有的教材，應該以能力指標所轉化的終點目標以及表現目標為基本，檢核教科書或教材中，能否有效的提供足夠而適切的資訊。因此，在「能力指標」的時代中，教師要能夠依照轉化後的目標分析其教科書內容，將教科書視為「素材」之一，當素材不恰當時，就要更換、補充或修改。

第二節　對應單元與教學計畫的編製

在九年一貫總綱中之概要內涵部分，教育部在其實施要點中，明確指出「……對應能力指標之單元」是課程計畫中必須包含的內容。許多教師常常誤以為是把能力指標去對應單元，這種誤解會造成所有的能力指標

仍然是以教科書內容為基礎，去套用而已。此種作法就像是過去的教學，以單元內容為基礎產出其可能達成之目標作法一樣。如此一來，無法得知哪一項能力指標重複多少次，而哪些指標根本未能於學年或學期教學中完成。再者，這種作法還是主張以單元為主的教學，並未針對能力指標進行教學，能力指標因而形同虛設一般。

所以，正確的作法應該是以能力指標為主，將單元作為對應的單位，如此一來，才能說以能力指標為教學之始。

「一綱多本」的意義，在教學上，代表教師可以有多元的選擇，而「一綱一本」，是指教學中，只要使用一本教科書，然後，再依照目標補充不足的內容。這種作法成為「一綱」時代中，教學設計勢在必行的作法。但是，此種補充的方式，並不是針對與其他版本教科書彼此內容的差異而進行，而是針對未能滿足教學分析的內容或資訊，進行補充。透過教學分析所獲得的結果作為檢視教科書內容的基準，可以利用下列之表格（表14-2）將兩者對應之，並從教材中判斷出「有」或「無」適當之內容。而，準備教學之前，就要針對「無」的部分，進行自編教材或是修改、補充教材。如果該補充之教材為全年級使用，就必須送交「課程發展委員會」審核通過後，方得使用。

表14-2 對應教學分析圖與教科書內容之雙向表格

教學分析結果	對應單元	
1-n-04學生能做加法，並寫成橫式與直式的算式	第7課加減應用	
1學生能對給定的題目，用合成的方式做對加法		
1.1學生能從數合成活動中，正確的說出加法的意義		自編
1.2學生能從給定的題目中，正確的認出合成的題目		自編
1.3學生能從給定的題目中，用合成的方式做對加法	√	
2學生能從合成的圖示中，正確的寫出橫式的加法算式	√	
2.1 & 2.2學生能從回憶中，正確的說出「+」號和「=」號的意義		自編
2.3 從回憶中，學生能正確的說出橫式之加法算式格式		自編

　　只要稍有經驗的教師，在檢視表14-2時，就可以發現，雖然欄位中註有「自編」字樣，但是，仔細觀察就會發現，在實際教學中，只要出一兩題符合目標的算術題目，就可以進行這個所謂的「自編」的教學。所以，「自編」的工作其實不是想像中的那麼難，也沒有那麼複雜。

　　值得注意的，是表14-2的呈現方式，可以說和目前許多學校的作法是差異逕庭。相較於各校以單元為主，能力指標對應的作法，表14-2中卻是以能力指標／表現目標為主，單元對應之，這才是一種符合能力指標教學的精神，且讓能力指標發揮其應有之重要性。

　　因為有了詳實的教學分析工作，以及具體的表現目標，那麼檢視教科書或是教材，就有了依據的準則。如此一來，很容易評斷教科書的內容是否可以滿足達成表現目標所需要的資訊。對於教科書缺乏的資訊或內容，教師就可以衡量是要補充，還是發展全新的教材。用表現目標評量教科書的內容，才是合宜與正確的方式，也才是打破過去以教科書為教學目標的作法，符合現代能力教學的精神。

　　教學設計的工作是非常的繁複，其歷程中有許多的「選擇」必須決定。如果，以教師個人進行所有的工作，工作負荷是相當沉重的，因此，進行教學設計宜以群體的方式為之，以協同的方式共同合作完成。

　　同樣的，如果每一位教師把教科書的單元內容，一一對應到能力指標的教學分析和表現目標，那麼教師勢必要花費非常多的時間與辛苦，才能執行這樣的任務。因此，為了減輕這樣的工作負荷，此項工作應該要由整體的教師通力合作，才能事半功倍，特別是學年組織中的教師或是同一個階段學習領域的教師，更應該負起這樣的責任。

　　在進行單元對應的工作時，可以延續本書前面第四章所完成之課程計畫，將表現目標與對應的單元呈現於其中，即成為「教學之計畫」。如此一來，從「課程計畫」延伸至「教學計畫」，不但符合Oliva的課程與教學發展模式的歷程，也順應Peter所發展的國家課程與教室教學模式中，兩者一貫的意義。

　　另外，教學計畫是以「學期課程計畫」作為編製的基礎，利用「學期課程計畫」中的「學校本位課程目標」，作為為教學分析與表現目標之基

礎，進行教材之對應。

下列表14-4為數學領域一年級上學期之教學計畫。教學分析後之表現目標一一列在其中，將教育部規定的計畫內容項目，如：對應的單元名稱、節數、評量方式、以及備註也一一列出。

換句話說，如果教材可以提供足以表現目標的內容與資訊，那麼將其單元名稱或課別名稱列在「對應單元」之欄位，就可以了。但是，如果在備註欄有「自編」字樣之目標，是表示教科書之單元沒有適當的內容可用，需要進行自編補充。有時，雖然教科書沒有適當的單元對應，但仍然將單元名稱寫上，是表示該目標的教學會融入該單元中，進行自編教材或補充的部分。

表14-4中即列出「備註」欄位有「自編」字樣者，即指現有教材沒有適當的或充分的內容，可供教學或學習之用，而對應之單元名稱，則指該項「自編」的教材將用於該單元之教學當中。自編之後的教材須送交「課程發展委員會」通過審核後，才能提供給全年級使用。

表14-3 數學領域單元對應之教學計畫

學校本位目標	教學分析結果	對應單元	節數	評量	備註
1-n-01 能唸出寫出100以內的數及「個位」、「十位」的位名，並進行位值單位與數值的換算。	1.學生能按照數字卡唸出100以內的數	1.數到50	2	口頭	
	2.學生能按照數序寫出100以內的數	1.數到50		紙筆	
	3.學生能從給定的數列中，找出數序的規律	5.數到100		紙筆	自編
	4.學生能從回憶中說出「個位」、「十位」的位名	5.數到100	2	紙筆	
	5.學生能從給定的數值，用不同之位值單位表示	5.數到100			自編
	6.學生能算出給定的位值單位的數值	5.數到100			自編
	7.學生能按照題目做一位數連加計算	7.加減應用	2		自編

（續）

	8.學生能按照題目，做一位數 連減計算	7.加減應用			自編
	9.學生能按照題目，做加減混 合計算	7.加減應用	1		
	10.學生能用2個、5個、10個一 數的方式數數	1.數到50	1	紙筆	
	11.學生能寫出2個、5個、10個 一數的數列	1.數到50			自編

　　下方之表14-4，基本上與表14-3是一樣的，只不過將其順序按照對應之單元順序略加調整，有利於教師按照課別或單元，進行單元或課別之檢核。凡是備註中標示「自編」者，即表現現行教科書單元中並無此目標之相關內容，須要教師加以補充，例如：標號為3者，列有單元名稱及備註「自編」字樣，表示該目標之內容為教師自行補充者，並且擬於第1課：數到50中進行。下表編號為5和6者，亦是同樣的情況，依此類推。至於編號4的目標，恰好有第1課作為教學之教材，因此就將單元名稱寫在「對應單元」的欄位中即可。

表14-4　數學領域單元對應之教學計畫

學校本位目標	教學分析結果	對應單元	節數	評量	
1-n-01 能唸出寫出100以内的數及「個位」、「十位」的位名，並進行位值單位與數值的換算。	1.學生能按照數字卡唸出100以内的數	1.數到50			
	2.學生能按照數序寫出100以内的數 3.學生能從給定的數列中，找出數序的規律 4.學生能從回憶中說出「個位」、「十位」的位名	1.數到50 自編			
	5.學生能從給定的數值，用不同的位值單位表示 6.學生能算出給定的位值單位的數值				自編 自編

1--07能用2個一數、5個一數、10個一數的方式數數，並寫出數列。	7學生能將教具用2、5、10個一數的方式數 8學生能寫出2個、5個、10個一數的數列 9學生能用2個、5個、10個一數的方式數數	5.數到100			自編
1-n-06 能做一位數之連加、連減與加減混合計算。	10學生能選出連加的題目 11學生能按照題目寫出一位數連加的計算式 12學生能計算出連加的結果	7.加減應用			自編 自編 自編
	13學生能選出連減的題目 14學生能按照題目寫出連減的算式 15學生能計算連減的結果	7.加減應用			自編 自編 自編
	16學生能選出加減混合的題目 17學生能按照題目寫出加減混合的計算式 18學生能計算加減混合的結果	7.加減應用			自編 自編 自編

　　社會領域的教學計畫也是相同。表14-6也是源自學期之課程計畫中之目標，進行教學計畫之擬定。表中之最左欄位列出終點目標（學校本位目標），其次列出下屬目標，然後，接續的是教材的對應。社會領域中之教學計畫常見「自編」字樣，其原因為九年一貫，許多社會領域的能力指標都具有「在地化」與「個別化」之特性，亦即，教材所提供的資訊是指一般性的內容，例如：2-2-2 認識居住地方的古蹟或考古發掘，並欣賞地方民俗之美。然而，教育部對社會能力指標的詮釋為「……協調主管教育行政機關協助授課老師取得以當地的古蹟、考古發掘及民俗為主要內容的補充教材。」換句話說，教師因學校之所在位置或地區，進行其區域性之古蹟與民俗相關之教學，而不是大家都學習「苗栗縣之古蹟與民俗」。

　　「個別化」也是社會領域能力指標的特徵之一。例如：「2-1-2描述家庭定居與遷徙的經過」。那麼，經過轉化後成為「學生能在地圖上畫出自己家庭遷徙的路線」就是一例。因此，常有「自編」的情況發生，是正常的現象。

　　表14-5顯示出社會領域的教學，經常有自編的情形發生，對於下屬目標的內容，如果沒有適當的單元可以進行，就要找出可以配合的單元，將其名稱列在「單元名稱」的欄位中，並於「備註」欄中註明「自編」字樣，表示教學時，其目標之內容須由教師自行補充。

表14-5　社會領域（生活領域）單元對應之教學計畫（生活領域）

學校本位目標	教學分析結果	對應單元	節數	評量	備註
2-1-2說出自己家庭定居與遷徙經過	1.學生能說出地圖的種類 2.學生能說出地圖的功能 3.學生能在地圖上畫出家庭遷徙的路線 4.學生能說出家庭定居的原因				自編
8-1-1 學生能說出通訊與交通技術的發展，對生活的影響。	學生能從回憶中，說出通訊技術的發展，以及改變自己生活的方式	4.親友往來			
	1.學生能蒐集百科全書的資料 2.學生能摘要通訊科技的發展歷史	4.親友往來			自編
	學生能從回憶中說出通訊技術的演進對自己生活的影響	4.親友往來			自編
	1.學生能蒐集百科全書的資料 2.學生能摘要交通工具的演進	4.親友往來			自編
	學生能從回憶中說出交通技術的演進對自己生活的影響	4.親友往來			自編
9-1-3能說出環境中，水汙染的問題	學生從回憶中，說出水污染的原因	2.生活中的水			自編
	學生從回憶中，說出環境污染的問題	2.生活中的水			自編

　　就2-1-2的指標來看，它沒有對應的單元，說明了在目前各版本的教科書中，被忽視的能力指標。這種情形在社會領域的教科書中經常出現。所以，透過務實、詳細的課程計畫中，可以發現這種缺失。在教學上，教師必須自行編輯此能力指標／表現目標的教學內容。但是，從表現目標中，不難發現要進行這樣的課堂活動，似乎也不是很困難。其原因在於2-1-2的目標是非常個別化的內容。由於每位小朋友定居和遷徙的經過都

不盡相同，所以，只要讓小朋友回家詢問家人，然後在適當的地圖上標示其路徑，就可以完成這項能力指標／表現目標的學習活動。所以，這樣的自編教材似乎也難不倒我們的教師，不是嗎？

　　表14-6是將14-5的表格內容，按照對應單元的順序重新安排，對於教師在整理教學的教材而言，可能更順利一些。因為大多數教師還是希望能就單元的順序，檢視要補充或自編的資料。

表14-6　社會領域（生活領域）單元對應之教學計畫（生活領域）

學校本位目標	教學分析結果	對應單元	節數	評量	備註
9-1-3能說出環境中，水污染的問題	學生從回憶中，說出水污染的原因	2.生活中的水			自編
	學生能從回憶中，說出防止水污染的辦法	2.生活中的水			自編
2-1-2說出自己家庭定居與遷徙經過	1.學生能說出地圖的種類 2.學生能說出地圖的功能 3.學生能在地圖上畫出家庭遷徙的路線 4.學生能說出家庭定居的原因				自編
8-1-1 學生能說出通訊與交通技術的發展，對生活的影響。	學生能從回憶中，說出通訊技術的發展，以及改變自己生活的方式	4.親友往來			
	1.學生能蒐集百科全書的資料 2.學生能摘要通訊科技的發展歷史	4.親友往來			自編
	學生能從回憶中，說出通訊技術的演進對自己生活的影響	4.親友往來			自編
	1.學生能蒐集百科全書的資料 2.學生能摘要交通工具的演進	4.親友往來			自編
	學生能從回憶中，說出交通技術的演進對自己生活的影響	4.親友往來			自編

　　國語科的教學計畫不同於數學與社會學習領域之作法。其原因在於國語科的能力指標無法以教材單元中的內容逐自一一對應。其主要原因為國語科的主學習是語文的能力，副學習才是課文內容的知識和概念。就語文能力而言，在指標分析之後，必須加以「歸納或綜合」，亦即，在同一課

之國語單元內，其教學是要同步進行許多的「能力指標」的學習，例如：「4-1-1能認識常用漢字700-800字」、「5-1-7能掌握基本的閱讀技巧」、以及「6-1-2能擴充詞彙，正確的遣詞造句，並練習常用的基本句型」等，這些能力指標都是在一課當中要學習的。因此，在表14-8中，如同數學與社會領域之作法，將單元名稱（如果單元太多，或可只列其課別之編號）對應，儘管不同的能力指標所轉化出的終點目標與下屬目標，對應其之教材會重複，此種現象是國語科所特有的。

　　表14-7中將目標綜合或歸納後，呈現以課別之先後順序所呈現之教學計畫。其順序依然按照學校本位目標、表現目標與下屬目標、以及單元名稱，由左至右排列。

表14-7　國語單元對應之教學計畫

	學校本位目標	下屬目標	單元對應	議題	節數	評量	備註
3-1-3	能看圖說故事	1.能用3W的方式對給定的圖片寫出簡單的故事 2.能指出圖片的地點 3.能指出圖片的時間 4.能指出圖片中的人物 5.能指出圖片中進行的活動 6.能指出圖片中的對話	8天天星期三 9等兔子的農夫 10千人糕 11自作聰明的驢子	資訊議題	3 3 3	說話評量	自編
4-1-1	能寫出生字並造詞造句	1.能聽到字音寫出生字 2.能認出生字的結構 3.能按照結構和筆劃順序寫字 4.能夠用字典查字詞 5.能夠用字詞造句	1-14課			紙筆測驗	自編

（續）

5-1-1	能說出生字語詞的形音義	1.能指出生字的形音義 2.能由六書認出生字 3.能找出生字的部首 4.能用部首在字典找到生字 5.能說出生字不同的意義	1-14課			紙筆測驗	自編

　　國語科的作法是比較特殊的方式。對其他領域而言，一項能力指標可以單獨成為教學的單位，但是在國語，就必須結合許多的指標／目標在一課當中進行教學。針對這種特殊性，其實教育部在能力指標轉化為教學目標之原則內，就指出「……教學目標必須依照能力指標，分析、歸納或綜合，……」因此，綜合多項指標／目標的方式進行單獨一課的教學方式，是符合教育部在說明中的意涵。

第三節　教材評鑑的要素

　　考量我國目前的情況，教師自編教材，並不是一件普遍而容易的事。因此，大都使用現有教材，也就是不同版本的教科書。所以，在選擇教科書時，除了教科書內容要能夠滿足學習目標所需要的資訊以外，還有哪些選擇的考量？一般而言，對於目標的學習，教材的選擇權威性、正確性、新穎性以及客觀性都是考量教材重要的標準。對於學習者而言，語言的層次、字詞的使用、學生的認知發展階段、動機、興趣，以及免於性別、族群、和文化的偏見等，是重要的考量。對於學習本身而言，教材選擇的考量包含教學前的教材，例如：表現目標、動機的資訊、或是活動以及起點能力的說明等。至於，教科書中有無提供練習的教材、回饋、教材的傳播系統是否適當、以及學習指引的提供等，也是選擇的重要考量。對於學習的脈絡則必須考量教材中所依據的脈絡是否適宜？以及教材中的圖片、照

片、耐用性、以及提供的影音資料或媒體的品質，也是選擇教科書的重要考慮。

針對上述的考量，教育部（2003）在其《教科書評鑑指標》一書中，列出評鑑教科書的一般性指標，供學校與教師參考：（頁4-6）

㈠出版特性：指教科書之物理特性，如教科書的版面設計、圖文搭配、文句組織、紙張品質、字體大小、色彩視覺和堅固程度，其下又分為五個具體指標：1. 文字流暢易懂，2. 圖畫文字搭配合適，3. 紙質良好，4. 印刷精美，以及5. 堅固耐用。

㈡課程目標：指教科書及其相關附屬材料所呈現，用以實踐國民中小學九年一貫課程目標的程度或特性，其下又分為：1. 能實踐課程綱要能力指標，2. 目標來源具備合理性，3. 具體、明確，4. 兼顧認知、情意和技能等層面，以及5. 目標合乎學習者身心發展層次。

㈢學習內容：指教科書及其相關附屬材料所選擇，供學生學習，用以實踐國民中小學九年一貫課程各學習領域課程目標的題材、事實、概念、原理原則、技能和價值，其下又分為：1. 能有效達成目標，2.含重要之事實、概念、原理原則、技能和價值，3. 內容正確，4. 合時宜，5. 生活化，6.份量適中，以及7. 難易適切。

㈣內容組織：指教科書及其相關附屬材料所呈現，將各種學習內容進行水平和垂直組織的方式和特性，其下分為：1. 章節結構良好，2. 學習內容前後順序合乎學習原理，3. 重要學習內容能適度延續出現並具擴展性，4. 內容各部分和各要素銜接整合良好。

㈤教學實施：指教科書及其相關附屬材料所呈現，進行教與學之各種活動設計及實施方式，其下又分為：1. 提供學生參與探索之機會，2. 配合內容提供合適的教學策略，3. 評量建議或安排，能反映課程目標，4. 激發學生學習動機、興趣，5. 學生有機會表達和應用習得的知識，6. 激勵學生主動解決問題、創造思考和更進一步的學習動力，7. 提供適應個別差異的活動和機會。

㈥輔助措施：指教科書出版者所建議或提供用以增進和發揮教科書

功能的輔助性措施或材料。其下又分為：1. 建議增進教科書功能的輔助性材料，2. 持續研究並即時更新內容，3. 提供學生及教師使用的諮詢和其他協助的資源。

除了教育部提出的選擇教科書之標準外，對於使用其評鑑指標的人員（教師或行政人員）在評鑑時，應該：

1. 精研各學習領導課程綱要；
2. 研閱各領域教科書評鑑指標的使用說明；
3. 視需要調整各項目配分權重及補充細目指標；
4. 依評鑑目的呈現評鑑結果；
5. 深入而完整的瞭解教科書及其輔材。

除了教科書評鑑的一般性指標與其下之細目指標，以及對使用者的建議之外，教育部對各領域教科書的各項特性之比例，也提出建議如下：（表14-8）

表14-8 評鑑教科書六項指標之比重

指標	比重
1. 出版特性	10%
2. 課程目標	20%
3. 學習內容	25%
4. 內容組織	20%
5. 教學實施	20%
6. 輔助措施	5%
總分	

對於各領域之教科書，因其屬性不同，因此，教育部有列有各領域教科書評鑑表格，作為各校在選擇教科書時的參考。本書即以國語、社會和數學為例，說明教育部對教科書評審的標準。表14-9為國語文教科書評鑑之表格。

表14-9　國語文教科書評鑑要素

項目	評鑑指標	評鑑結果與說明					
		1	2	3	4	5	特殊優、缺點及具體意見
一、出版特性	1-1文字長短適宜，配合學生的語文能力及閱讀理解，文字敘述流暢優美						
	1-2插圖、照片、圖表與文字內容搭配適宜						
	1-3版面設計美觀而具親和性，紙質優良而不反光，便於書寫與閱讀						
	1-4印刷清晰，字體大小適中、色彩濃淡合宜						
	1-5 其他						
二、課程目標	2-1能實踐語文學習領域課程綱要之課程目標及分段能力指標，並能使分段能力指標於各年級（學期）中，逐步完整達成						
	2-2兼顧語文學習之認知、情意和技能等層面及注音、聽、說、讀、寫（作）、思維等類能力之綜合達成						
	2-3各課或各單元教學目標應合乎學習者之語文學習領域階段能力及心智發展						
	2-4各課或各單元教學目標具體而明確，且能契合其相應欲達成之能力指標						
	2-5其他						
三、學習內容	3-1內容選材能掌握語文學習領域課程綱要的基本理念、課程目標和分段能力指標						
	3-2教材內容正確且兼顧注音（含標音系統）聽說讀寫作及思維等能力指標之面向之習得						
	3-3教材內容能反應文化精髓之傳承與發揚，並兼顧時代背景及社會發展需求						
	3-4選材能兼顧在地文化、中華文化和各國文化的價值，並反應中肯、平衡和多元的價值觀						
	3-5學習內容具體實用，並且能融入日常生活情境						
	3-6內容分量適中，相稱於教學時間，且其難易程度能適合學生的語文發展需求						
	3-7教材內容能適時融入資訊、兩性、環境、人權、家政和生涯發展等重大議題						
	3-8其他						

（續）

四、內容組織	4-1文體及內容多樣，單元結構清晰易懂					
	4-2生字、新詞、新句型和各種文體等之學習進程安排，循序漸進，由易而難，由簡致繁，合乎學習原理，具語文學習之縱向銜接					
	4-3語文學習內容能顧及橫向聯繫，且兼具擴展性					
	4-4語文學習內容之各部分和各要素能完整銜接					
	4-5其他					
五、教學實施	5-1能引起學生學習語文之興趣與動機，並提供主動參探索之機會					
	5-2能提供適應個別差異的語文教學活動和學習機會					
	5-3配合注音、聽、說、讀、寫、作等面向能力指標之性質，提供合適的教學策略，發展語文能力					
	5-4能適切設計反映課程目標的多元化語文學習成就評量活動					
	5-5激勵學生運用語文從事創造思考，並形成自學能力，進而解決問題					
	5-6學生有機會運用習得的語文技能表現自我並與他人溝通					
	5-7其他					
六、輔助措施	6-1編輯團隊能針對語文學習領域課程與教學從事持續研究，並定期更新教材內容					
	6-2能提供學生、教師及家長雙向溝通的諮詢管道					
	6-3能建議增進語文教學和教科書功能的輔助教材、教學媒體或資訊網路資源					
	6-4其他					

　　表14-10列出數學領域之教科書評鑑之指標，以六個面向作為評鑑之原則。此六項原則和國語教科書之評鑑指標有異曲同工之處，雖然都是六項評鑑指標，但是對於不同領域之特性，仍然有所著墨。

表14-10　數學領域教科書評鑑指標

項目	評鑑指標	評鑑結果與說明					
		1	2	3	4	5	特殊優、缺點與具體意見
一、出版特性	1-1版面編排合宜						
	1-2文句流暢易懂，沒有錯漏字						
	1-3紙質優良，不反光，美觀實用						
	1-4插圖能呼應教學活動的重點						
	1-5實測或比例圖表，其尺寸、比例正確						
	1-6其他						
二、課程目標	2-1掌握數學領域課程目標及分段能力指標						
	2-2兼顧認知、情意和技能等層面目標的達成						
	2-3單元教學目標能達成各該階段能力指標，且能力指標能於該階段中，不同年級（學期），逐步完成						
	2-4單元教學目標合乎學習者發展層次						
	2-5單元教學目標具體可行						
	2-6其他						
三、學習內容	3-1學習內容含該學習階段數學領域五大主題軸的主要概念、原理、原則和技能						
	3-2教材內容選擇顧及學生認知發展和數學之邏輯結構						
	3-3學習內容的安排能夠由淺入深，由簡而繁，合乎學習原理						
	3-4例題取材符合學生的生活經驗，且布題具備合理性						
	3-5重大議題適當融入教材中（資訊、環境、兩性、人權、家政和生涯發展教育等重大教育議題）						
	3-6其他						
四、內容組織	4-1教材內容組織架構呈現數學概念的整體性與連貫性						
	4-2教材組織著重數與量、圖形與空間、統計與機率、代數等主要學習內容之內部連結						
	4-3教材組織顧及其與生活經驗及其他學習領域之外部連結						
	4-4重要學習內容能於不同學習階段間，作適度的銜接、延續與連貫						

（續）

	4-5課本、習作與教學指引銜接整合良好						
	4-6其他						
五、教學實施	5-1依據能力指標將數學概念轉化成適當的數學教學活動，單元教學時間足以達成教學目標及完成教學活動						
	5-2教學設計能引起學生主動學習的興趣，並重視培養察覺、轉化、解題、溝通和評析等數學連結能力之教學活動						
	5-3以問題解決為導向，富挑戰性及批判思考						
	5-4教學活動設計能提供學生反思、討論、辯證、歸納的機會						
	5-5教學活動設計能顧及學生的個別差異						
	5-6以學生的經驗為基礎逐步引導，形成數學新概念						
	5-7評量的重點與方法能反應教學目標，且評量方法多元化						
	5-8其他						
六、輔助措施	6-1提供諮詢服務及建議增強教科書功能的輔助性材料						
	6-2教學指引能清楚說明課程架構、教材組織、能力指標與教學活動之關係、以及學生心智發展狀態和先前經驗等						
	6-3習作配合教材內容，份量適當、難易適中						
	6-4其他						

　　社會領域教科書之評鑑，也依然按照六項指標作為評比的標準。對於社會領域的特殊性，也有所指示。例如：「教材內容易轉化以兼顧區域的殊異性」就顯示出社會領域不同於數學或國語，注重其內容的區域性，這是九年一貫社會領域能力指標特殊之處。

表14-11　社會領域教科書評鑑指標

項目	評鑑指標	評鑑結果與說明					
		1	2	3	4	5	特殊優、缺點與具體意見
一、出版特性	1-1文字、用語、句子結構符合學習者的身心發展						
	1-2紙質良好、並利於書寫						
	1-3字體大小、行字間距適當，圖文搭配適宜，版面設計適於閱讀						
	1-4裝訂安全實用，裁切良好						
	1-5其他						
二、課程目標	2-1能有效達成社會學習領域的分段能力指標						
	2-2各主題軸分段能力指標能在各年級（學期）中，逐步完整達成						
	2-3能均衡反應社會學習領域的性質、社會需要與學生發展需要						
	2-4能兼顧認知、情意、技能和社會參與等各層面目標之達成						
	2-5能切合學習者心智發展層次						
	2-6其他						
三、學習內容	3-1選用的事例、題材、方案、活動能有效達成課程目標						
	3-2兼顧時代潮流及社會發展需求						
	3-3切合學生生活經驗和未來生活實踐						
	3-4難易度配合學生程度與身心發展						
	3-5份量適中，並能考慮教學節數與教師選擇的彈性						
	3-6教材內容易轉化，以兼顧區域的殊異性						
	3-7內容取材能反應平衡、中肯和多元的價值觀						
	3-8適度融入資訊、環境、兩性、人權、生涯發展和家政等重大教育議題之內容						
	3-9其他						

（續）

四、內容組織	4-1有整體架構的思考，各冊、各單元間和單元內容具有良好的結構					
	4-2學習內容由淺入深，由近而遠，具有適當的順序性					
	4-3課本、習作與教師手冊銜接整合良好					
	4-4社會學習領域內各主題軸的各項知識、概念和價值，兼具有縱向和橫向的銜接與統整					
	4-5其他					
五、教學實施	5-1依單元目標和學習內容特質，安排活潑多元的教學策略與活動，並能考慮學生的個別差異現象					
	5-2能提供學生主動參與、探索與解決問題的機會					
	5-3能提供學生社會參與或應用實踐的機會					
	5-4教學評量方法適切、多元，能反映課程目標，並兼重形成與總結性評量					
	5-5其他					
六、輔助措施	6-1能因應教材單元的需要，充實教師使用手冊，適時建議足夠的教學參考補充資料					
	6-2提供教師、學生及家長使用的諮詢與協助					
	6-3其他					

　　以上，略舉國語、數學與社會教科書的評鑑指標，其餘的領域，請參考教育部編印的《教科書評鑑指標》一書，即可獲得所有的資料。

　　雖然，教育部所提的教科書評鑑指標仍然稍嫌抽象，但不失其完整性。所以，除了教材能提供達成目標所需要的資訊外，尚有其他的評選標準，在各校發展學校本位的教科書標準的同時，為避免各校花費大量的人力與時間，應該可以就教育部的《教科書評鑑指標》進行具體轉化或分析，即可形成實用的評鑑工具。

討論問題 ....

1. 將教科書的單元對應於能力指標分析的結果，你發現什麼情況？

2. 比較不同版本教科書對應於相同能力指標的差異情形。

3. 討論自編教材的方式。

4. 搜尋國小對教科書評鑑的標準。

5. 比較國小評鑑教科書標準和教育部的標準有何差異？

參考書目

教育部（2003）。國民中小學九年一貫課程教科書評鑑指標。臺北市：教育部。

第十五章

教學形成性評鑑

　　形成性評鑑是指教學設計的人員，或是教師，透過不同的評鑑方式，蒐集可以改進教學的相關資料，使教學更有效。在發展教學以及預試教學的過程中，進行這樣的評鑑就稱為「形成性評鑑」。形成性評鑑對於教學者以及教學設計人員的重要性，就有如自我評量之對於學生。

　　在教學的設計過程中，設計完每一個因素，就要進行形成性評鑑。其目的是希望在還沒有學習者參與的情況下，設計者或是教師，可以透過其他的專家先行自我評鑑。換句話說，教學的設計可以在自訂的標準下，先就每一個因素進行評鑑，不需要等全部的因素都設計完成以後才進行。

　　等到教材對應與補充完成並確定所有的教學策略設計完成後，即進行試教時，此時可再進行另一次的形成性評鑑。其主要原因是因為教材與教學策略是最後集所有因素之大成的結果。此時，針對教材與教學策略進行形成性評鑑，其目的是希望在大規模正式推廣教學之前，先利用少數的學習者，找出教學的弱點，予以修正。所以，測驗的分數、學生的反應、學生學習的觀察、同儕的建議都能提供有關教學的順序、教學的過程、以及教材中的缺點，作為改進教學的依據。

　　有時候，形成性的評鑑因為缺乏時間或經費無法進行，教師也應該在第一次使用新的教學時，進行深度的觀察，找出教學的問題。

　　教學的形成性評鑑，固然要在整體教學設計完成後的第一次試用中進行，但在設計的階段中，應該先就每一個設計的因素進行評鑑。換句話說，形成性評鑑應該在設計的歷程中，就開始進行，不必等到所有的因素都設計完成後才開始。在設計的歷程中，進行教學個別因素的形成性評鑑，是透過內容學科專家、學習專家、教學專家等蒐集資訊，先提供修訂教學的意見，由於其尚未牽涉到學習者，所以不會對學習者產生其他的效應。

　　總而言之，在教學設計歷程中，應就下列教學設計的因素，進行形成性評鑑：㈠釐清後的能力指標、㈡教學分析、㈢下屬能力分析、㈣學習者分析、㈤目標、㈥評量、㈦教學策略、㈧教材、以及㈨形成性評鑑。

　　在教學設計完成後，其所進行的形成性評鑑則是以教材和教學策略為中心。對於教材，其評鑑的重點為：㈠教材的清晰性、㈡教學的影響性、以及㈢教學的可行性。至於，教學策略的形成性評鑑，其評鑑的重點則為：㈠教學前的活動、㈡教材的呈現、㈢學生的參與、以及㈣測驗。

　　教學的形成性評鑑可以在教學設計的過程中進行，也可以在教學設計完成後的試教時進行。前者注重個別教學因素的設計，後者以教材和教學策略為主，兩者之目的皆為蒐集修訂教學的相關資料，以便對教學進行修正。

第一節　形成性評鑑的階段

　　一般而言，形成性評鑑的目的是透過蒐集相關的資料，對教學的缺點進行改進。其蒐集資料的過程，可以分成三個階段：㈠一對一的評鑑，㈡小組的評鑑，以及㈢實地評鑑（Gagné, 1988, pp.323-4）。以下分別說明之：

一對一評鑑

　　是指對個別的學習者，以及對內容專家，進行蒐集資料，作為評鑑教學的方式。進行學習者一對一評鑑時，不宜用隨機取樣的方式選取調查的對象，其原因在於任何的教材與教學，對不同學習能力的學生，會有不同的影響。因此，應該選擇分別代表不同學習程度（低於一般能力、一般能力、以及高於一般能力）的學習者各一名，以一對一的方式進行訪談，蒐集其意見，以改進教學（Gagné, 1988, p.283）。進行一對一評鑑，除了透過前測與後測瞭解學生對教材的學習成效外，另一個主要焦點是在於瞭解學習者對教學目標的有效性、所使用教材內容與測驗題目的正確性與清晰性的看法。在與學習者一對一訪談中，應該針對表15-1中所列的主要問題，提出訪談學生的結果，以便進行修正：

表15-1　一對一評鑑測驗之主要題目

	備註
1. 對學生的起點行為的預估和訂定是否有誤？	
2. 教學內容的呈現是否缺乏清晰性？是否有錯字？使用的語詞是否艱澀或難懂？	
3. 測驗題目與說明是否不明？是否有題意不清？對作答的方式是否有疑慮？其與教學內容是否具一致性？	
4. 對於學習成果是否有不當的期望？成果是否難以得到？亦或太容易？成果與教學內容是否具有一致性？	

　　進行一對一評鑑時，大約選擇3-5位的學習者，以一對一的方式進行訪談、測驗或施予問卷。

 小組評鑑

　　此階段為形成性評鑑的第二個階段。由教師或設計者和一組的學習者（大約為8到20位）進行對教學的評鑑。所謂的小組的評鑑對象，是指施測的人數，並不是指施測的時候，是以小組的方式進行。小組評鑑的目的是判斷，在一對一的評鑑後，其所修改的教學是否有效，以及是否還有其

他的問題或是錯誤。在選擇評鑑的對象時，除了不同的能力外，還要考慮學習者是否熟悉特定的教學過程，例如：要包含熟悉及不熟悉網頁教學的學習者，以及成熟與不成熟的學習者。唯有如此，這些選擇的對象才能真正符合未來學習者族群的特性，也才能針對教學的長處與短處，提供有用的建議。

　　小組評鑑的歷程為：先實施對學生之前測、然後進行教學、再實施後測。在進行評鑑時，除了對教學的評量外，也可以和學生討論前測與後測的問題。不同於一對一的評鑑，小組評鑑另外增加學習者對教學的態度評量。將前測與後測的結果進行比較時，通常會以一般統計圖表（折線圖或長條圖）的方式呈現，或者利用教學分析圖的方式，記錄學習者的前後測，如圖15-1（方塊左上方為前測答對之人數，右下方為後測答對人數），進行比較。其優點是可以針對教學中的每一群集的目標，進行成績的比較，以便找出學習的發生以及學習的量等問題。利用教學分析圖記錄的好處，還包括可以看得到在哪些的步驟以及下屬能力中，其學習的成效。

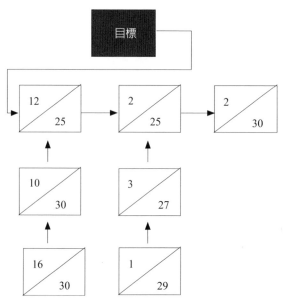

圖15-1　利用教學分析圖顯示前、後測結果

另外，小組評鑑尚須進行態度評量，以便瞭解：(一) 教學的吸引力，(二) 學習的內容，(三) 教材與學習目標之一致性，(四) 教材提供練習的量，(五) 教材提供的回饋，(六) 練習與學習目標的一致性，(七) 測驗與目標的一致性，(八) 學習者的信心。表15-2根據上述之態度重點，列出小組評鑑的問卷範例，作為參考：

表15-2 小組評鑑之教學態度評量（範例）

	（非常不同意1 2 3 4 5非常同意） 說明
1.教學對你具有吸引力	1 2 3 4 5
2.教學可以維持你的注意力	1 2 3 4 5
3.教材與目標具有一致性	1 2 3 4 5
4.教學包括充足的練習	1 2 3 4 5
5.教學提供的練習與目標具一致性	1 2 3 4 5
6.教學提供足夠的回饋	1 2 3 4 5
7.測驗對知識與能力具有評量力	1 2 3 4 5
8.對測驗具有信心	1 2 3 4 5
9.教學的活動符合目標	1 2 3 4 5
10.對教學設備滿意	1 2 3 4 5
11.對教師滿意	1 2 3 4 5
12.對教學速度滿意	1 2 3 4 5
13.對教學滿意	1 2 3 4 5

小組評鑑蒐集的資料包括，來自前後測、教學需求等量化資料，以及從態度問卷中，深入與小組成員進行訪談、評量人員在教學過程中觀察所得的記錄等質性資料。

三 實地評鑑

教學經過一對一評鑑以及小組評鑑後、修訂教學，就可以進行形成性評鑑的最後階段——實地的評鑑（Gagné, 1988, p.324）。以更多的樣本學

生在類似於未來教學的環境中進行評鑑。依據小組評鑑之資料，修正教學後，並進行教學。在此階段中，教師於接近未來實際的教學脈絡中試用教材進行教學。除了學習者的前、後測以外，在教學過程中，觀察學習者與教材呈現的情形，教師與學生均接受教學態度的問卷調查。此外，也要蒐集有關教師使用教材的表現資訊，特別是教材的品質與適當性。實地評鑑的目的是為了瞭解小組評鑑之後，所修訂的教學是否有效，以及在接近於真實的學習環境中，進行的教學是否可行。它和小組評鑑非常類似，都是在找出教學可能產生的問題，並且排除這些問題。調查的對象至少應該有30人以上，針對學習者對教學的態度、學習成就、教學過程、以及資源，例如：時間、空間、速度等進行蒐集資料。利用問卷調查（可使用小組評鑑的問卷）找出對教學有重要影響的環境因素。成就的測驗在此階段也簡化，只針對重要的能力進行前測與後測，並且分析前後測之成績，試圖找出教學的問題。實地試驗的結果是獲得有效的教學，以及符合期望的學習成果與學習態度（王文科，1994，頁394-395）。

　　從一對一、小組、以及實地評鑑的歷程中，蒐集各階段所得的觀察記錄、問卷、測驗等資料，經過分析，所獲得的結論是決定教學是否要保持原來的設計，還是須要修訂、重新組織、亦或是放棄。教師或學生在評量中顯示有困難的經驗，對教材的可行性具有指標的作用。至於教材的效率則依賴評鑑報告當中，從觀察教材是否按照原先的設計進行，或是教師是否按照教學的順序進行教學，甚至是教材對學生產生意外的觀感等可以得到答案。然而，更重要的是從測驗中獲得學生表現的程度，也是教材效率的最佳證明。

　　總而言之，教學與目標符合的程度、教學要補充的內容、額外的教學效果，不論是好的還是壞的，都影響教學的修訂或精緻化的決定。蒐集資料、分析資料，是形成性評鑑歷程中，最重要的任務。

第二節 教學設計因素的形成性評鑑

在形成性評鑑過程中，雖然蒐集資料的主要對象是學習者，但是應該包含其他外部的專家，例如：學科專家或是對學習者有相當程度瞭解的人員。當教師設計完成教學時，通常會犯「見樹不見林」的問題。因此，邀請大學的學科內容專家，就教學內容的正確性和新穎性提供意見，是很重要的。雖然這些學科專家所提供的意見，有時候會和已經設計完成的教學策略有衝突，應該要多加考量後，以謹慎的態度處理之。

另外，熟悉學習類型的專家也是很重要的評鑑者。他們可以就特定的學習類型所設計的教學策略提供意見，評估教學的設計是否真的可以對某一類的學習具有增強的作用。此外，熟悉教學的對象學生也是一位可以提供意見的評鑑者。他們可能是學習對象之前的教師或是過去主要教學對象是相同年級學生的教師，透過他們對學生的經驗，其所提供的意見也是很重要的。雖然，這些專家的評鑑意見都可以等到獲得學習者的評鑑後，再行採納。但是，在尚未對學習者試教前，能夠針對教學可能存在的潛在問題先進行教學修訂，是比較有效的作法。

在能力指標設計的歷程中，針對九項重要因素進行教學的分析與設計，因此，設計每一個因素時，在不包含學習者的狀態下，即應該進行形成性評鑑，以便確保教學設計的有效性。意即，在尚未提供給學習者試教前，就可以對每一個因素設計的結果，先進行評鑑。而此種觀點與快速成型之設計模式的作法相同，教學的設計並不需要等全部的因素設計完成後，才進行形成性評鑑（圖7-5）。下列就九項教學因素在設計時，應進行之形成性評鑑之重點，分別說明之：

 一 釐清的能力指標

對於參考教育部對能力指標之說明、詮釋與補充將能力指標釐清後進行的教學設計，應該要考慮這些釐清的能力指標（或稱為學校本位課程目

標）是否能為學校內大部分教師所接受？它是否清楚而具體的陳述了學生要表現的能力？這些目標是否會因為時間、人員的更迭而容易改變？在釐清的過程中，是否包含了教育目標有關的專家、教學設計的專家、充足的設計時間和有用的資源？

對學習者而言，這些釐清的能力指標是否能夠讓他們瞭解要「做什麼」？指標的內容是否夠清楚？指標內容是否清楚的指出了表現的情境？指標是否指出表現評量時，須要使用的工具或是輔助呢？

 ## 教學分析

(一) 在表現指標所敘述的主要步驟中，是否包含明顯的動詞？而成果的敘述是可以看見的嗎？主要步驟可以將學習的內容表達出來嗎？主要步驟的描述是針對學習者嗎？步驟的分解適合學習者的特性嗎？主要目標是否都是很重要的？步驟與步驟之間的關係是否具有密切的連接性？

(二) 教學分析的圖示是否將主要步驟從左至右排列在方塊中？有關做決定的步驟是否用菱形的圖形呈現，並且用「yes」或是「no」指示不同的路徑？步驟之間有用「箭頭」的線條做指示嗎？每個步驟是否都用數字編號嗎？

 ## 下屬能力分析

(一) 對於智識能力和動作技能，其分析是否針對主要的步驟呈現其重要的原則和概念？對主要步驟的能力階層，是否從原理原則往概念、分辨的層次往下進行分析？在下層的能力階層是否用往上的「箭頭」的線條連接？每一項下屬能力都有用適當的數字編碼嗎（例如：編號2.1，是代表步驟2，以及其下屬能力.1）？對於過程的下屬能力是否用方塊圖形將其呈現？對於每一項下屬能力所必須之語文資料，是否有適切的聯結？

(二)對於語文資料的分析,是否使用適當的標題呈現?它們呈現的順序是否依照空間的關係、時間的先後、熟悉與陌生的程度?是否精簡不重要的資訊?是否使用適當的方式表現其型式(例如:用大綱的方式、群集的方式、矩陣的方式)?是否將語文資料和其他的態度或能力作結合?

(三)對於態度的分析,其表現的行為能夠反映態度嗎?語文資料能夠支持態度嗎?動作技能必須以特定的方式執行嗎?智識能力須要合理的安排嗎?(例如:做什麼、獎賞、成果)態度和能力之間是否用符號作聯結?

 ## 四 學習者分析

(一)對於學習者的成就和能力的分析,是否能詳細描述學習者的年齡、年級、成就水準和能力水準?

(二)對於學習者的經驗分析,是否能摘要的描述學習者的先備經驗、起點行為、以及先備知識?

(三)對於態度的分析,是否能夠描述學習者對學習內容的態度、對於傳播系統的態度、學業上的動機、教學的期待、學習的偏好、對學校的態度、以及班級的特性?

(四)對於表現的脈絡而言,學習者分析是否能夠描述能力指標是符合學習者的需求?脈絡中的環境、社會性對學習者而言,是正面或負面的因素?

(五)對於學習的脈絡而言,學習者分析是否能指出它和教學要求是一致的?學習脈絡是否能和傳播系統相配合?

 ## 五 目標編寫

(一)目標的敘述是否描述了最主要的情境與脈絡?這些情境是否真實或是實在的?

㈡終極目標和學習環境的情境和脈絡是否一致？指標和目標的行為是否一致？指標的標準和目標的標準是否一致？

㈢表現目標的情境是否說明提供給學生的線索和刺激？表現目標的情境是否說明其所需要的資源或工具？表現目標的情境是否依照學習者的需求控制任務的複雜性？表現目標的情境是否有助於轉化至表現的脈絡？

㈣表現目標的行為是否和環繞在教學目標分析中的行為一致？表現目標所描述的行為是否為真實的反應而不是學生會如何反應的描述？表現目標的行為是否清楚、看得見，而不是含糊的？

㈤表現目標的內容是否和教學分析中包含的步驟一致？

㈥表現目標的標準是否只有當複雜的任務需要評量的時候，才包含在其中？ 表現目標的標準是否包含物理或型式的特徵？表現目標的標準是否包含目的／功能的特徵？表現目標的標準是否包含美的特徵？

㈦整體的表現目標很清楚嗎？對於表現和學習脈絡可以看得見嗎？指標和教學的目的之間具有意義的關聯嗎？

 六　學習評量

㈠所有的評量形式是否和目標的情境、行為、內容以及標準一致？

㈡所有的評量其題目、說明是否和學習者的語彙、語言能力、發展階段、背景、經驗、環境相符？所有的評量，其題目、說明是否和學習者的測驗的經驗、設備、動機、文化和性別（免於歧視）需求一致？

㈢題目的情境、說明中所提到的設備或工具，是否和測驗時所使用的一致？是否提供足夠的時間進行測驗、評分、以及分析？是否有足夠的人員協助施測？

㈣測驗的說明是否提供足夠的訊息？測驗的說明是否清楚而簡要？測驗的題目型式是否適當？從測驗的品質是否可以看出來其所花

費的時間、人力和經費的價值？測驗的設計是否具有專業的水準？

㈤測驗的說明是否說明如何答題、如何符合題目的要求，以及可以使用的資源、工具、設備？測驗的說明對於答題的型式和時間是否有限制？測驗的說明是否可以充分的指引學習者，以及符合學習者的需要？

㈥評分的要素或特徵是否全部都重要？這些要素或特徵是否是可以看得見的？這些要素和特徵是否須要再解釋？它們是否須要安排評分的順序？對於這些評分要素或特徵的敘述，是否很中立或是很正面？

㈦對於作品或品質的評分是否和測驗的說明一致？對於作品或品質的評分是否同時使用類別和語意？類別是否很少？（很少超過3、4個類別），如果其中一個評分的要素完全沒有的情況時，是否會給予0的分數？評分是否能不受評分人員、時間的影響，而具有其信度？

七　教學策略

㈠內容的順序是否適合該類別的學習？是否具有邏輯的順序？（例如：時間的順序、簡單到複雜的順序、概念到原理原則的順序），內容的順序是否依照主要的步驟？再進入下一個步驟前，內容是否充分的包含所有的能力和資訊？

㈡內容區塊的大小是否適合能力的複雜性、學生的年齡和能力的發展、學習的類型、內容的和諧性、時間的需求、傳播系統的特性？

㈢教學前的活動是否適合學習者的特性、動機，是否告知學習者目標、引發其回憶舊經驗、說明學習的先備知識？

㈣呈現的教學內容是否適合學習的型態？是否提供適合學習者經驗的正例與反例？教學內容是否備有適當的解釋與說明、圖示、圖

表、範例、表現的示範？是否提供學習者學習的指引？是否提供
新舊能力之間的聯結？內容的安排是否循序漸進？組織是否符合
認知的架構？

㈤學習者參與活動的設計是否符合學習的型態？是否和目標具有一
致性？是否符合學習者的特性？是否和教學內容一致？是否可以
引起學習者的動機？在教學的歷程中，其安排的時間是否適當？

㈥教師的回饋是否適合學習的型態？和目標具有一致性？是否適合
於學習者的特性？回饋是知性的、支持性的、正確的？是否足以
建立學習者的信心和滿足感？

㈦評量的計畫是適合作為測量學習者的準備度／前測嗎？還是後
測？適合學習的型態嗎？評量的計畫適合學習者的年齡、特性、
注意力以及能力嗎？評量的計畫是否可以產生對學習者的現況、
態度的有效資訊？

㈧收尾的活動是否可以增強學習者的記憶保留？是否對學習的遷移
更有幫助？

㈨學生的分組是否適合學習的需求（學習型態、互動、目標）？是
否適合學習的脈絡（設備、資源、媒體、傳播系統）？

㈩媒體與傳播系統是否適合教學的策略、評量、教學現場的限制
（人員配備、資源、學習者、教材）？媒體和傳播系統是否現有
的？教材是否耐用、方便攜帶以及便利？

八　單元對應與自編教材

㈠教材是否和終點目標以及表現目標具有一致性？教材包含的內容
是否適當以及充分？教材是否具有權威性、正確性、新穎性和客
觀性？

㈡教材的語言、複雜性是否符合學習者的背景、經驗、與其所處的
環境？教材的評量型式是否符合學習者對測驗的經驗以及其使用
的設備？教材對學習者而言是否有趣和刺激？教材是否滿足對於

學習者的文化、種族、性別的需求？

㈢教材是否包含教學前的教材內容？教材的順序是否適當？教材的
呈現是否完整、新穎、而且適當的剪裁？教材的練習題目是否符
合目標？教材是否提供足夠的回饋？教材是否提供適當的評量測
驗？教材的段落是否適當？

㈣教材的內容是否具有真實性？它是否能夠呈現學習的情境或表現
的情境？教材中是否需要有額外的設備或工具配合？在學習的情
境中，教材是否符合現代科技的品質？

㈤呈現教材的技術是否適合目標所需要的傳播系統與媒體？教材的
套裝、圖案設計、照片、耐用性、合法性、視聽的品質、周邊的
設計、瀏覽和功能性是否適當？

九　形成性評鑑

㈠所有的形成性評鑑都依據教學策略（教學前活動、呈現教材、參
與活動、學習評量、學習遷移）而為嗎？蒐集資料的方式是否多
元？評鑑人員是否對教學的長處與短處註記意見？評鑑的資料是
否可以對教材和教學過程提供調整、或精緻的功能？

㈡形成性評鑑是否包含學習類型專家的意見？是否包含學科專家對
教材的正確性與新穎性的意見？學習者專家是否對教學的複雜性
提供意見？內容專家是否對學習遷移的可行性提出意見？學習者
是否對教學的清晰性與有效性提供意見？

㈢形成性評鑑中的受試者是否具有代表性？

教學設計的過程中，每一個因素在完成設計後，即可依照上述之問
題，設計成檢核表，或評分量表，以蒐集學科專家、評量專家、教學者的
資料，在不包含學習者的狀況下，共同進行對教學設計因素的形成性評
鑑。

第三節　教學的形成性評鑑

　　在教學設計完成後，所進行的形成性評鑑，則需要選定學習者，進行試教以獲得形成性評鑑。一對一評鑑的階段，是以教材為主要的評鑑對象。其評鑑時的重點如下：

　　(一) 教材的清晰性：指教學呈現的訊息或是教學的資訊是清楚的；

　　(二) 教學的影響性：指教學對學習者的態度以及學習成就的影響；

　　(三) 教學的可行性：所給予教學的時間、資源是否足夠。

　　在實施教材的形成性評鑑時，必須能夠回答下列之問題：

(一) 清晰性

　　教材的清晰性由訊息、聯結以及教學過程等組成。教材呈現訊息的詞彙、句子長短、以及訊息的組織方式是否讓學習者可以很容易的閱讀與檢視。教材的內容是如何剪裁的？教材訊息所聯結的圖片、表格、範例、摘要是否有助於學習者對教材的瞭解？教學的過程中，教學的順序、教學區塊的大小、以及教學段落的轉換、速度、變化等是否適切？為了回答上述之問題，可以由學習者在教材上標示無法瞭解的生詞、段落，以及相關的圖片或表格等。同時，觀察學習者在教學過程中，是否表現無聊、焦慮、疲勞等。

(二) 教學影響性

　　指教學對學習者的態度以及他們學習成就的影響。教學是否對學習者個人具有相關性？學習者是否必須有相當的努力才能完成學習？學習的經驗是否讓學習者感到有趣以及滿意？這些答案可以瞭解學習者對教學的態度。教學後的測驗成績則作為學習成就的結果。

(三) 教學可行性

　　這是有關教學的管理部分。學習者的特性，如成熟度、獨立性、動機等，是否影響教學的時間？學習者是否很容易學會？學習者在教學環境中

是否自在？如果時間充裕，教學的傳播是否符合經濟效益？

下列表15-3，即是針對上述之問題，所擬的評鑑表格，提供作為參考。

表15-3　一對一評鑑之問卷調查表（範例）

清晰性	(一)訊息	非常不同意1 2 3 4 5非常同意
	1.教材內容的語詞適當	1 2 3 4 5
	2.句子的長度適當	1 2 3 4 5
	3.訊息容易閱讀	1 2 3 4 5
	4.段落大小適當	1 2 3 4 5
	(二)聯結	
	1.範例適當	1 2 3 4 5
	2.圖片有助瞭解內容	1 2 3 4 5
	3.表格有助瞭解內容	1 2 3 4 5
	4.摘要清楚	1 2 3 4 5
	(三)教學過程	
	1.教學順序適當	1 2 3 4 5
	2.教學的區塊大小適當	1 2 3 4 5
	3.活動的轉換順暢	1 2 3 4 5
	4.教學速度適當	1 2 3 4 5
	5.教學有變化	1 2 3 4 5
影響性	(一)態度	
	1.教學的相關性	1 2 3 4 5
	2.學習難易度適當	1 2 3 4 5
	3.學習的滿意	1 2 3 4 5
	(二)學習成就	
	1.測驗的說明清楚	1 2 3 4 5
	2.測驗出知識與能力	1 2 3 4 5

（續）

可行性	(一)學習者	
	1.具有成熟度	1 2 3 4 5
	2.具有獨立性	1 2 3 4 5
	3.具有動機	1 2 3 4 5
	(二)資源	
	1.教學時間足夠	1 2 3 4 5
	2.設備足夠	1 2 3 4 5
	3.環境適當	1 2 3 4 5

　　為了讓教學設計更有效率與效能，利用形成性評鑑所獲得的資料與意見，修正教學是必要的手段。形成性評鑑的三個過程中，每一個階段對教學的品質都有不同的評鑑焦點。一對一的評鑑重點為教材中細微的錯誤。這些錯誤通常存在於語詞的清晰性、上下文、教材內使用的範例、動機或價值所造成不完美的地方。內容專家或是熟悉學習者的人員，是這一階段評鑑中重要的資料來源。

　　在試教階段進行評鑑，通常先施予學習者前測，教學後，再由教師或是設計者和學習者進行訪談，然後進行後測。訪談的焦點在於教材的難易度與適切性。要求調查對象指出教材中的錯字、難字或是困惑的句子與解釋。對教材中圖片、表格、統計圖等的適切性等提出意見。另外，對教學的注意力、吸引力、順序、教學區塊的大小等意見，也是此階段中需要蒐集的資料。如果第一個學習者指出來的教材或是教學錯誤是很明顯的，就先行訂正，然後再找第二個學習者進行訪談，把焦點放置在是否有其他的錯誤上。如果，錯誤不是很明顯，那麼找第二個學習者，證實是否有必要改正其錯誤。

　　在此階段中，學科專家也要參與評鑑，其目的主要是針對目標的效度（validity）與教材、測驗的正確性與清晰性進行釐清（Gagné, 1988, p.323）。因此，有關目標的敘述、教學的分析、內容的正確性與新穎性、合宜的教學內容（語彙、趣味性、順序、區塊、學習者參與等）、適當的學習評鑑的題目與型式、與之前和後續教學的聯結等都是其評鑑的具

體事項。基於這些目的，因此，評鑑時應該提供給學科專家的資料包括：

(一) 教學分析資料；

(二) 表現目標；

(三) 教學；

(四) 測驗以及評量工具。

有了這些資料，專家們才能檢視教學的資料，提供修改的意見。至於，要找幾個學科專家進行對教學的評鑑，有時候一個專家就足夠，但是在教學情況比較複雜時，可能三、四個專家也不嫌多。總之，學科專家之一對一評鑑最重要的結果是找出：(一) 錯誤或不適當的教學分析；(二) 判斷錯誤的學習者起點行為；(三) 不適當的期望目標以及成果；(四) 不清晰的教材資訊；(五) 不適當的教學順序和區塊；以及(六) 不適當的測驗問題與型式。在此評鑑中，學科專家的描述性評鑑結果，比量化的結果，更能夠給予整個教學系統真實的修正建議。

將一對一的評鑑結果，完成教材修訂後，進行小組評鑑。它的評鑑重點在於教材中是否還有其他的錯誤，以及教學管理過程中的缺點。從教學策略中找出教學的問題，並且以它為中心，設計此階段形成性評鑑的工具以及過程。

小組的形成性評鑑則是利用慎選參與評鑑的學習者蒐集資料。這些學習者必須具有未來教學對象的代表性。足夠的時間、高度的動機、不同能力的學習者是實施小組評鑑的重要考量。小組評鑑的歷程包含實施前測、教學、後測，最後，才施予態度問卷。在態度問卷中，應該就下範例問題提問：

(一) 在教學中是否能維持住你的注意力？

(二) 你覺得教學太長或太短？

(三) 你覺得教學太難或太簡單？

(四) 你對教學的哪一個部分覺得有問題？

(五) 你覺得教材中的卡通圖片或圖解，是適當還是會讓人分心？

(六) 你覺得教材中的色彩很吸引人，還是讓人分心？

(七) 教學中你最喜歡什麼？

(八) 教學中你最不喜歡的是什麼？

(九) 如果可以的話，你想改變教學的哪一部分？

(十) 測驗是否測量了教學時呈現的教材？

(十一) 你會更喜歡別種媒體嗎？

對於教學策略，則以下列的重點形成小組評鑑的基礎：

(一) 教學前活動：包括引起動機的方式、目標、起點行為；

(二) 教材的呈現：教學的順序、教材區塊大小、教學內容、提供的範例；

(三) 參與：充分的練習、滿意的回饋；

(四) 測驗：前測、後測、表現脈絡。

　　教學策略的形成性評鑑，是教學形成性評鑑最主要的形式，其主要的原因是教學策略是將所有教學的設計統整後，對學習者實施的實際方案，也是教學設計最終的成果。教學策略對學習者具有最重要的影響。因此，進行教學策略的評鑑時，評鑑中所蒐集到的資料，必須能夠回答下列有關的問題：

(一) 教學前的活動

　　1. 引起動機的教材是否包含在教材當中？它是否有趣？它是否很清楚的引起動機？

　　2. 教學的目標是否明確？目標對學習者是否具有相關性？

　　3. 學習者是否擁有目標描述中的能力？

(二) 內容的呈現

　　1. 文字教材的內容是否有不熟悉的語彙？

　　2. 影片中的內容是否有不清楚的語詞？

　　3. 教材中所提供的範例是否有助於對學習的瞭解？

(三) 學習者的參與

　　1. 教學中的練習是否有趣？

　　2. 教學中的練習是否能幫助能力的學習？

　　3. 練習是否有助於記住能力的學習？

　　4. 教學活動是否有趣？

　　5. 教學活動是否有助於學習？

㈣測驗（包含前後測）

　　1. 測驗的說明是否清楚？

　　2. 測驗所使用的語言是否適當？

　　3. 測驗的題目是否很清楚？

　　4. 測驗是否提供適當的脈絡？

　　小組評鑑除了上述四項策略進行問卷或訪談，還要進行學習者的前測。前測的題目是依照目標而設計，分析時依照每個題目分析答對的比率，以及分析個別學習者答對的題目。同時，要求學習者將題意不清楚的題目圈選出來。

　　學習者必須完成所有教學的活動以及教材內的練習。最後，後測也如同前測一樣，要求學習者將題意不清或語詞混淆的題目圈選出來，同時，也要記錄其完成測驗的時間。後測的結果必須分析每一題目答對的人數，以及個別學習者答對的題目。

　　形成性評鑑必須經過三個循環的評鑑，其中一對一的評鑑是第一個循環。依據一對一的評鑑找出教材的問題，進行第一次教學的修改。緊接著，小組評鑑找出教學中其他的錯誤以及歷程。小組評鑑以教學策略為主要之評鑑對象，蒐集小組成員的表現和態度資料，包含質性資料以及量化資料。將小組的評鑑結果作為第二次修改教學的依據。

　　實地評鑑是在小組評鑑結果更進一步修正教學之後進行的，評鑑的主要焦點仍然在教學策略的部分。實地評鑑則是須要有足夠的人數，一般而言大約是30人是適合的人數，但是他們必須能夠代表未來教學對象中不同的能力與成就。參與評鑑的學習者的成就與態度是主要蒐集的資料，另外，對於教學管理的計畫，特別是完成教材所需的時間，以及教學管理計畫的可行性的資料也是很重要的。進行實地評鑑時，可針對下列之問題蒐

集資料：

　　㈠ 蒐集前測中有關起點能力的成績；

　　㈡ 蒐集前測與後測中有關能力學習的成績；

　　㈢ 蒐集學生完成前、後測的時間資料；

　　㈣ 蒐集學生需要教學的時間資料；

　　㈤ 蒐集學生與教師的態度資料。

　　雖然形成性評鑑分成三個階段進行，但是每一階段的評鑑，其主要的焦點略有不同。形成性評鑑適用於使用新發展的教材教學，也適用於使用現有教材的教學，只要它們都是以教學策略為依據的教學，都可以使用。無論如何，形成性評鑑設計的目的是產出有關教學缺點的資料，對教學進行修訂，讓教學更有效。

　　特別注意的是，經過三個階段的評鑑，其結果可能顯示教學的設計無法達成你所想像的效果時，雖然難免失望，但是必須接受。來自學生的正面回饋並不能提供你教學中要修訂或改變的地方。因此，在實施形成性評鑑時，隱瞞自己的設計身分，假裝是別的教師所設計的，而自己僅僅是進行形成性評鑑的人，可能更可以聽到真正的聲音。雖然這是一種隱瞞，但是，為了獲得他人真正的想法，這也是一種有必要的作法。

　　來自其他專家和學習者的回饋，必須統整成客觀的評量報告，檢視其與教學的目標符合的情況。雖然最理想的狀況是在正式教學前，能夠進行形成性評鑑，但是往往因為時間、學生等問題，無法進行，此時，教師仍然盡可能的蒐集有關的資料，以便能對教學做修正。因此，最常可能使用的評鑑就是實地評鑑。直接將問卷、以及評鑑的資料、對學習者的觀察和討論合併，其所獲得的資料以可以對教學進行直接的改變，也是一種可行的方式。換句話說，形成性評鑑是必須的，問題只在於什麼時候進行而已。所獲得的資料，只要是能對教學本身提供適當的修正意見，就可以了。

　　最後的實地評鑑則是在小組評鑑之後，修訂完教學中的問題時，即可進行。和小組評鑑一樣，實地評鑑仍然以教學的策略為設計評鑑工具的

對象。對學習者的表現成就和他們對教學的態度，是實地評鑑的焦點。此外，教學管理的問題，例如：教學需要的時間，也是此階段評鑑中重要的議題。對學習者的訪談，可以加深對所蒐集到學習者資料的內涵。在每一個階段的形成性評鑑中，教師也應該就未來學習者可以運用所學，是否能在學校以外的其他地方表現的脈絡的資料，進行判斷。其目的為找出學習者學習的能力是否已經在其他環境中使用，其效果如何。這樣的資訊可能對教材的修訂更有用處。形成性評鑑提供客觀的、科學的評鑑資訊，對於教學的修訂是非常重要的工作。

實地評鑑也會再次詢問學習者有關教材的錯誤或混淆之處，實施教學策略的問卷以及前、後測。唯獨實地評鑑還要額外蒐集，包括學習者將教學所學到的能力回到脈絡中使用時的資料。這些資料是對改進教學具有極重要的意義。因為，學習者將所學的能力應用於真實的生活脈絡中，才是教學最終的目標。

不論是一對一、小組、實地評鑑的資料，或是前測、後測、問卷、訪談、觀察的資料，都必須統整，並且針對教材與教學策略的評鑑問題，寫下評鑑的總結，才能作為改進教學的依據。

討論問題 ....

1. 形成性評鑑有哪三個階段？每一個階段的重點是什麼？

2. 利用形成性評鑑的問題，設計成評鑑的表格，用它來評鑑你的設計，是否能找出缺點與修正的部分？

參考書目

王文科（1994）。課程與教學論。臺北市：五南。

Dick, W., Carey, L. & Carey, J. O. (2009). *The systematic design of instruction* (7th ed.). London: Pearson.

Gagné, R. M., Briggs, L. J., & Wager, W. W. (1988). *Principles of instructional design* (3rd ed.). New York: Holt, Rinehart and Winston.

Kemp, J. (1985). *The instructional design process*. New York: Harper & Row.

第十六章

教學總結性評鑑

　　Dick與Carey（2009）則將總結性評鑑定義為：「是一種評量的設計以及資料的蒐集，研究與證實教學對於特定學習者的效率」（p. 340）。總結性評鑑通常不會針對教學的單元或是課堂進行評鑑；相反的，它針對整個教學系統或是整個課程進行評鑑，因此，稱為「總結性評鑑」（Gagné, 1988, p.325）。其評鑑的結果作為維持現行使用的教材或是決定採用具有滿足教學需求的潛力教材的決策。

　　雖然，總結性評鑑並不是教學設計過程中要設計的因素，但因評鑑的結果，將決定所設計出來的教學是否能持續進行，亦或是改採其他的教學方案。由於其影響教學至鉅，因此仍然將其納入教學設計過程中，必須討論的因素。教學的形成性評鑑是藉由蒐集資料的過程改進教學，讓教學更有效率；而總結性評鑑則是藉由蒐集資料的過程，決定採用或是繼續維持教學。如果教學是為了要解決學校問題的一種辦法，那麼，總結性評鑑要問的是：「它解決學校的問題了嗎？」Kemp（1985）指出總結性評鑑是檢視：㈠學習者學習的效率，㈡學習者學習的效能，㈢與效率和效能有關的發展費用，㈣學習者、教職員對於教學的態度和反應，以及㈤教學的長期效益（p.228）。Gagné、Briggs與Wager（1992）指出，總結性評鑑

的實施，通常會出現在教學的第一次實地評鑑時候，但是也會延遲至五年後才進行（王文科，1994，頁395）。

　　Gagné、Briggs和Wager（1988）指出對於總結性評鑑的方法可以採用Stufflebeam評鑑教育學程的作法——亦即採用著名的CIPP的模式。所謂CIPP模式是代表脈絡（context）、輸入（input）、過程（process）以及成果（product），是一種用來改進教育的科學方法（pp.320-321）。透過CIPP的評鑑可以作為對改進教育學程（program）的決策，特別是對學校即將要採用的或是已經採用的學程（program）或課程（curriculum），提供可靠的評鑑資料，以確定其是否應該保留亦或是刪除。CIPP評鑑模式是藉由學校持續對課程進行評鑑，透過描述（delineated）、獲得（obtained）、以及提供（provided）有關課程的資訊，作為最後決定的依據；而這些決定又再影響課程的活動與運作，這種循環的影響方式是持續不斷的在進行。

　　圖16-1說明課程的評鑑目的是對課程做出保留、修訂或刪除的決定，而評鑑的過程必須透過對課程脈絡、輸入、過程、和成果的評鑑後，做出

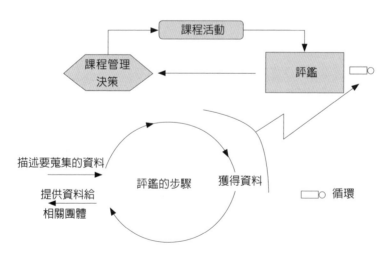

圖16-1　課程決定與評鑑的關係

資料來源：譯自"Curriculum: Foundations, principles, and issues", by A. C. Ornstein & F. P. Hunkins, 1988.

對課程的決定，而這些決定又再一次的影響課程的活動，如此循環不已的持續進行。在評鑑過程中必須先說明要蒐集的課程資料，然後獲得相關的課程資料，才能提供評鑑者以做成對課程的決定。

　　一般而言，Stufflebeam的評鑑模式通常被視為學校學程中對新的課程（curriculum）的決策指引，因此被視為總結性評鑑所依賴的基礎與模式。

　　然而，依據評鑑所做成的決定有四種，分別為：㈠ 計畫的決定（planning decisions），㈡ 結構的決定（structuring decisions），㈢ 實施的決定（implementing decisions），以及 ㈣ 循環的決定（recycling decisions）（王文科，1994，頁329）。以下分別說明之：

　　㈠計畫的決定：根據脈絡的評鑑所得對課程的計畫做成決定，包括對課程問題的確認以及未能滿足的需求。

　　㈡ 結構的決定：從輸入評鑑（input）中對學程與成果的部分考慮另類的解決辦法，比較課程的優缺點以及各自的可行性。

　　㈢ 實施的決定：從過程評鑑所獲得有關新課程在運行中所設定的教育過程的資訊，例如：要不要在新的課程中增加助教，做成課程實施的決定。

　　㈣ 循環的決定：從成果評鑑中確認與判斷課程的成效，以便對課程做出保留、刪除、或是修訂的決定。

　　總結性評鑑的工作，包括：㈠ 計畫的階段：設計總結性之評量，㈡ 準備階段：取得總結性評量與內容；㈢ 實施階段：實施總結性評鑑以及蒐集資料；㈣ 分析評鑑所蒐集的資料，並且摘要資料的結果；㈤ 報告總結性評鑑結果。總結性評鑑的人員通常是由外部人員進行評鑑。所謂外部人員是指未參與教學發展與設計的人員。不論何時進行總結性評鑑，其進行的方式分為兩階段：㈠ 專家評鑑階段，以及 ㈡ 實地評鑑階段（Dick, Carey, 2009, p.341）。

　　㈠專家評鑑階段：在此階段中，透過蒐集的資料，評鑑專家要進行的分析分別為：

1. 一致性分析：指教學的內容是否和學校的需求和目標一致？在此
分析內，應該就學校的教學目標、學習者的起點行為、學習者特
性、學校現有資源以及設備與設施，進行具體的分析。

　　教學與學校需求、教學資源與學校設備和設施、學生特質
和教材適用對象特質，都是一致性分析的焦點。任何的教學設
計，須要符合學校教育的需要以及學生的特質。教材所涵蓋的
目標便成為此項分析的重要基礎。仔細閱讀教材的說明，特別
是伴隨教材的教師手冊或是教師備課用書，就可以大致評估教
材與學科或是教學需求的關係。測驗是否和教材一致，也是重
要的評量項目。

　　學校現有的資源以及預備購置的設備，是否能支持教學的
進行，也是一致性分析中的任務。此外，學生的特質與起點行
為是否和教材適用對象的特質與起點能力是否一致，都是衡量
教學是否應該持續維持或是改用其他適切的教材的考量。

2. 內容分析：指教材是否完整、正確以及新穎？教材內容的正確性
與完整性是此項分析的重要工作。學科專家最適合進行此項評
鑑，如果，教師對此有疑慮，可以考慮邀請學科專家協助評估教
材。利用教學分析圖的資料，進行教材以及測驗的檢核。

3. 設計分析：指教學、學習和動機的原則是否在教材中明確的顯示
出來？評量教學策略中的每一個學習元素，仔細分析教材內容是
否包含了學習的元素，或者有其他的元素出現。利用ARCS的模
式，評量出教材是否可以保持學習者的注意力、教材是否與學習
者相關，以及他們是如何被告知的、學習者是否有信心可以完成
學習（亦即他們是否擁有部分目標裡所描述的能力）、學習者是
否滿意教材所提供的經驗。

　　針對不同的學習類型，應該就個別的類型，列出它們的學
習原則，並且依此檢視教材的內容是否相符。

4. 效用與可行性分析：指教材是否耐用、方便、符合經濟效益以及
學習者滿意嗎？教材中是否包含教師手冊、教學綱要、學習指引

等。在實施教材時，教師的技能、教學設備、或是環境是否有特殊的要求，才能進行教材的教學。學習教材是否須要依照團體的速度，還是可以依照個人的學習速度進行，是效率分析的任務。

5. 現有學習者分析：訪談已經使用該項教材的其他學校中的學習者，有關起點行為、動機、使用教材前與後的表現層次、以及他們對教材的態度，是此項分析的重點。此外，使用該教材的教師對教材的觀點和使用的經驗，使用過程中的問題、資源、以及是否持續使用的意願，也是此項分析所關注的情形。

將上述分析的重點，製作成問卷或是以描述性的方式記載於評量資料中，評估教材是否保留、修訂、補充或是放棄。

(二)實地評鑑階段：主要目的是找出教學的優點與缺點，進行歸因的工作，包括找出造成它們的原因，並記錄其問題。在實地評鑑階段中，透過觀察、訪談、測驗與問卷等方式蒐集學生與教師的資料，進行下列之分析：

1. 成果分析：對現行學生實施正式的態度問卷，以顯示學生對教學的態度。另外，對每一項目標實施精熟的評量，以便獲得完成整個課程成就的量化資料。這種量化的資料主要目的是從其分析中可以獲得學生學習的成果。對於學習成果的評量分為：(1)智識能力，特別是精熟程度，(2)解決問題能力，特別是其解決問題的品質與效率，(3)資訊的測驗，特別是事實或原則的記憶，(4)動作技能的觀察，特別是動作技能的標準，以及(5)態度成果（Gagné, 1988, p.326）。

2. 管理分析：評鑑教師與督學對學生學習的成果、實施教學的可行性、以及經費的態度。其主要的問題為：(1)教師與督學對教學與成果滿意嗎？(2)候審的教學，其實施程序可行嗎？以及(3)花費的人力、設備、時間、以及資源合理嗎？(4)教師是否須要接受特別的訓練？

　　對於上述所提的問題，其蒐集資料的方式可為問卷、訪談、觀察、以及評鑑者之記錄。最終，總結性評鑑所分析、綜合與歸納的資料，其中必須描述評鑑的目的、評鑑的過程、以及實施總結性評鑑資料的研究結果，向教學的決策人員提出對整個教學的建議。總結性評鑑是對整個課程的效率進行評鑑，並不會針對課程中的一項主題、單元進行評鑑。因為總結性評鑑是蒐集課程整體效能的資料，雖然其最終也有可能對課程中的單元或主題的缺點或優點提出證據，但是有關的資料充其量只能做為下一次形成性評鑑的發展與修訂的依據。

　　總結性評鑑與形成性評鑑不同，因為它的形式比較正式。對學生態度的評量會使用結構嚴謹的問卷進行施測，以便和去年的學生做比較。學生對目標的精熟度也會用系統化的方式評量，以便獲得整個課程的指標。學生的成果評量也會從小型測驗改為學期的考試來獲得。總結性評鑑的焦點還是比較專注在學生的學習成果上，因此輸入評鑑和過程評鑑或是其他成果的評鑑都成為獲得課程效能證據的主要來源。通常，總結性評鑑的結果，如果顯示學生可以精熟大部分的目標、態度稍好、而期末的測驗也比以往舊課程要高些，教師也表示比較喜歡新課程，那麼，新課程顯然就會被保留下來，而放棄舊的課程。

　　總而言之，對課程、科目或學程的評鑑至少要能夠回答下列三個問題：（Gagné, Briggs, & Wager, 1988, p.342）

　　1. 教學的目標滿足了嗎？

　　2. 新的科目或課程比被取代的課程好嗎？

　　3. 新科目或課程產出那些新的效果？

　　學習成果顯然是總結性評鑑所關注的重點，因此，總結性評鑑應該儘可能包含：（Gagné, Briggs, & Wager, 1988, p.326）

　　1. 智識能力的精熟評量，

　　2. 解決問題能力的評量，

　　3. 語文資料的評量，

　　4. 動作技能的精準，

5. 態度的評量。

　　從以上的評量中，對總結性的評鑑提供明確的資料與數據，才能真正評鑑出課程的效能，而這正是總結性評鑑的目的。

討論問題 ....

1. 總結性評鑑與形成性評鑑有何不同？

2. 什麼是CIPP？它的歷程是什麼？

3. 專家評鑑階段與實地評鑑有何不同？

參考書目

王文科（1994）。課程與教學論。臺北市：五南。

黃政傑（1992）。課程設計。臺北市：東華。

Dick, W., Carey, L. & Carey, J. O. (2009). *The systematic design of instruction* (7th ed.). London: Pearson.

Gagné, R. M., Briggs, L. J., & Wager, W. W. (1988). *Principles of instructional design* (3rd ed.). New York: Holt, Rinehart and Winston.

Kemp, J. (1985). *The instructional design process*. New York: Harper & Row.

Ornstein, A. C. & Hunkins, F. P. (1988). Curriculum: Foundations, principles, and issues. Englewood Cliffs, NJ: Prentice Hall.

國家圖書館出版品預行編目資料

教學設計：理論與實務／任慶儀著. －－初
版.－－臺北市：五南，2013.08
　　面；　公分
ISBN 978-957-11-7146-3（平裝）
1.教學設計
521.4　　　　　　　　　102010153

1IXP

教學設計：理論與實務

作　　者 ― 任慶儀(33.5)

發 行 人 ― 楊榮川

總 經 理 ― 楊士清

副總編輯 ― 黃文瓊

責任編輯 ― 李敏華

封面設計 ― 莫美龍

出 版 者 ― 五南圖書出版股份有限公司

地　　址：106台北市大安區和平東路二段339號4樓

電　　話：(02)2705-5066　　傳　　真：(02)2706-6100

網　　址：http://www.wunan.com.tw

電子郵件：wunan@wunan.com.tw

劃撥帳號：01068953

戶　　名：五南圖書出版股份有限公司

法律顧問　林勝安律師事務所　林勝安律師

出版日期　2013年 8 月初版一刷
　　　　　2019年 6 月初版二刷

定　　價　新臺幣440元